十三經注疏彙校

尚書注疏彙校

六

杜澤遜 主編

中華書局

尚書註疏卷第十三　漢孔氏傳　唐孔穎達疏

皇明朝列大夫國子監祭酒臣田一儁
奉訓大夫司經局洗馬管司業事臣盛訥等奉
敕重校刊

旅獒第七

周書

西旅獻獒。傳 西戎遠國貢大犬。○獒，五羔反。馬云作豪。酋豪也。大保作

旅獒。傳 召公陳戒。○召，時照反。後召公皆倣此。

旅獒。傳 因獒而陳道義。疏 西旅至旅獒。○正義曰：西方之戎。有國名旅者。

遣獻其大犬。其名曰獒。於是大保召公因陳戒。史敘其事。作旅獒。○【傳】西戎至大犬○正義曰。西旅。西方夷名。西方曰戎。克商之後乃來。知是西戎遠國也。獒是犬名。故云貢大犬。○【傳】召公陳戒○正義曰。成王時召公爲大保。知此時大保亦召公也。釋詁云。旅。陳也。故云。召公陳戒。上旅是國名。此旅訓爲陳。二旅字同而義異。鄭云。獒。讀曰豪。西戎無君名。强大有政者爲酋豪。國人遣其酋豪來獻見於周。良由不見古文。妄爲此說。

惟克商。遂通道于九夷八蠻。【傳】四夷慕化。貢其方賄。九八言非一。皆通道路。無遠不服。○賄。呼罪反。**西旅厎貢厥獒。**【傳】西戎之長。致貢其獒。犬高四尺曰獒。以大爲異。○厎。之視反。長。之丈反。**大保乃作旅獒。用訓于王。**【傳】陳貢獒之義以訓諫王。【疏】惟克至于王○正義曰。惟武王既克商。華夏既定。遂開通道路於九夷八蠻。於是有西戎旅國。致貢其大犬名獒。大保召公。乃作此篇。陳貢獒之義。用訓諫於王。○傳四夷至不服○正義曰。曲禮云其在東夷西戎。南蠻北狄。經舉夷蠻。則戎狄可知。四夷慕化。貢其方賄。言所貢非獨旅也。四夷各自爲國。無大小統領。九八言非一也。釋地云。九夷。八狄。七戎。六蠻。謂之四海。又云八蠻在南方。六戎在西方。五狄在北方。上下二文。三方數目不同。明堂位稱九夷八蠻六戎五狄。與爾雅上文不同。周禮職方氏。掌四夷八蠻七閩九貉五戎六狄之人。鄭衆云。四八七九五六。周之所服國數也。徧檢經傳。四夷之數。參差不同。先儒舊解此。爾雅殷制。明堂位及職方。并爾雅下文云八蠻在南。六戎在西。五狄在北。皆爲周制。義或當然。明堂位言六戎五狄。職方言五戎六狄。趙商以此問鄭。鄭荅云戎狄但有其國數。其名難得而知。是鄭亦不能定解。言克商遂通道。是王家遣使通道也。魯語引此事。韋昭云通道。譯使懷柔之。是王家遣使通彼。彼聞命來獻也。言其通夷蠻而有戎貢。是四夷皆通道路。無所不服。○傳西戎至爲異。○正義曰。西戎之長謂旅國之君。致貢其獒。或遣使貢之。不必自來也。犬高四尺曰獒。釋畜文。左傳晉靈公有犬謂之獒。旅國以大爲異。故貢之也。**曰嗚呼。明王愼德。四夷咸賓。**傳言明王愼德以懷遠。故四夷皆賓服。**無有遠邇。畢獻方物。惟服食器用。**傳天下萬國。無有遠近。盡貢其方土所生之物。惟可以供服食器用者。言不爲耳目華侈。○供音恭。爲于僞反。侈昌氏反。又式氏反。**王乃昭德之致于異姓之邦。無替厥服。**傳德之所致。謂遠夷之貢。以分賜異姓諸侯。使無廢其職。**分寶玉于伯叔之國。時庸展親。**傳以寶玉分同姓之國。是用誠信其親親之道。【疏】曰嗚呼至展親○正義曰。嗚呼。歎而言也。自古明聖之王。慎其德教以柔遠人。四夷皆來賓服。無有遠之與近。盡貢其方土所生之物。其所獻者。惟可以供其服食器用而已。不爲耳目華侈供玩好之用也。明王既得所貢。乃明其德之所致。分賜於彼異姓之國。明巳德致遠。賜異姓之國。令使無廢其服職事也。分寶玉於同姓伯叔之國。見巳無所愛惜。是用誠信其親親之道也。○傳天下至華侈○正義曰。以言無有遠近。是華夷揔統之辭。釋詁云。畢。盡也。故云天下萬國。無有遠之與近。盡貢其方土所生之物。惟可以供服食器用者。玄纁絺紵。供服也。橘柚菁茅。供食也。羽毛齒革瑤琨篠簜。供器用也。下言不役耳目。故知言不爲耳目華侈也。周禮大行人云。九州之外。謂之蕃國。世壹見。各以其所貴寶爲贄。鄭玄云。所貴寶見經傳者。犬戎獻白狼白鹿是也。餘外則周書王會備焉。案王會篇。諸方致貢。無所不有。此言惟服食器用者。遠方所貢。雖不充於器用。實亦受之。召公深戒武王。故言此耳。○傳德之至其職。○正義曰。明王有德。四夷乃貢。是德之所致。謂遠夷之貢也。昭德之致。正謂賜異姓諸侯。令其見此遠物。服德畏威。無廢其貢獻常職也。魯語稱武王時。肅慎氏來貢楛矢石砮。長尺有咫。先王欲昭令德之致遠以示後人。使永監焉。故銘其楛曰。肅慎氏貢矢。以分大姬配虞胡公而封諸陳。古者分異姓以遠方之貢。使無忘服也。故分陳以肅慎氏之矢。是分異姓之事。禮有異姓庶姓。異姓王之甥舅。庶姓與王無親。其分庶姓。亦當以遠方之貢矣。○傳以寶至之道。○正義曰。寶玉亦是萬國所貢。但不必是遠方所貢耳。以寶玉分同姓之國。示已不愛惜。共諸侯有之。是用誠信其親親之道也。言用寶以表誠心。使彼知王親愛之也。定四年左傳稱分魯公以夏后氏之璜。是以寶玉分同姓也。異姓疏。慮其廢職。故賜以遠方之物。攝彼心。同姓親。嫌王無恩。賜以寶玉貴物。表王心。此亦互相見也。

人不易物。惟德其物。傳言物貴由人。有

德則物貴。無德則物賤。所貴在於德。○易，羊質反。**德盛不狎侮。**傳盛德必自敬。何狎易侮慢之有。○易，以豉反。**狎侮君子。罔以盡人心。**傳以虛受人。則人盡其心矣。○盡，津忍反。下同。**狎侮小人。罔以盡其力。**傳以悅使民。民忘其勞。則力盡矣。疏人不至其力○正義曰。既言分物賜人。因說貴不在物。言有德無德之王。俱是以物賜人。所賜之物一也。不改易其物。惟有德者賜人。其此賜者是物。若無德者賜人。則此物不是物矣。恐人主恃已賜人。不自脩德。言此者。戒人主使脩德也。又說脩德之事。德盛者常自敬身。不爲輕狎侮慢之事。狎侮君子。則無以盡人心。君子被君侮慢。不肯盡心矣。狎侮小人。則無以盡其力。小人被君侮慢。不復肯盡力矣。君子不盡心。小人不盡力。則國家之事敗矣。○傳言物至於德○正義曰。有德不濫賞。賞必加於賢人。得者則以爲榮。故有德則物貴也。無德則濫賞。賞或加於小人。賢者得之反以爲恥。故無德則物賤也。所貴不在於物。乃在於德。○傳以虛至心矣○正義曰。以虛受人。易咸卦象辭也。人主以己爲虛受。用人言。執謙以下人。則人皆盡其心矣。○傳以悅至盡矣○正義曰。詩序云。悅以使民。民忘其死。故云以悅使民。民忘其勞。在上撫悅之。則人皆盡其力矣。此君子謂臣。小人謂民。太甲曰。接下思恭。不可狎侮臣也。論語云。使民如承大祭。不可狎侮民也。襄九年左傳云。君子勞心。小人勞力。故別言之。

不役耳目。百度惟貞。傳 言不以聲色自役。則百度正。

玩人喪德。玩物喪志。傳 以人爲戲弄。則喪其德。以器物爲戲弄。則喪其志。○玩。五貫反。喪。息浪反。

志以道寧。言以道接。傳 在心爲志。發氣爲言。皆以道爲本。故君子勤道。

不作

無益害有益功乃成不貴異物賤用物民乃足傳遊觀爲無益奇巧爲異物言明王之道以德義爲益器用爲貴所以化治生民○觀官喚反犬馬非其土性不畜傳非此土所生不畜以不習其用○畜許竹反珍禽奇獸不育于國傳皆非所用有損害故不寶遠物則遠人格傳不侵奪其利則來服矣所寶惟賢則邇人安傳寶賢任能則近人安近人安則遠人安矣疏不役至人安○正義曰既言不可狎侮又言不可縱恣不以聲色使役耳目則百事之度皆惟正矣以聲色自誤必玩弄人物既玩弄人者喪其德也玩弄物者喪其志也人物既不可玩則當以道自處志當以道而寧身言當

以道而接物。依道而行。則志自得而言自當。○傳言不至度正。○正義曰。昭元年左傳。子產論晉侯之疾云。茲心不爽。昏亂百度。杜預云百度。百事之節也。此言志既不營聲色。百事皆自用心。則皆得正也。○傳以人至其志。○正義曰。喪德喪志。其義一也。玩人爲重。以德言之。玩物爲輕。以志言之。終是志荒而德喪耳。○傳在心至勤道。○正義曰。在心爲志。詩序文也。在心爲志。謂心動有所向也。發氣爲言。言於志所趣也。志是未發。言是已發。相接而成。本末之異耳。志言竝皆用道。但志未發。故以道寧。志不依道。則不得寧耳。言是已發。故以道接。言不以道。則不可接物。志言皆以道爲本。故君子須勤道也。○傳遊觀至生民。○正義曰。遊觀徒費時日。故爲無益。無益多矣。非徒遊觀而已。奇巧世所希有。故爲異物。異物多矣。非徒奇巧而已。諸是妄作。皆爲無益。諸是世所希。皆爲異物。異物無益。不可徧舉。舉此二者。以明此類皆是也。不作是初造之辭。爲作有所害。故以爲無益。不貴是愛好之語。有貴必有賤。故以異物對用物。雖經言用物。

傳言器用可矣。經言有益。有益不知所謂。故傳以德義是人之本。故德義爲有益。諸是益身之物。皆是有益。亦舉重爲言。經之戒人主。人主如此。所以化世俗。生養下民也。此言生民。宣十二年左傳云。分謗生民。皆爲生活民也。下云生民保厥居。與孝經云。生民之本盡矣。言民生於世。謂之生民。與此傳異也。俗本云弗賤。衍弗字也。○傳非此至其用○正義曰。此篇爲戒。止爲此句。以西旅之獒。非中國之犬。不用令王愛好之。故言此也。僖十五年左傳言晉侯乘鄭馬。及戰陷於濘。是非此土所生。不習其用也。犬不習用。傳記無文。○傳寶賢至安矣○正義曰。詩序云任賢使能。周室中興。故傳以任能配寶賢言之。論語云舉直錯諸枉則民服。故寶賢任能則近人安。嫌安近不及遠。故云近人安則遠人安矣。楚語云。王孫圉聘於晉。定公饗之。趙簡子鳴玉以相。問於王孫圉曰。楚之白珩猶在乎。對曰然。簡子曰。其爲寶也幾何矣。曰未嘗爲寶。楚之所寶者。曰觀射父。及左史倚相。此楚國之寶也。若夫白珩。先王之所玩。何寶之焉。是謂寶賢也。○

嗚呼。夙夜罔或不勤。傳 言當早起夜寐。常勤於德。不矜細行。終累大德。傳 輕忽小物。積害毀大。故君子慎其微。○行。下孟反。累。劣僞反。爲山九仞。功虧一簣。傳 八尺曰仞。喻向成也。未成一簣。猶不爲山。故曰功虧一簣。是以聖人乾乾日昃。慎終如始。○仞。音刃。字又作刃。七尺曰仞。虧。曲爲反。簣。其貴反。向。許亮反。乾。其連反。昃。音側。允迪茲生民保厥居。惟乃世王。傳 言其能信蹈行此誠。則生人安其居。天子乃世世王天下。武王雖聖。猶設此誠。況非聖人可以無誠乎。其不免於過。則亦宜矣。○世王如字。又于況反。注同。

疏 嗚呼至世王。○正義曰。所戒以

終。故歎以結之。嗚呼。爲人君者。當早起夜寐。無有不勤於德。言當勤行德也。若不矜惜細行。作隨宜小過。終必損累大德矣。譬如爲山。已高九仞。其功虧損在於一簣。惟少一簣而止。猶尚不成山。以喻樹德行政。小有不終。德政則不成矣。必當慎終如始。以成德政。王者信能蹈行此誠。生民皆安其居處。惟天子乃世世王天下也。○傳輕忽至其微○正義曰。矜。是憐惜之意。故以不惜細行爲輕忽小物。謂上狎侮君子小人。愛玩犬馬禽獸之類。是小事也。積小害。毀大德。故君子慎其微。易繫辭曰。小人以小善爲無益而不爲也。以小惡爲無傷而不去也。故惡積而不可掩。罪大而不可解。是故君子當慎微也。○傳八尺至如始○正義曰。周禮匠人有畎遂溝洫。皆廣深等。而澮云廣二尋。深二仞。則澮亦廣深等。仞與尋同。故知八尺曰仞。王肅聖證論及注家語皆云八尺曰仞。與孔義同。鄭玄云。七尺曰仞。與孔意異。論語云。譬如爲山。未成一簣。鄭云簣。盛土器。爲山九仞。欲成山。以喻爲善向成也。未成一簣。猶不爲山。故曰爲山功虧一簣。古語云。行百里者半於九十。言末路之艱難也。是以聖人乾乾不息。至於日昃不敢自暇。恐末路之失。同於一簣。故慎終如始也。乾乾易乾卦文。日昃無逸篇文。○傳言其至宜矣○正義曰。此揔結上文。信蹈行此誡。行此以上言也。言君主於治民。故先云生民安其居。天子乃得世世王天下也。傳以庸君多自用已。不受人言。敘經意而申之云。武王雖聖。召公猶設此誡。況非聖人可以無誡乎。身既非聖。又無善誡。其不免於過。則亦宜其然矣。

巢伯來朝。傳殷之諸侯伯爵也。南方遠國。武王克商。慕義來朝。○巢。仕交反。徐。呂交反。

芮伯作旅巢命。傳芮伯。周同姓圻內之國。爲卿大夫。陳威德以命巢亡。○芮。如銳反。圻。音祈。

疏巢伯至巢命○正義曰。巢伯。國爵之君。南方遠國也。以武王克商。乃慕義來朝。王之卿大夫有芮伯者。陳王威德以命巢君。史敘其事。作旅巢命之篇。○傳殷之至來朝○正義曰。武王克商。即來受周之王命。知是殷之諸侯。伯。是爵也。仲虺之誥云。成湯放桀于南巢。或此巢是也。故先儒相傳皆以爲南方之國。今聞武王克商。慕義而來朝也。鄭玄以爲南方世一見者。孔以夷狄之爵不過子。此君伯爵。夷夏未明。故直言遠國也。○傳芮伯至巢亡○正義曰。世本云芮伯。姬姓。是周同姓也。杜預云芮。馮翊臨晉縣芮鄉是也。知是圻內之國者。芮伯在朝作命。必是王臣。不得其官。故卿與大夫並言之。旅訓爲陳。陳王威德以命巢。

金縢第八

周書

武王有疾。周公作金縢。傳爲請命之書。藏之於匱。緘之以金。不欲人開之。○武王有疾。馬本作有疾不豫。縢。徒登反。緘。工咸反。

金縢。

傳 遂以所藏爲篇名。疏 武王至金縢○正義曰。武王有疾。周公作策書告神。請代武王死。事畢。納書於金縢之匱。遂作金縢。凡序言作者。謂作此篇也。案經。周公策命之書。自納金縢之匱。及爲流言所謗。成王悟而開之。史敘其事。乃作此篇。非周公作也。序以經具。故略言之。○傳爲請至開之○正義曰。經云。金縢之匱。則金縢是匱之名也。詩述韔弓之事云。竹閉緄縢。毛傳云。緄。繩。縢。約也。此傳言緘之以金。則訓縢爲緘。王鄭皆云。縢。束也。又鄭喪大記注云。齊人謂棺束爲緘。家語稱周廟之内。有金人三緘其口。則縢是束縛之義。藏之於匱。緘之以金。若今釘鍱之。不欲人開也。鄭云。凡藏祕書。藏之於匱。必以金緘其表。是祕密之書。皆藏於匱。非周公始造此匱。獨藏此書也。○金縢○正義曰。發首至王季文王。史敘將告神之事也。史乃策祝至屏璧與珪。告神之辭也。自乃卜至乃瘳。言卜吉告王差之事也。自武王既喪已下。敘周公被流言。東征還反之事也。此篇敘事多而言語少。若使周公不遭流言。則請命之事。遂無人知。爲成王開書。周公得反。史官美大其事。故敘之以爲此篇。

既克商二年。王有疾。弗豫。傳 伐紂明年。武王有疾。不悅豫。○豫本又作忬。

二公曰。我其爲王穆卜。周公曰。未可以戚我先王。傳 穆。敬。戚。近也。召公太公言王疾當敬卜吉凶。周公言未可以死近我先王。相順之辭。○爲于僞反。戚千歷反。

公乃自以爲功。傳 周公乃自以請命爲己事。

爲三壇同墠。傳 因大王王季文王請命於天。故爲三壇。壇築土。墠除地。大除地於中爲三壇。○壇。徒丹反。築土也。馬云。土堂。墠音善。**爲壇於南方北面周公立焉。**傳 立壇上對三王。**植璧秉珪乃告大王王季文王。**傳 璧以禮神。植，置也。置於三王之坐。周公秉桓珪以爲贄。告，謂祝辭。○植，時織反，徐音置。贄，音至。祝，如字。或之救反。下同。疏 既克至文王○正義曰：既克商二年，即伐紂之明年也。王有疾病不悅豫。召公與太公二公同辭而言曰：我其爲王敬卜吉凶，問王疾病瘳否。周公曰：王今有疾，未可以死近我先王。故當須卜也。周公既爲此言，公乃自以請命之事爲己事。除地爲墠，墠内築壇，爲三壇同墠。又爲一壇於南方北面，周公立壇上焉。置璧於三王之坐。公自執珪，乃告大王王季文王，告此三王之神也。○傳伐紂至悅豫○正義曰：武王以文王受命十三年伐紂。既殺紂，即當稱元年。克紂稱元年，知此二年是伐紂之明年也。王肅亦云：克殷明年。顧命云王有疾不懌。懌，悅也。故不豫爲不悅豫也。何休因此爲例云。天子曰不豫。諸侯曰負茲。大夫曰犬馬。士曰負薪。○傳穆敬至之辭○正義曰。釋訓云。穆敬也。戚是親近之義。故爲近也。武王時。三公惟周召與太公耳。知二公是召公太公也。言王疾恐死。當敬卜吉凶。周公言武王既定天下。當成就周道。未可以死。近我先王。死則神與先王相近。故言近先王。若生則人神道隔。是爲遠也。二公恐王死。欲爲之卜。周公言王未可以死。是相順之辭也。鄭云戚憂也。周公既內知武王有九齡之命。又有文王曰吾與爾三之期。今必瘳。不以此終。故止二公之卜。云未可以憂怖我先王。如鄭此言。周公知王不死。先王豈不知乎。而慮先王憂也。○傳周公至己事○正義曰。功訓事也。周公雖許二公之卜。仍恐王疾不瘳。不復與二公謀之。乃自以請命爲己之事。獨請代武王死也。所以周公自請爲己事者。周公位居冢宰。地則近親。脫或卜之不善。不可使外人知。悉亦不可苟讓。故自以爲功也。○傳因大至三壇○正義曰。請命請之於天。而告三王者。以三王精神已在天矣。故因大王王季文王以請命於天。

三王每王一壇。故爲三壇。壇是築土。墠是除地。大除其地。於中爲三壇。周公爲壇於南方。亦當在此墠內。但其處小別。故下別言之。周公北面。則三壇南面可知。但不知以何方爲上耳。鄭玄云。時爲壇墠於豐。壇墠之處猶存焉。○傳立壇至三王。○正義曰。禮授坐不立。授立不坐。欲其高下均也。神位在壇。故周公立壇上。對三王也。○傳璧以至祝辭。○正義曰。周禮大宗伯云。以蒼璧禮天。詩說禱旱。圭璧既卒。是璧以禮神。不知其何色也。鄭云。植。古置字。故爲置也。言置璧於三王之坐也。周禮云。公執桓圭。知周公秉桓圭。又置以爲贄也。告謂祝辭。下文是其辭也。

史乃冊祝曰。惟爾元孫某。遘厲虐疾。傳 史爲冊書祝辭也。元孫。武王。某名。臣諱君。故曰某。厲。危。虐。暴也。○遘。工豆反。遇也。

若爾三王。是有丕子之責于天。以旦代某之身。傳 大子之責。謂疾不可救於天。則當以旦代之。死生有命。不可請代。聖人敘臣子之心以垂世教。○丕。普悲反。馬同。徐甫眉反。鄭音不。

予仁若考能多材多藝。能事鬼神。傳 我周公仁能順父。又多材多藝。能事鬼神。言可以代武王之意。

乃元孫不若旦多材多藝。不能事鬼神。乃命于帝庭。敷佑四方。傳 汝元孫受命于天庭爲天子。布其德教。以佑助四方。言不可以死。

用能定爾子孫于下地。四方之民罔不祗畏。傳 言武王用受命帝庭之故。能定先人子孫於天下。四方之民。無不敬畏。

嗚呼。無墜天之降寶命。我先王亦永

有依歸。傳 歎惜武王言不救則墜天之寶命。救之則先王長有依歸。今我卽命于元龜。傳 就受三王之命於大龜。卜知吉凶。爾之許我。我其以璧與珪歸俟爾命。傳 許謂疾瘳。待命當以事神。○瘳，勑留反，下同。爾不許我。我乃屛璧與珪。傳 不許謂不愈也。屛，藏也。言不得事神。

疏 史乃至與珪○正義曰：史乃爲策書，執以祝之。其死。若爾三王，是有大子之責於天。謂負天大子責，必須一子死者，請以旦代發之身，令旦死而發生。又告神以代之狀。我仁能順父，又且多材力，多技藝，又能善事鬼神。汝元孫不如旦多材多藝，又不能事鬼神。言取發不如取旦也。然人各有能，發雖不能事鬼神，則有人君之用，乃受命於天帝之庭，能布其德教以佑助四方之民。用能安定汝三王子孫在於下地。四方之民。無不敬而畏之。以此之故。不可使死。嗚呼。發之可惜如此。神明當救助之。無得隕墜天之所下寶命。天下寶命。謂使爲天子。若武王死。是隕墜之也。若不墜命。則我先王亦永有依歸。爲宗廟之主。神得歸之。我與三王人神道隔。許我以否不可知。今我就受三王之命於彼大龜。卜其吉凶。吉則許我。凶則爲不許我。爾之許我。使卜得吉兆。旦死而發生。我其以璧與珪歸家待汝神命。我死當以珪璧事神。爾不許我。使卜兆不吉。發死而旦生。我乃屛去璧之與珪。言不得事神。當藏珪璧也。○傳史爲至虐暴○正義曰。告神之言。書之於策。祝是讀書告神之名。故云史爲策書祝辭。史讀此策書以祝告神也。武王是大王之曾孫也。尊統於上。繼之於祖。謂元孫是長孫也。某者。武王之名。本告神云元孫發。臣諱君。故曰某也。易乾卦云。夕惕若厲。厲爲危也。虐訓爲暴。言性命危而疾暴重也。秦誓牧誓皆不諱發。而此獨諱之。孔惟言臣諱君。不解諱之意。鄭玄云。諱之者。由成王讀之也。意雖不明。當謂成王開匱得書。王自讀之。至此字口改爲某。史官錄爲此篇。因遂成王所讀。故諱之。上篇泰誓牧誓王自稱者。令入史制爲此典。故不須諱之。○傳大子至世教○正義曰。責讀如左傳施舍已責之責。責謂負人物也。大子之責於天。言負天一大子。謂必須死。疾不可救於天必須一子死。則當以旦代之。死生有命。不可請代。今請代者。聖人敘臣子之心以垂世教耳。非謂可代得也。鄭玄弟子趙商問玄曰。若武王未終。疾固當瘳。信命之終。雖請不得。自古以來。何患不爲。玄答曰。君父疾病方困。忠臣孝子。不忍默爾。視其歔欷。歸其命於天。中心惻然。欲爲之請命。周公達於此禮。著在尚書。若君父之病。不爲請命。豈忠孝之志也。然則命有定分。非可代死。周公爲此者。自申臣子之心。非謂死實可代。自古不廢。亦有其人。但不見爾。未必周公獨爲之。鄭玄云。丕讀曰不。愛子孫曰子。元孫遇疾。若汝不救。是將有不愛子孫之過。爲天所責。欲使爲之請命也。與孔讀異。○傳我周至之意○正義曰。告神稱予。知周公自稱我也。考是父也。

故仁能順父。上云元孫。對祖生稱。此言順父。從親爲始。祖爲王考。曾祖爲皇考。考父可以通之。傳舉親而言父耳。既能順父。又多材多藝。能事鬼神。言已可以代武王之意。上言丕子之責於天。則是天欲取武王。非父祖取之。此言已能順父祖。善事鬼神者。假令天意取之。其神必共父祖同處。言已是父祖所欲。令請之於天也。○傳汝元至以死。○正義曰。以王者存亡。大運在天。有德於民。天之所與。是受命天庭也。以人況天。故言在庭。非王實至天庭受天命也。既受天命以爲天子。布其德教。以佑助四方之民。當於天心。有功於民。言不可以死也。

乃卜三龜。一習吉。傳習。因也。以三王之龜卜。一相因而吉。

啓籥見書。乃幷是吉。傳三兆既同吉。開籥見占兆書。乃亦幷是吉。○籥。于若反。徐以略反。馬云藏卜兆書管。幷。必政反。

公曰。體王其罔害。傳公視兆曰。如此兆體。王其無害。言必愈。予小子新命于三王。惟永終是圖。傳 周公言我小子新受三王之命。武王惟長終是謀周之道。茲攸俟能念予一人。傳 言武王愈。此所以待能念我天子事。成周道。公歸乃納册于金縢之匱中。王翼日乃瘳。傳 從壇歸。翼，明。瘳，差也。○差，初賣反。疏 乃卜至乃瘳 ○正義曰。祝告已畢。即於壇所乃卜其吉凶。用三王之龜卜。一皆相因而吉。觀兆已知其吉。猶尚未見占書。占書在於藏內。啓藏以籥。見其占書。亦與兆體乃幷是吉。公視兆曰。觀此兆體。王身其無患害也。我小子新受命於三王。謂卜得吉也。我武王當惟長終是謀周之道。此卜吉之愈者。上天所以須待武王能念我一人天子之事。成其周道故也。公自壇歸。乃納策於金縢之匱中。王明日乃病瘳。○傳 習因至而吉 ○正義曰。

習。則襲也。襲是重衣之名。因前而重之。故以習爲因也。雖三龜並卜。卜有先後。後者因前。故云因也。周禮太卜掌三兆之法。一曰玉兆。二曰瓦兆。三曰原兆。三兆各別。必三代法也。洪範卜筮之法。三人占則從二人之言。是必三代之法並用之矣。故知三龜。三王之龜。龜形無異代之別。但卜法既別。各用一龜。謂之三王之龜耳。每龜一人占之。其後君與大夫等。摠占三代之龜。定其吉凶。未見占書已知吉者。卜有大體。見兆之吉凶。麤觀可識。故知吉也。○傳三兆至是吉。○正義曰。鄭玄云。籥開藏之管也。開兆書藏之室以管。乃復見三龜占書。亦合於是吉。王肅亦云。籥開藏占兆書管也。然則占兆別在於藏。大小三兆之下云。其經兆之體。皆百有二十。其頌皆千有二百。占兆之書。則彼須是也。略觀三兆。既已同吉。開藏以籥。見彼占兆之書。乃亦并是吉。言其兆須符同爲大吉也。○傳公視至必愈。○正義曰。如此兆體。指卜之所得兆也。周禮占人云。凡卜筮。君占體。大夫占色。史占墨。卜人占坼。鄭玄云。體。兆象也。色。兆氣也。墨。兆廣也。坼。兆璺也。尊者視兆象而已。卑者以次詳其餘也。周公卜武王占之曰。體。王其無害。鄭意此言體者。卽彼君占體也。但周公令卜。汲汲欲王之愈。必當親視灼龜。躬省兆繇。不惟占體而已。但鄭以君占體與此文同。故引以爲證耳。○傳言武至周道○正義曰。此原三王之意也。言武王得愈者。此謂卜吉武王之愈。言天與三王一一須待武王能念我天子事。成周道。若死。則不復得念天子之事。周道必不成也。禮天子自稱曰予一人。故以一人言天子也。○傳從壇至瘳差○正義曰。壇所卽卜。故從壇歸也。翼。明。釋言文。瘳訓差。亦爲愈。病除之名也。藏此書者。此既告神。卽是國家舊事。其書不可捐棄。又不可示諸世人。故藏于金縢之匱耳。

武王既喪。管叔及其羣弟乃流言於國。傳武王死。周公攝政。其弟管叔及蔡叔霍叔乃放言於國。以誣周公。以惑成王。○喪。蘇浪反。

曰。公將不利於孺子。傳三叔

以周公大聖。有次立之勢。遂生流言。孺。稚也。稚子。成王。○孺。如樹反。

周公乃告二公曰。我之弗辟。我無以告我先王。傳 辟。法也。告召公太公。言我不以法法三叔。則我無以成周道。告我先王。○辟。扶亦反。治也。說文作壁。云必亦反。法也。馬鄭音避。謂避居東都。

周公居東二年。則罪人斯得。傳 周公既告二公。遂東征之。二年之中。罪人此得。

于後公乃爲詩以貽王。名之曰鴟鴞。王亦未敢誚公。傳 成王信流言而疑周公。故周公既誅三監。而作詩解所以宜誅之意以遺王。王猶未悟。故欲讓公而未敢。○貽。羊支反。名。如字。徐亡政反。

鴟。尺夷反。鴞。吁嬌反。誚。【疏】武王至誚公○正義曰。公
在笑反。以遺。雅季反。於成王之世。爲管蔡所誣。
王開金縢之書。方始明公本意。卒得成就周道。天下
太平。史官美大其事。述爲此篇。故追言請命於前。乃
說流言於後。自此以下。說周公身事。武王既喪。成王
幼弱。周公攝王之政。專決萬機。管叔及其羣弟蔡叔
霍叔。乃流放其言於國中曰。公將不利於孺子。言欲
篡王位爲不利。周公乃告二公曰。我之不以法法此
三叔。則我無以成就周道。告我先王。既言此。遂東征
之。周公居東二年。則罪人於此皆得。謂獲三叔及諸
叛逆者。罪人既得訖。成王猶尚疑公。公於此既得罪
人之後。爲詩遺王。名之曰鴟鴞。鴟鴞言三叔不可不
誅之意。王心雖疑。亦未敢責誚公。言王意欲責而未
敢也。○(傳)武王死至成王○正義曰。武王既死。成王
幼弱。故周公攝政。攝政者。雖以成王爲主。政令自公
出。不復關成王也。蔡仲之命云。羣叔流言。乃致辟管
叔于商。囚蔡叔于郭鄰。降霍叔于庶人。則知羣弟是
蔡叔霍叔也。周語云。獸三爲羣。則滿三乃稱羣。蔡霍

二人而言羣者。并管故稱羣也。傳既言周公攝政。乃
云其弟管叔。蓋以管叔爲周公之弟。孟子曰。周公弟
也。管叔兄也。史記亦以管叔爲周公之兄。孔似不用
孟子之說。或可孔以其弟謂武王之弟。與史記亦不
違也。流言者。宣布其言。使人聞知。若水流然。流卽放
也。乃放言於國。以誣周公。以惑成王。王亦未敢誚公。
是王心惑也。鄭玄云。流公將不利於孺子之言於京
師。於時管蔡在東。蓋遣人流傳此言於民閒也。○傳
三叔至成王。○正義曰。殷法多兄亡弟立。三叔以周
公大聖。又是武王之弟。有次立之勢。今復秉國之權。
恐其因卽篡奪。遂生流言。不識大聖之度。謂其實有
異心。非是故誣之也。但啓商共叛。爲罪重耳。○傳辟
法也。○正義曰。釋詁文。○傳周公至此得。○正義曰。
詩東山之篇。歌此事也。序云東征。知居東者。遂東往
征也。雖征而不戰。故言居東也。東山詩曰。自我不見。
于今三年。又云三年而歸。此言二年者。詩言初去及
來。凡經三年。此直數居東之年。除其去年。故二年也。
罪人既多。必前後得之。故云二年之中。罪人此得。惟

言居東。不知居在何處。王肅云東。洛邑也。管蔡與商奄共叛。故東征鎮撫之。案驗其事。二年之間。罪人皆得。○傳成王至未敢。○正義曰。成王信流言而疑周公。管蔡既誅。王疑益甚。故周公既誅三監。而作詩解所以宜誅之意。其詩云。鴟鴞鴟鴞。既取我子。無毀我室。毛傳云。無能毀我室者。攻堅之故也。寧亡二子。不可以毀我周室。言宜誅之意也。釋言云。貽。遺也。以詩遺王。王猶未悟。故欲讓公而未敢。政在周公。故畏威未敢也。鄭玄以爲武王崩。周公爲冢宰。三年服終。將欲攝政。管蔡流言。卽避居東都。成王多殺公之屬黨。公作鴟鴞之詩。救其屬臣。請勿奪其官位土地。及遭風雷之異。啓金縢之書。迎公來反。反乃居攝。後方始東征管蔡。解此一篇及鴟鴞之詩。皆與孔異。

秋大熟。未穫。天大雷電以風。傳二年秋也。蒙恆風若。雷以威之。故有風雷之異。○穫。戶郭反。**禾盡偃。大木斯拔。邦人大恐。**傳風災所及。邦人皆大恐。○拔，皮八反。**王與大夫盡弁，以啓金縢之書，**傳 皮弁質服以應天。○弁，皮彥反，徐扶變反。應，應對之應。**乃得周公所自以爲功代武王之說。**傳 所藏請命冊書本。○說，如字，徐如銳反。**二公及王乃問諸史與百執事。**傳 二公倡王啓之，故先見書。史、百執事皆從周公請命。○倡，昌亮反。從，才用反，又如字。**對曰：信。噫！公命我勿敢言。**傳 史、百執事言信有此事，周公使我勿道，今言之則負周公。噫，恨辭。○噫，於其反。馬本作懿，猶億也。**王執書以泣，曰：其勿穆卜。**傳 本欲敬卜吉凶，今天意可知，故止之。**昔公勤勞王家，惟予沖人弗及知。**傳 言已童幼不及知周公昔日忠勤。○沖。直忠反。今天動威以彰周公之德。傳發雷風之威。以明周公之聖德。惟朕小子其新逆。我國家禮亦宜之。傳周公以成王未寤。故留東未還。改過自新。遣使者迎之。亦國家禮有德之宜。○新逆。馬本作親迎。遣使。所吏反。王出郊。天乃雨。反風。禾則盡起。傳郊以玉幣謝天。天即反風起禾。明郊之是。二公命邦人。凡大木所偃。盡起而築之。歲則大熟。傳木有偃拔。起而立之。築有其根。禾木無虧。百穀豐熟。周公之德。此已上大誥後。因武王喪。并見之。○築。音竹。本亦作筑。謂築其根。馬云。築。拾。疏秋大至大熟○正義曰。爲詩遺王也。見。賢遍反。之後。其秋大熟。未及收穫。天大雷電。又隨之以風。禾盡偃仆。大木於此而拔。風災所及。邦人大恐。王見此變。與大夫盡皮弁。以開金縢之書。案省故事。求變異所由。乃得周公所自以爲功請代武王之説。二公及王。問於本從公之人史與百執事。問審然以否。對曰。信。言有此事也。乃爲不平之聲噫。公命我勿敢言。王執書以泣曰。其勿敬卜吉凶。言天之意已可知也。昔公勤勞王家。惟我幼童之人不及見知。今天動雷電之威。以彰明周公之德。惟朕小子。其改過自新。遣人往迎之。我國家褒崇有德之禮亦宜行之。王於是出郊而祭以謝天。天乃雨反風。禾則盡起。二公命邦人。凡大木所偃仆者。盡扶起而築之。禾木無虧。歲則大熟。言周公之所感致若此也。○傳二年至之異○正義曰。上文居東二年。未有別年之事。知卽是二年秋也。嫌別年。故辨之。洪範咎徵云。蒙恒風若。以成王蒙闇。故常風順之。風是闇徵。而有雷者。以威怒之。故以示天之威怒有雷風之異。○傳風災至大恐○正義曰言邦人則風災惟在周邦不及寬遠故云風災所及邦人皆大恐言獨畿内恐也○傳皮弁質服以應天○正義曰皮弁象古故爲質服祭天尚質故服以應天也周禮司服云王祀昊天上帝則服大裘而冕無旒乃是冕之質者是事天宜質服故服之以應天變也周禮視朝則皮弁服皮弁是視朝服每日常服而言質者皮弁白布衣素積裳故爲質也鄭玄以爲爵弁必爵弁者承天變降服亦如國家失道焉○傳二公至請命○正義曰二公與王若同而問當言王及二公今言二公及王則是二公先問知二公倡王啓之故先見書鄭云開金縢之書者省察變異所由故事也以金縢匱内有先王故事是其遭遇災變必有消伏之術故倡王啓之史爲公造錄書而百執事給使令皆從周公請命者○傳史百至恨辭○正義曰周公使我勿道此事者公以臣子之情忠心欲代王死非是規求名譽不用使人知之且武王瘳而周公不死恐人以公爲詐故令知者勿言今被問而言之是違負周公也噫者心不平之

聲。故爲恨辭。○傳周公至之宜○正義曰。公之東征。止爲伐罪。罪人既得。公卽當還。以成王未寤。恐與公不和。故留東未還。待王之察已也。新迎者。改過自新。遣使者迎之。詩九罭之篇。是迎之事也。亦國家禮有德之宜。言尊崇有德。宜用厚禮。詩稱袞衣籩豆。是國家禮也。○傳郊以至之是○正義曰。祭天於南郊。故謂之郊。郊是祭天之處也。王出郊者。出城至郊。爲壇告天也。周禮大宗伯云。以蒼璧禮天。牲幣如其器之色。是祭天有玉有幣。今言郊者。以玉幣祭天。告天以謝過也。王謝天。天卽反風起禾。明王郊之是也。鄭玄引易傳云。陽感天不旋日。陽謂天子也。天子行善以感天。天不迴旋經日。故郊之是得反風也。○傳木有至見之○正義曰。上文禾偃木拔。拔必亦偃。故云木有偃拔。起而立之。築有其根。禾木無虧。百穀豐熟。鄭王皆云。築。拾也。禾爲大木所偃者。起其木。拾下禾。無所亡失。意大曲碎。當非經旨。案序將東征作大誥。此上居東二年以來。皆是大誥後事。而編於大誥之前者。因武王喪幷見之。

大誥第九

周書

武王崩。三監及淮夷叛。傳三監。管蔡商。淮夷徐奄之屬皆叛周。○監。古懺反。視也。

周公相成王。將黜殷。作大誥。傳相。謂攝政。黜。絶也。將以誅叛者之義大誥天下。○相。息亮反。注同。

疏武王至大誥○正義曰。武王既崩。管叔蔡叔與紂子武庚三人監殷民者。又及淮夷共叛。周公相成王。攝王政。將欲東征。黜退殷君武庚之命。以誅叛之義大誥天下。史敘其事。作大誥。○傳三監至叛周○正義曰。知三監是管蔡商者。以序上下相顧爲文。此言三監及淮夷叛。總舉諸叛之人也。下云成王既黜殷命。殺武庚。命微子啓代殷後。又言成王既伐管叔蔡叔。以殷餘民封康叔。此序言三監叛。將征之。

下篇之序。歷言伐得三人。足知下文管叔蔡叔武庚。即此三監之謂。知三監是管蔡商也。漢書地理志云。周既滅殷。分其畿内爲三國。詩風邶鄘衛是也。邶以封紂子武庚。鄘管叔尹之。衛蔡叔尹之。以監殷民。謂之三監。先儒多同此説。惟鄭玄以三監爲管蔡霍。獨爲異耳。謂之監者。當以殷之畿内被紂化日久。未可以建諸侯。且使三人監此殷民。未是封建之也。三人雖有其分。互相監領。不必獨主一方也。史記衛世家云。武王克殷。封紂子武庚爲諸侯。奉其先祀。爲武庚未集。恐有側心。乃令其弟管叔蔡叔傅相之。是言輔相武庚。共監殷人。故稱監也。序惟言淮夷叛。傳言淮夷徐奄之屬共叛周者。以下序文云。成王東伐淮夷遂踐奄。作成王政。又云。成王既黜殷命。滅淮夷。作周官。又云魯侯伯禽宅曲阜。徐夷並興。作費誓。彼三序者。一時之事。皆在周公歸政之後也。多方篇數此諸國之罪云。至于再。至于三。得不以武王初崩已叛。成王即政又叛。謂此爲再三也。以此知淮夷叛者。徐奄之屬皆叛也。○傳相謂至天下○正義曰。君奭序云。

召公爲保，周公爲師，相成王爲左右。於時成王爲天子，自知政事。二公爲臣輔助之。此言相成王者，有異於彼，故辨之。相謂攝政，攝政者，教由公出，不復關白成王耳，仍以成王爲主，故稱成王。鄭玄云：黜，貶退也。黜實退名，但此黜乃殺其身，絕其爵，故以黜爲絕也。周公此行，普伐諸叛，獨言黜殷命者，定四年左傳云：管蔡啓商，惎間王室。則此叛武庚爲主，且顧微子之序，故特言黜殷命也。以誅叛者之義大誥天下，經皆是也。

大誥

（傳）陳大道以誥天下，遂以名篇。○誥，本亦作𢍜。（疏）大誥○正義曰：此陳伐叛之義，以大誥天下，而兵凶戰危，非衆所欲，故言煩重，其自殷勤，多止而更端，故數言王曰。大意皆是陳說武庚之罪，自言己之不能，言己當繼父祖之功，須去叛逆之賊。人心既從，卜之又吉，往伐無有不克，勸人勉力用心。此時武王初崩，屬有此亂，周公以臣代君，天下未察其志。親弟猶尚致惑。何況疏賤者乎。
周公慮其有向背之意。故殷勤告之。陳壽云：皋
陶之謨略而雅。周公之誥煩而悉。何則皋陶與
舜禹共談。周公與羣下矢誓也。其意或亦然乎。
但君奭、康誥。乃與召公、康叔語也。其辭亦甚委
悉。抑亦當時設言。自好煩復也。管蔡導武庚爲
亂。此篇略於管蔡者。猶難以
伐弟爲言。故專說武庚罪耳。

王若曰。猷大誥爾多邦。越爾御事。（傳）周公稱成王命。順大道以誥天下衆國。及於御治事者盡及之。○猷。音由。道也。邦。馬本作大誥繇爾邦。多。盡。津忍反。

弗弔。天降割于我家不少。（傳）言周道不至。故天下凶害於我家不少。謂三監淮夷並作難。○弔。音的。又如字。割。馬本作害。不少。馬讀弗少延爲句。難。乃旦反。

延洪惟我幼沖

人。傳凶害延大。惟累我幼童人成王。言其不可不誅之意。○累，劣僞反。嗣無疆大歷服弗造哲迪民康。傳言子孫承繼祖考無窮大數。服行其政。而不能爲智道以安人。故使叛。先自責。矧曰其有能格知天命。傳安人且猶不能。況其有能至知天命者乎。○矧，失忍反。已予惟小子若涉淵水。予惟往求朕攸濟。傳已。發端歎辭也。我惟小子承先人之業。若涉淵水。往求我所以濟渡。言祇懼。敷賁敷前人受命茲不忘大功。傳前人。文武也。我求濟渡。在布行大道。在布陳文武受命。在此不

志大功。言任重。○賁。扶云反。徐音憤。予不敢閉于天降威用。傳
天下威用。謂誅惡也。言我不敢閉絕天所下威用而
不行。將欲伐四國。寧王遺我大寶龜。紹天明即命。傳
安天下之王。謂文王也。遺我大寶龜。疑則卜之。以繼
天明。就其命而言之。言卜不可違。○遺。唯季反。疏王若至即命。○
正義曰。周公雖攝王政。其號令大事。則假成王爲辭。
言王順大道而爲言曰。我今以大道誥汝天下衆國。
及於衆治事之臣。以我周道不至。故上天下其凶害
于我家不少。言叛逆者多。此害延長寬大。惟累我幼
童人成王。自言害及已也。我之致此凶害。以我爲子
孫。承繼無疆界之大數。服行其政。不能爲智道。令民
安。故使之叛。自責也。安民猶且不能。況曰其能至於
知天之大命者乎。言已不能知天意也。復歎而言。已

乎。我惟小子。承先人之業。如涉淵水。惟往求我所以濟渡。言已恐懼之甚。我所求濟者。惟在布行大道。布陳前人文王武王受命之事。在我此身不忘大功。旣不忘大功。將誅叛逆。由此我不敢絶天之所下威用而不行之。言必將伐四國也。寧天下之王。謂文王也。文王遺我大寶龜。疑則就而卜之。以繼天明命。今我就受其命。言已就龜卜其伐之吉凶。已得吉也。○傳周公至及之。○正義曰。序云相成王。則王若曰者。稱成王之言。故言周公稱成王命。實非王意。成王爾時信流言。疑周公。豈命公伐管蔡乎。猷訓道也。故云順大道以告天下衆國也。鄭王本猷在誥下。漢書王莽攝位。東郡太守翟義叛莽。莽依此作大誥。其書亦道在誥下。此本猷在大上。言以道誥衆國。於文爲便。但此經云猷大。傳云大道。古人之語多倒。猶詩稱中谷谷中也。多邦之下云於爾御事。是於諸國治事者盡及之也。鄭玄云。王。周公也。周公居攝。命大事。則權稱王。惟名與器。不可假人。周公自稱爲王。則是不爲臣矣。大聖作則。豈爲是乎。○傳凶害至之意。○正義曰。

釋詁云。延長也。洪大也。此害長大。敗亂國家。經言惟我幼童人。謂損累之。故傳加累字。累我童人。言其不可不誅之意。鄭王皆以延上屬爲句。言害不少。乃延長之。王肅又以惟爲念。向下爲義。大念我幼童子與繼文武無窮之道。○傳言子至自責○正義曰。嗣訓繼也。言子孫承繼祖疆。境界則是無窮。大數長遠傳世三十。卜年七百。是長遠也。○傳安人至者乎○正義曰。民近而天遠。以易而況難。天子必當至靈。至靈乃知天命。言已猶不能安民。明其不知天命。自責而謙。○傳前人至任重○正義曰。成王前人。故爲文武也。以涉水爲喻。言求濟者。在於布行大道。行天子之政也。文武有大功德。故受天命。又當布陳文武受命所行之事也。陳行天子之政。又陳文武所行之事。在此不忘大功。大功。太平之功也。言已所任至重。不得不奉天道行誅伐也。○傳天下至四國○正義曰。王者征伐刑獄。象天震曜殺戮。則征伐者。天之所威用。謂誅惡是也。天有此道。王者用之。用之則開。不用則閉。言我不敢閉絶天之所下威用而不行之。既不敢不行。故將伐四國。○傳安天至可違。○正義曰。紂爲昏虐。天下不安。言文王能安之。安天下之王。謂文王也。遺我大寶龜者。天子寶藏神龜。疑則卜之。繼天明道。就其命而行之。言卜吉則當行。不可違卜也。所以大寶龜皆得繼天明者。以天道玄遠。龜是神靈。能傳天意以示吉凶。故疑則卜之。以繼天明道。鄭玄云。時既卜乃後出誥。故先云然。

曰有大艱于西土。西土人亦不靜。越茲蠢。傳曰。語更端也。四國作大難於京師。西土人亦不安。於此蠢動。○蠢。尺允反。難。乃旦反。下同。又如字。

殷小腆誕敢紀其敘。傳言殷後小腆腆之祿父。大敢紀其王業。欲復之。○腆。他典反。馬云。至也。誕。大旦反。父。音甫。後同。

天降威。知我國有疵。傳天下威。謂三叔流言。故祿父知我周國有疵病。○疵。在斯反。馬云。瑕也。

祿父言我殷當復歎。惑東國人，令不安，反鄙易我周家。道其罪無狀。○令力呈反。易以豉反。下其易同。

民不康，曰予復反鄙我周邦。【傳】

今蠢，今翼日民獻有十夫予翼，以于敉寧武圖功。【傳】今天下蠢動，今之明日，四國人賢者有十夫來翼佐我周，用撫安武事，謀立其功，言人事先應。○敉亡婢反。應應對之應。

我有大事休，朕卜幷吉。【傳】大事，戎事也。人謀既從，卜又幷吉，所以爲美。○幷必政反。注及篇末同。

【疏】曰有至幷吉。○正義曰：上言爲害不少，陳欲征之意，未說武庚之罪，更後發端言之曰：今四國叛逆，有大艱於西土，言作亂於東，與京師爲難也。西土之人，爲此亦不得安靜，於此人情皆蠢蠢然動。殷後小國腆腆然之祿父。大敢紀其王業之次敘而欲興復之。祿父所以敢然者。上天下威於三叔。以其流言。欲下威誅之。祿父知我周國有此疵病。而欺惑東國人。令人不安。祿父謂人曰。我殷復望得更爲天子。反鄙易我周國。今天下蠢動。今之明日。四國民之賢者有十夫。不從叛逆。其來爲我翼佐我周。於是用撫安武事。謀立其功。明祿父舉事不當。得賢者叛來投我。爲我謀用。是人事先應如此。則我有兵戎大事。征伐必休美矣。人謀既從。我卜又幷吉。是其休也。言往必克敵安民之意。告衆使知也。○傳曰語至蠢動。○正義曰。周公丁寧其事。止而復言。別加一曰。語更端也。下言王曰。此不言王。史詳略耳。四國作逆於東。京師以爲大艱。故言作大難於京師。西土人亦不安。亦如東方見其亂不安也。釋詁云。蠢動也。鄭云。周民亦不定。其心騷動。言以兵應之。當時京師無與應者。鄭言妄耳。○傳言殷至復之。○正義曰。殷本天子之國。武庚比之爲小。故言小腆。腆是小貌也。鄭玄云。腆謂小國也。王肅云。腆。主也。殷小主。謂祿父也。大敢紀其王業。經紀王業。

望復之也。○傳天下至疵病○正義曰。王肅云。天降
威者。謂三叔流言。當誅伐之。言誅三叔是天下威也。
釋詁云。疵。病也。鄭王皆云。知我國有疵病之瑕。○傳
祿父至無狀○正義曰。祿父以父罪滅殷。身亦當死。
幸得繼其先祀。宜荷天恩。反鄙薄輕易我周家。言其
不識恩養。道其罪無狀也。漢代止有無狀之語。蓋言
其罪大無可形狀也。近代已來。遭重喪答人書云。無
狀招禍。是古人之遺語也。○傳今天至先應○正義
曰。武庚既叛。聞者皆驚。故今天下蠢動。謂聞叛之日
也。今之明日。聞叛之明日。以獻為賢。四國民內賢者
十夫來翼佐我周。十人史無姓名。直是在彼逆地。有
先見之明。知彼必敗。棄而歸周。周公喜其來降。舉以
告衆。謂之為賢。未必是大賢也。用撫安武事。謀立其
功。用此十夫為之。將欲伐叛而賢者即來。言人事先
應也。○傳大事至為美○正義曰。成十三年左傳云。
國之大事。在祀與戎。今論伐叛。知大事戎事也。十夫
來翼。人謀既從。卜又并吉。所以為美。美即經之休也。
既言其休。乃說我卜并吉。以成此休之意。鄭玄云。卜

幷吉者。謂三龜皆從也。王肅云。何以言美。以三龜一習吉。是言幷吉證其休也。與孔異矣。**肆予告我友邦君越尹氏庶士御事。**傳以美故告我友國諸侯。及於正官尹氏卿大夫衆士御治事者。言謀及之。**曰予得吉卜。予惟以爾庶邦于伐殷逋播臣。**傳用汝衆國。往伐殷逋亡之臣。謂祿父。○逋。布吾反。**爾庶邦君越庶士御事罔不反曰。艱大。**傳汝衆國上下。無不反曰。征伐四國爲大難。叙其情以戒之。**民不靜亦惟在王宮邦君室。**傳言四國不安。亦在天子諸侯教化之過。自責不能綏近以及遠。**越予小子考翼。不可征。王害**

不違卜。傳於我小子先卜敬成周道。若謂今四國不可征。則王室有害。故宜從卜。疏肆予告至違卜○正義曰。以人從卜吉爲美之故。故我告汝有邦國之君。及於尹氏卿大夫衆士治事者曰。我得吉卜。我惟與汝衆國。往伐殷逋亡播蕩之臣。謂伐祿父也。汝國君及於衆治事者。無不反我之意相與言曰。伐此四國。爲難甚大。言其不欲征也。汝不欲伐。罪我之由四國之民不安而叛者。亦惟在我天子王宮與邦君之室。教化之過使之然。以此令汝難征。過事在我。雖然。於我小子。先考疑而卜之。欲敬成周道。若謂四國難大不可征。則於王室有害。不可違卜。宜從卜往征也。○傳以美至及之○正義曰。肆訓故也。承上休之下。以其東征必美之故。我告友國君以下共謀之。尹氏。卽顧命云百尹氏也。尹正也。諸官之正。謂卿大夫。故傳言及於正官尹氏卿大夫。尹氏卽官也。摠呼大夫爲官氏也。上文大誥爾多邦。綏越爾御事。無尹氏庶士。下文爾庶邦君。越庶士御事。亦無尹氏。惟此及下文施義二者詳其文。餘略之。從可知也。○傳用汝至祿父。○正義曰。逋。逃也。播。謂播蕩逃亡之意。祿父殷君。謂之爲殷。今日叛逆。是背周逃亡。故云用汝衆國。往伐彼殷君於我周家逋逃亡叛之臣。謂祿父也。○傳汝衆至戒之。○正義曰。王以卜吉之故。將以諸國伐殷。且彼諸國之情必有不欲伐者。無不反我之意相與言曰。征伐四國爲大難。言其情必如此。敘其情以戒之。使勿然也。鄭云。汝國君及下羣臣。不與我同志者。無不反我之意。云三監叛。其爲難大。是言反者。謂反上意。反是上意。則知曰者。相與言也。○傳言四至及遠。○正義曰。自責惟當言天子教化之過。而并言諸侯者。化從天子布於諸侯。道之不行。亦邦君之咎。見庶邦亦有過。故并言之。教化之過。在於君身。而云王宮邦君室者。宮室是行化之處。故指以言之。○傳於我至從卜。○正義曰。翼。訓敬也。於我小子先自考卜。欲敬成周道。汝庶邦御事等。若謂今四國不可征。則周道不成。於王室有害。故宜從卜。小子先卜。當謂初即位時卜其欲成周道也。不可違卜。謂上朕卜并吉也。言欲征卜吉。當從卜征之。**肆予沖人永思艱曰。嗚呼。允蠢鰥寡哀哉。**傳故我童人成王長思此難而歎曰。信蠢動天下。使無妻無夫者受其害。可哀哉。○鰥。故頑反。**予造天役遺大投艱于朕身。**傳我周家爲天下役事。遺我甚大。投此艱難於我身。言不得已。○予造。爲也。馬云。遺也。**越予沖人不卬自恤。義爾邦君越爾多士尹氏御事。**傳言征四國於我童人。不惟自憂而已。乃欲施義於汝衆國君臣上下至御治事者。○卬。五剛反。我也。**綏予曰。無毖于恤。不可不成乃寧考圖功。**傳汝衆國君臣。

當安勉我曰。無勞於憂。不可不成汝寧祖聖考文武所謀之功。責其以善言之助。○毖音祕。疏肆予沖至圖功。○正義曰。以汝等有難征之意。故我我童子成王。長思此難而歎曰。嗚呼。四國今叛。信蠢動天下。使鰥寡受害。尤可哀哉。我周家爲天下役事。而遺我甚大。乃投此艱難於我身。此難須平。不可以已。今征四國於我童人。不惟自憂而已。乃欲施義於汝衆國君。於汝多士尹氏治事之人。如此爲汝計。汝君臣當安勉我曰。無勞於征伐之憂。我諸侯當往共征四國。汝王不可不成汝寧祖聖考所謀之功。宜出此善言以助我。何謂違我不欲征也。○傳我周至得已。○正義曰。爲天子者。當役已以養天下。故我國家爲天下役事。揔言周家當救天下。此事遺我。故爲甚大。以大役遺我。以爲甚大。而又投擲此艱難之事於我身。謂當已之時。有四國叛逆。言已職當靜亂。不得以已也。○傳言征至事者。○正義曰。卬。我。恤。憂也。四國叛逆。害及衆國。君得靜亂。則爲大美。言征四國於我童人。不惟自憂而已。乃欲施義於汝衆國君臣。言難除則義施也。○傳汝衆至之助○正義曰。綏。安也。毖。勞也。言我既施義於汝。汝衆國君臣言得我之功。當安慰勉勸我曰。無勞於憂。令我無憂四國。衆國自來征之。經言寧。即文王。考。即武王。故言寧祖聖考也。王以衆國反已。乃復設爲此言。責其無善言助已。**已予惟小子不敢替上帝命。**傳不敢廢天命。言卜吉當必征之。**天休于寧王。興我小邦周。寧王惟卜用。克綏受茲命。**傳言天美文王興周者。以文王惟卜之用。故能安受此天命。明卜宜用。**今天其相民。矧亦惟卜用。**傳人獻十夫。是天助民。況亦用卜乎。吉可知矣。亦。亦文王。○相。息亮反。**嗚呼。天明畏。弼我丕丕基。**傳歎天之明德可畏。輔成我大大之基業。言卜不可違也。○畏，如字。徐音威。王曰：爾惟舊人，爾丕克遠省，爾知寧王若勤哉。傳特命父老之人。知文王故事者。大能遠省識古事。汝知文王若彼之勤勞哉。目所親見，法之又明。○省，息井反。天閟毖我成功所，予不敢不極卒寧王圖事。傳閟，慎也。言天慎勞我周家成功所在，我不敢不極盡文王所謀之事。謂致太平。○閟，音秘。肆予大化誘我友邦君。傳我欲極盡文王所謀，故大化天下，道我友國諸侯。天棐忱辭，其考我民。傳言我周家有大化誠辭。爲天所輔。其成我民矣。○棐。徐音匪。又芳鬼反。忱。市林反。**予曷其不于前寧人圖功攸終。**傳我何其不於前文王安人之道。謀立其功所終乎。**天亦惟用勤毖我民若有疾。**傳天亦勞慎我民。欲安之。如人有疾。欲已去之。**予曷敢不于前寧人攸受休畢。**傳天欲安民。我何敢不於前文王所受美命終畢之。

疏已予至丕基。○正義曰。既敘衆國之情。告以必征之意。已乎。我惟小子。不敢廢上帝之命。卜吉不征。是廢天命。從卜而興。乃有故事。天休美於安天下之文王。興我小國周者。以安民之王。惟卜是用。以此之故。安受此上天之命。明卜宜用之。今天助民矣。十夫佐周。是天助也。人事既驗。況亦如文王惟卜之用。吉可知矣。嗚呼而歎天之明德可畏也。輔成我周家大大之基業。卜既得吉。不可違也。○傳民獻至文王○正義曰。天之助民。乃是常道。而云民獻十夫。是天助民者。下云亦惟十人迪知上帝命。故以民獻十夫。爲天助民也。○王曰爾至休畢○正義曰。既述文王之事。王又命於衆曰。汝惟久老之人。汝大能遠省識古事。汝知寧王若此之勤勞哉。以老人目所親見。必知之也。以文王勤勞如此。故天命慎勞來我周家。當至成功所在。天意既然。我不敢不極盡文王所謀之事。文王教致太平。我欲盡行之。我欲盡文王所謀。故我大爲教化。勸誘我所友國君。共伐叛逆。天既輔助我周家有大化誠辭。其必成就我之衆民。天意既如此矣。我何其不於前文王安民之道。謀立其功之處所而終竟之乎。天亦惟勞慎我民。若人有疾病而欲已去之。天意於民如此之急。我何敢不於前安人文王所受美命終畢之乎。以須終畢之故。故當誅除逆亂。安養下民。使之致太平。○傳閟慎至太平○正義曰。閟。慎。釋詁文。天慎勞我周家者。美其德當天心。慎惜又勞來勸勉之。使至成功所在。在於致太平也。天意欲使之然。我爲文王子孫。敢不極盡文王所謀之事。文王本謀。謂致太平。○傳言我至民矣。○正義曰。釋詁云。棐。輔也。忱。誠也。文承大化之下。知輔誠辭者。言周家有大化誠辭。爲天所輔。其成我民。必爲民除害使得成也。○傳天亦至去之。○正義曰。亦者。亦民之義也。君民共爲一體。天慎勞使成功。亦當勤勞民使安寧。故言亦也。如疾欲已去之。言天急於民至甚也。○傳天欲至畢之。○正義曰。上云卒寧王圖事。又云圖功攸終。此云攸受休畢。畢。終也。三者文辭略同。義不甚異。大意惟言當終文王之業。須征逆亂之賊。周公重兵慎戰。丁寧以勸民耳。

王曰。若昔朕其逝。朕言艱日思。傳順古道。我其往東征矣。我所言國家之難備矣。日思念之。○日。人實反。難。乃旦反。下爲難同。

若考作室。既厎法。厥子乃弗肯堂。矧肯構。傳以作室喻治政也。父已致法。子乃不肯爲堂基。況肯構立屋乎。不爲其易。則難者可知。○厎。之視反。構古候反。治直吏反。**厥父菑厥子乃弗肯播矧肯穫。**（傳）又以農喻。其父已菑耕其田。子乃不肯播種。況肯收穫之乎。○菑。側其反。草也。田一歲曰菑。穫。戶郭反。**厥考翼其肯曰予有後弗棄基。**（傳）其父敬事創業。而子不能繼成其功。其肯言我有後。不棄我基業乎。今不征。是棄之。**肆予曷敢不越卬敉寧王大命。**（傳）作室農人。猶惡棄基。故我何敢不於今日撫循文王大命以征逆乎。○惡。烏路反。**若兄考乃有友伐厥子民養其勸弗救。**（傳）若兄弟父子之家。乃有朋友來伐其子。民養其勸不救者。以子惡故。以此四國將誅而無救者。罪大故。

【疏】王曰若至弗救○正義曰。予孫成父祖之業。古道當然。王又言曰。今順古昔之道。我其往東征矣。我所言國家之難備矣。日日思念之。乃以作室爲喻。若父作室。營建基趾。既致法矣。其子乃不肯爲之堂。況肯構架成之乎。又以治田爲喻。其父菑耕其田。殺其草。已堪下種矣。其子乃不肯布種。況肯收穫乎。其此作室治田之父。乃是敬事之人。見其子如此。其肯言曰。我有後。不棄我基業乎。必不肯爲此言也。我若不終文武之謀。則文武之神。亦如此耳。其肯道我不棄基業乎。作室農人。猶惡棄其基業。故我何敢不於我身。今日撫循安人之文王大命。以征討叛逆乎。我今東征。無往不克。若凡人兄及父與子弟爲家長者。乃有朋友來伐其子。則民皆養其勸伐之心不救之。何則。以子惡故也。以喻伐四國雖親如父兄。亦無救之者。以君惡故也。言罪大不可不誅。無救所以必克也。顧氏以上不卯自恤。傳云。不惟自憂。遂皆以卯爲惟。但卯之爲惟。非是正訓。觀孔意亦以不卯爲惟義也。○傳又以至穫乎。○正義曰。上言作室。此言治田。其取喻一也。上言若考作室。既厎法。此類上文。當云若父爲農。既耕田。從上省文耳。菑謂殺草。故治田一歲曰菑。言其始殺草也。播謂布種。后稷播殖百穀是也。定本云。矧弗肯構。矧弗肯穫。皆有弗字。檢孔傳所解。弗爲衍字。○傳其父至棄之。○正義曰。治田作室。爲喻既同。故以此經結上二事。鄭王本於矧肯構下。亦有此一經。然取喻既同。不應重出。蓋先儒見下有而上無。謂其脫而妄增之。○傳若兄至大故。○正義曰。此經大意。言兄不救弟。父不救子。發首兄考備文。伐厥子。不言弟。互相發見。傳言兄弟父子之家以足之。民養其勸。民爲父兄爲家長者也。養其心不退止也。

王曰。嗚呼。肆哉爾庶邦君越爾御事。傳歎今伐四國必克之。故以告諸侯及臣下御治事者。

爽邦由哲。

亦惟十人迪知上帝命。傳言其故。有明國事用智道。十人蹈知天命。謂人獻十夫來佐周。越天棐忱爾時罔敢易法。矧今天降戾于周邦。傳於天輔誠。汝天下是知無敢易天法。況今天下罪於周。使四國叛乎。惟大艱人誕鄰胥伐于厥室。爾亦不知天命不易。傳惟大爲難之人。謂三叔也。大近相伐於其室家。謂叛逆也。若不早誅。汝天下亦不知天命之不易也。○易，以豉反。

疏王曰嗚至不易。○正義曰。既言四國無救之者。王曰又言。歎今伐四國必克之故。告汝衆國君。及於汝治事之臣。所以知必克者。故有明國事用智道者。亦惟有十人。此人皆蹈知上天之命。謂民獻十夫來

佐周家。此人既來。克之必也。於我天輔誠信之故。汝
天下是知無敢變易天法者。若易法無信。則上天不
輔。故無敢易法也。況今天下罪於周國。使四國叛逆。
惟大爲難之人。謂三叔等。大近相伐於其室家。自欲
拔本塞源。反害周室。是其爲易天法也。彼變易天法。
若不早誅之。汝天下亦不知天命之不可變易也。○
傳言其至佐周○正義曰。此其必克之故也。爽。明也。
由。用也。有明國事用智道。言其有賢德也。蹈天者。識
天命而履行之。此言十人。謂上文民獻十夫來佐周
家者。此是賢人。賢人既來。彼無所與。是必克之効也。
王肅云。我未伐而知民弗救者。以民十夫用知天命
故也。○傳於天至叛乎○正義曰。於天輔誠。言天之
所輔。必是誠信。汝天下於是觀之。始知無敢變易天
法。若易天法。則天不輔之。況今天下罪於周。使四國
叛乎。以小況大。大易法猶尚不可。況叛逆乎。○傳惟大
至易也○正義曰。以下句言相伐於其室家。室家自
相伐。知惟大爲難之人謂三叔也。大近相伐於其室
家者。三叔爲周室至親。而舉兵作亂。是室家自相伐。

爲叛逆之罪。是變易天法之極。若汝諸國不肯誅之。是汝天下亦不知天命之不可變易也。王肅云惟大爲難之人。謂管蔡也。大近相伐於其室家。明不可不誅也。管蔡犯天誅而汝不欲伐。則亦不知天命之不易也。

予永念曰。天惟喪殷若穡夫。予曷敢不終朕畝。傳稼穡之夫。除草養苗。我長念天亡殷惡主。亦猶是矣。我何敢不順天終竟我壟畝乎。言當滅殷。○壟。力勇反。

天亦惟休于前寧人。予曷其極卜。敢弗于從。傳天亦惟美于文王受命。我何其極卜法。敢不於從。言必從也。

率寧人有指疆土。矧今卜并吉。傳循文王所有指意以安疆土。則善矣。況今卜并吉乎。言不可不從。

肆朕

誕以爾東征。天命不僭。卜陳惟若茲。傳以卜吉之故。大以汝衆東征四國。天命不僭差。卜兆陳列惟若此。吉必克之。不可不勉。疏予永至若茲。○正義曰。所以必當誅四國者。我長思念之曰。天惟喪亡殷國者。若稼穡之夫。務去草也。天意既然。我何敢不終我壟畝也。言穢草盡須除去。殷餘皆當殄滅也。天亦惟美於前寧人文王。我何其極文王卜法。敢不於是從乎。言必從之也。我循彼寧人所有旨意。以安疆土。不待卜筮。便即東征。已自善矣。況今卜東征而龜并吉。以吉之故。我大以爾東征四國。天命必不僭差。卜兆陳列惟若此吉。不可不從。卜不可不勉力也。○傳天亦至從也。○正義曰。天亦惟美於文王受命。言文王德當天心。天每事美之。故得受天命。是文王之德大美也。文王用卜。能受天命。今於我何其窮極文王卜法。敢不從乎。言必從文王卜也。○傳循文至不從。○正義曰。文王之旨意。欲令天下疆土皆得其宜。有叛逆者。自然須平定之。我直循彼文王所有旨意伐叛。則已善矣。不必須卜筮也。況今卜幷吉乎。言不可不從也。王肅云。順文王安人之道。有旨意盡天下疆土使皆得其所。不必須卜筮也。況今卜三龜皆吉。明不可不從也。○傳以卜至不勉。○正義曰。天命不僭者。天意去惡與善。其事必不僭差。言我善而彼惡也。卜兆陳列。惟若此吉。言往必克之。不可不勉力也。

微子之命第十

周書

成王既黜殷命。殺武庚。傳一名祿父。命微子啓代殷後。傳啓知紂必亡而奔周。命爲宋公。爲湯後。作微子之命。傳封命之書。疏成王至之命○正義曰。成王既黜殷君之命。殺武庚。乃命微子啓代武庚爲殷後。爲書命之。史敘其事。作微子之命。黜殷命。謂絶其爵也。殺武庚。謂誅其身也。○傳啓知至湯後。○正義曰。啓知紂必亡。告父師少師而遁於荒野。微子作誥。是其事也。武王既克紂。微子乃歸之。非去紂即奔周也。傳言得封之由。故言其奔周耳。僖六年左傳云。許僖公見楚子。面縛銜璧。大夫衰絰。士輿櫬。楚子問諸逢伯。對曰。昔武王克殷。微子啓如是。武王親釋其縛。受其璧而祓之。焚其櫬。禮而命之。使復其所。史記宋世家云。武王克殷。微子啓乃持其祭器造於軍門。肉袒面縛。左牽羊。右抱茅。膝行而前以告。武王乃釋微子。復其位如故。是言微子克殷始歸周也。馬遷之書。辭多錯謬。面縛。縛手於後。故口銜其璧。又安得左牽羊。右把茅也。要言歸周之事。是其實耳。樂記云。武王克殷。既下車。投殷之後於宋。則傳言復其位者。以其自縛爲囚。釋之使從本爵。復其卿大夫之位。及下車即封於宋。以其終爲殷後。故樂記云投殷之後。爾時未爲殷之後也。微子初封於宋。不知何爵。此時因舊宋命之爲公。令爲湯後。使祀湯耳。不繼紂也。

微子之命。傳稱其本爵以名篇。疏微子之命○正義曰。令寫命書之辭以爲此篇。君陳君牙冏命。皆此類也。

王若曰。猷。殷王元子。傳微子。帝乙元子。故順道本而稱之。惟稽古崇德象賢。傳惟考古典。有尊德象賢之義。言令法之。統承先王。修其禮物。傳言二王之後。各修其典禮。正朔服色。與時王並通三統。○正音政。作賓于王家。與國咸休。永世無窮。傳爲時王賓客。與時皆美。長世無竟。嗚呼。乃祖成湯克齊聖廣淵。傳言汝祖成湯。

能齊德聖達。廣大深遠。澤流後世。皇天眷佑。誕受厥命。傳大天眷顧湯。佑助之。大受其命。謂天命。撫民以寬。除其邪虐。傳撫民以寬政。放桀邪淫蕩之德。功加于時。德垂後裔。傳言湯立功加流當時。德澤垂及後世。裔末也。爾惟踐修厥猷。舊有令聞。傳汝微子。言能踐湯德。久有善譽。昭聞遠近。○令聞如字。又音問。恪慎克孝。肅恭神人。予嘉乃德。曰篤不忘。傳言微子敬慎能孝。嚴恭神人。故我善汝德。謂厚不可忘。○篤本又作竺。東谷反。疏王若曰猷殷王元子。○正義曰。王順道而言曰。今以大道告汝殷王首子。告之以下辭也。曰猷如大誥言以道詁之。○傳微子至稱之○正義曰。呂氏春秋仲冬紀云。紂之母生微子啓與仲衍。尚爲妾。已而爲妻。後生紂。紂父欲立啓爲太子。太史據法而爭之曰。有妻之子。不可立妾之子。故紂爲後。鄭云。微子啓。紂同母庶兄也。若順也。猷道也。以其本是元子。故順道本而稱之。釋詁云。元首始也。易曰元者善之長也。○傳言二王至三統○正義曰。郊特牲云。天子存二代之後。猶尊賢也。尊賢不過二代。書傳云。王者存二王之後。與巳爲三。所以通三統。立三正。周人以日至爲正。殷人以日至後三十日爲正。夏人以日至後六十日爲正。天有三統。土有三王。三王者。所以統天下也。禮運云。杞之郊也。禹也。宋之郊也。契也。是二王後爲郊祭天。以其祖配之。鄭云。所存二王後者。命使郊天。以天子禮祭其始祖受命之王。自行其正朔服色。此謂通天三統。是立二王後之義也。此命首言稽古。則立先代之後。自古而有此法。不知從何代然也。孔意自夏以上不必改正縱使正朔不改。典禮服色自當異也。○曰篤不忘○正義曰。僖十三年左傳。王命管仲之辭曰。謂督不忘。則曰亦謂義。孔訓篤爲厚。故傳云。謂厚不可忘。杜預以督爲正。可謂正而不可忘也。

上帝時歆。下民祗協。庸建爾于上公。尹茲東夏。傳孝恭之人。祭祀則神歆享。施令則人敬和。用是封立汝於上公之位。正此東方華夏之國。宋在京師東。○歆許今反。

欽哉。往敷乃訓。慎乃服命。率由典常。以蕃王室。傳敬哉。敬其爲君之德。往臨人布汝教訓。慎汝祖服命數。循用舊典。無失其常。以蕃屏周室。戒之。疏慎乃服命○正義曰。傳言慎汝祖服命數。謂祭湯廟得用天子之禮。服其殷之本服命。則上公九命。當慎之。無使乖禮制也。

弘乃烈祖。律乃有民。永綏厥位。毗予一人。傳大汝烈。

祖成湯之道，以法度齊汝所有之人，則長安其位。以
輔我一人。言上下同榮慶。○毗，房
脂反。世世享德，萬邦作
式。傳 言微子累世享德，不忝厥祖，雖同公侯，而特爲
萬國法式。俾我有周無斁。傳 汝世世享德，則使我有
周好汝無厭。○俾，必爾反。斁音亦。好，呼報反。厭，於豔反。嗚呼！往哉惟休，無
替朕命。傳 歎其德，遣往之國，言當惟爲美政，無廢我
命。

唐叔得禾，異畝同穎。傳 唐叔，成王母弟，食邑內，得異禾
也。畝，壟。穎，穗也。禾各生一壟，而合爲一穗。○穎，役領
反。穗，似醉

反。本亦作遂。**獻諸天子。**傳 拔而貢之。**王命唐叔歸周公于東。**傳 異畝同穎。天下和同之象。周公之德所致。周公東征未還。故命唐叔以禾歸周公。唐叔後封晉。**作歸禾。**傳 亡。

疏 唐叔至歸禾○正義曰。成王母弟唐叔於其食邑之内得禾。下異畝壟。上同穎穗。以其有異。拔而貢於天子。以爲周公德所感致。於時周公東征未反。王命唐叔歸周公於東。命有言辭。史敘其事。作歸禾之篇。○傳唐叔至一穗○正義曰。昭十五年左傳云。叔父唐叔。成王之母弟。指言唐叔得禾。知其所食邑内得異禾也。唐叔食邑。書傳無文。詩述后稷種禾。於實秀之下。乃言實穎。毛傳云。穎垂。言穗重而垂。是穎爲穗也。禾各生一壟而合爲一穗。言其異也。書傳云。成王之時。有三苗貫桑葉而生。同爲一穗。其大盈車。長幾充箱。民得而上諸成王。下傳云。拔而貢之。若是盈車之穗。不可手拔而貢。孔不用書傳爲說也。○傳異畝至封晉○正義曰。禾者。和也。異畝同穎。是天下和同之象。成王以爲周公德所感致。於時周公東征未還。故命唐叔以禾歸周公於東也。歸禾年月。史傳無文。不知在啓金縢之先後也。王啓金縢。正當禾熟之月。若是前年得之。於時王疑未解。必不肯歸周公。當是啓金縢之後。喜得東土和平而有此應。故以歸周公也。唐叔後封於晉。經史多矣。傳言此者。欲見此時未封。知在邑内得之。昭元年左傳。稱成王滅唐而封太叔焉。所滅之唐。即晉國是也。然則得禾之時。未封於唐。從後稱之爲唐叔耳。

周公既得命禾旅天子之命。傳已得唐叔之禾。遂陳成王歸禾之命。而推美成王。善則稱君。

作嘉禾。傳天下和同。政之善者。故周公作書以善禾名篇。告天下。亡。

疏周公至嘉禾○正義曰。周公既得王所命禾。乃陳天子歸禾之命。爲文辭。稱此禾之善。推美於成王。

史敘其事。作嘉禾之篇。○傳巳得至稱君○正義曰。鄭云受王歸巳禾之命與其禾。以爲既得命。禾。謂復得禾。義當然矣。成王歸禾之命。必歸美周公。周公陳歸禾之命。又推美成王。是善則稱君之義也。善則稱君。坊記文也。○傳天下至下亡○正義曰。嘉。訓善也。言此禾之善。故以善禾名篇。陳天子之命。故當布告天下。此以善禾爲書之篇名。後世同穎之禾。遂名爲嘉禾。由此也。二篇東征未還時事。微子受命。應在此篇後。篇在前者。蓋先封微子。後布此書故也。

尚書註疏卷第十三

尚書注疏彙校卷十三

旅獒第七

一葉七行注　西戎遠國貢大犬。　「犬」，閩作「大」。○山井鼎《考文》：「西戎遠國」下、「貢大犬」下，〔古本〕共有「也」字。下註「無遠不服」下、「以大爲異」下、「耳目華侈」下、「無廢其職」下、「親親之道」下、「物貴由人」下、「盡其心矣」下、「則百度正」下並同。

一葉七行釋文　馬云作豪。酋豪也。　「酋」，魏作「遒」。○阮元《校記甲》：獒，馬云作豪。酋，豪也。盧文弨云：「云」字當在「作豪」下。

一葉七行經　大保作旅獒。　「大」，石、八、李、王、纂、魏、平、岳、十、永、阮作「太」。○阮元《校記甲》：大保作旅獒。「大」，唐石經、岳本、十行、纂傳俱作「太」，下同。石經考文提要云：釋文不發音，知係「太」字。○阮元《校記乙》：太保作旅獒。唐石經、岳本、纂傳同。毛本「太」改作「大」。石經考文提要云：釋文不發音，知係「太」字。下同。

一葉八行釋文　召。時照反。後召公皆倣此。　「召」下纂、魏、平有「公」字。「時」，纂作

「詩」。「傚」，王、纂、魏、平作「放」，毛作「例」。○山井鼎《考文》：召，時照反。後召公皆例此。經典釋文「例」作「傚」。正德、嘉、萬同。○浦鏜《正字》：序音義：後召公皆傚此。「傚」，通志堂本作「放」，後並同。毛本誤「例」。○阮元《校記甲》：後召公皆放此。「放」，十行本作「傚」。毛本作「例」，非。山井鼎曰：正德、嘉、萬同元文。

一葉九行疏　「西旅至旅獒○正義曰」至「妄爲此説」。　○浦鏜《正字》：旅獒疏當在上序下。○盧文弨《拾補》：西旅至旅獒。自此至「妄爲此説」當在上序之下。○疏文「西旅至旅獒○正義曰」至「妄爲此説」，此節疏定本在上傳「召公陳戒」下。《定本校記》：旅獒。此經傳，〔足利〕八行本在「太保作旅獒」下，今從殿本、浦氏。

一葉十行疏　於是大保召公因陳戒。　「大」，單、八、魏、平、十、永、阮作「太」。「戒」，單、八作「戎」。○《定本校記》：於是太保召公因陳戒。「戒」，單疏本誤作「戎」。

一葉十行疏　西戎至大犬。　「犬」，閩作「大」。

一葉十一行疏　獒是犬名。　「犬」，閩作「大」。

一葉十二行疏　召公爲大保。　「大」，單、八、魏、平、十、永、阮作「太」。

一葉十二行疏　知此時大保亦召公也。　「大」，單、八、魏、平、十、永、阮作「太」。

一葉十三行疏　獒。讀曰豪。　「獒」，八作「熬」。

一葉十三行疏　强大有政者爲酋豪。　「酋」，單、八、魏、平、十、永、阮作「遒」。○阮元《校記甲》：强大有政者爲酋豪。「酋」，十行本誤作「遒」，下同。○阮元《校記乙》：强大有政者爲遒豪。岳（毛）本「遒」作「酋」。「遒」字誤也。○《定本校記》：名强大有政者爲酋豪。「酋」，單疏本誤作「遒」，下同。

一葉十四行疏　國人遣其酋豪來獻見於周。　「酋」，單、八、魏、平、十、永、阮作「遒」。○《定本校記》云：單疏「酋」誤「遒」。

一葉十六行注　九八言非一。　○物觀《補遺》：九八言非一。〔古本〕下有「也」字。「所貴在於德」下同。

一葉十六行經　西旅底貢厥獒。　○山井鼎《考文》：西旅底貢厥獒。〔古本〕「厥」作「其」。「生民保厥居」同。

一葉十七行注　西戎之長。　「戎」，十、永、閩、阮作「旅」。○阮元《校記甲》：西戎之長。「戎」，十行、閩、葛、纂傳俱作「旅」，與疏標目不合。○阮元《校記乙》：西旅之長。閩本、葛本、纂傳同。毛本「旅」作「戎」，與疏標目正合。

一葉十七行注　犬高四尺曰獒。　「犬」，纂作「大」。

一葉十七行注　以大爲異。　「大」，纂作「犬」。

一葉十八行釋文　厎。之視反。　「厎」，毛作「底」。「視」，王作「復」，纂、魏、平、十、永、閩、殿、庫、阮作「履」。○物觀《補遺》：底，之視反。〔經典釋文〕「視」作「履」。○阮元《校記甲》：底，之履反。「履」，毛本作「視」。

一葉十八行釋文　長。之丈反。　「長」上魏、平有「之」字。「之」，王、纂、魏、平、永、閩、殿、庫、阮作「丁」。「之丈」，十作「丁文」。○阮元《校記甲》：之長，丁丈反。「丁」，毛本作「之」，非也。

一葉十八行經　大保乃作旅獒。　「大」，石、八、李、王、纂、魏、平、岳、十、永、阮作「太」。

二葉一行注　陳貢獒之義以訓諫王。　○《定本校記》：以訓諫王。雲窗叢刻本、内野本、神宮本無「王」字，清原宣賢手鈔本引家本亦無。

二葉二行疏　大保召公。　「大」，單、八、魏、平、十、永、殿、庫、阮作「太」。

二葉四行疏　四夷各自爲國。　「各」，毛作「名」。○山井鼎《補遺》：四夷名自爲國。宋板「名」作「各」。○浦鏜《正字》：各自爲國。「各」，毛本誤「名」。○盧文弨《拾補》：四夷各自爲國。毛本「各」作「名」。「名」當作「各」。○阮元《校記甲》：四夷名自爲國。「名」，宋板、十行、閩、監俱作「各」。按：「名」字誤。

二葉四行疏　釋地云。九夷。八狄。七戎。六蠻。謂之四海。又云八蠻在南方。六戎在西方。五狄在北方。　永「謂」下無「之」字，「北」作「比」。○孫詒讓《校記》：「釋地」下三句據李巡本，今郭本無之，見詩蓼蕭疏。

二葉五行疏　與爾雅上文不同。　「上」，八作「匕」。

二葉六行疏　周禮職方氏。掌四夷八蠻七閩九貉五戎六狄之人。　○浦鏜《正字》：周禮云云六狄之人民。脱「民」字。○盧文弨《拾補》：周禮職方氏云云六狄之人。毛本下脱「民」字。

二葉六行疏　徧檢經傳。　「檢」，平作「撿」。

二葉八行疏　鄭答云戎狄但有其國數。　「答」，單、八、魏、平、十、永、閩、毛、阮作「荅」。「戎」，十作「戍」。

二葉九行疏　其名難得而知。　「得」，單作「侍」。○《定本校記》：其名難得而知。「得」，單疏本誤作「侍」。

二葉九行疏　韋昭云通道。　「韋」，十作「常」。

二葉十一行疏　西戎之長。「戎」，庫作「戍」。

二葉十一行疏　犬高四尺曰獒。「犬」，閩作「大」。

二葉十二行疏　旅國以大爲異。「大」，平、永、殿、庫、阮作「犬」。

二葉十三行經　無有遠邇。○山井鼎《考文》：無有遠邇。〔古本〕「無」作「亡」。「無替其服」同。

二葉十六行釋文　供。音恭。「供」上魏、平有「以」字。

二葉十六行釋文　爲。于僞反。「爲」上魏、平有「不」字。

二葉十六行釋文　侈。昌式反。又式氏反。「又」，王作「文」。「昌式反」下纂無「又式氏反」四字。

二葉十八行經　分寶玉于伯叔之國。「玉」，閩作「王」。「叔」，八作「赦」。

三葉三行疏　明王既得所貢。「王」，永作「玉」。

三葉四行疏　分寶玉於同姓伯叔之國。「叔」，八作「赦」。

三葉六行疏　是華夷摠統之辭。「摠」，毛、殿作「總」。

三葉七行疏　瑶琨篠簜。「篠」，魏、永作「蓧」。「簜」，永作「蕩」。

三葉八行疏　九州之外。「外」，永、閩作「小」。

三葉八行疏　所貴寶見經傳者。○浦鏜《正字》：所貴寶見經傳者。鄭注無「經」字。

三葉八行疏　犬戒獻白狼白鹿是也。「犬」，八作「大」。

三葉九行疏　無所不有。「不」上永無「所」字。

三葉十行疏　德之至其職。「職」，平作「識」。

三葉十二行疏　肅慎氏來貢楛矢石砮。「楛」，永作「楛」。

三葉十二行疏　故銘其楛曰。肅慎氏貢矢。以分太姬配虞胡公而封諸陳。「楛」，永作「楛」。「大」，毛作「太」。○浦鏜《正字》：故銘其栝曰：肅慎氏之貢矢。脱「之」字。「栝」誤「楛」。○盧文弨《拾補》：故銘其栝曰：肅慎氏貢矢，以分太姬。毛本「栝」作「楛」。浦改「栝」，是。毛本「氏」下脱「之」字。元本「太」作「大」。○阮元《校記甲》：故銘其楛曰。浦鏜云：「栝」誤「楛」。按：魯语作「栝」。阮元《校記乙》同。○《定本校記》：故銘其楛曰。浦氏云「栝」誤「楛」。

三葉十三行疏　故分陳以肅慎氏之矢。○浦鏜《正字》：故分陳以肅慎氏之矢。「矢」，國語作「貢」。

三葉十四行疏　以寶至之道。　「寶」，魏作「宝」。

三葉十五行疏　但不必是遠方所貢耳。　「但」，八作「伹」。

三葉十七行疏　是以寶玉分同姓也。　「寶」，魏作「宝」。

三葉十七行疏　慮其廢職。　「廢」，十作「廢」。

三葉十八行疏　此亦互相見也。　「此」，永作「比」。

三葉十八行經　人不易物。　○山井鼎《考文》：人不易物。〔古本〕「不」作「弗」。「不狎侮」、「不役耳目」、「不作無益」、「不貴異物」並同。

四葉一行注　無德則物賤。　「無」，王作「无」。

四葉一行注　所貴在於德。　○《定本校記》：所貴在於德。「於」字内野本、神宮本無，雲窗叢刻本作「乎」。

四葉一行釋文　易。羊質反。　「易」上魏、平、殿、庫有「不」字。「質」，王、平作「隻」，魏作「隻」。○阮元《校記甲》：不易，羊質反。「質」，葉本作「隻」字。按：葉是也。

四葉二行釋文　易。以豉反。　「易」上魏、殿、庫有「狎」字。「豉」，王、纂、魏、庫作「鼓」。

四葉三行釋文　盡。津忍反。　「津」，平作「子」。

四葉五行注　則力盡矣。　○《定本校記》：則力盡矣。「力盡」二字内野本、神宮本倒，清原宣賢手鈔本引家本亦然。

四葉七行疏　恐人主恃巳賜人。　「賜人」，平作「賜之」。

四葉七行疏　戒人主使脩德也。　「脩」，毛作「修」。

四葉七行疏　又説脩德之事。　「脩」，毛作「修」。

四葉十二行疏　詩序云。悦以使民。民忘其死。　○盧文弨《拾補》：詩序云：悦以使民，民忘其死。似誤引。

四葉十三行疏　太甲曰。　「太」，八作「大」。

四葉十五行注　言不以聲色自役。　「聲」，王作「声」。

四葉十六行注　則喪其德。　○物觀《補遺》：「則喪其德」下、「則喪其志」下，〔古本〕共有「矣」字。　○盧文弨《拾補》：以人爲戲弄，則喪其德。古本「德」下有「矣」字，下句同。　○阮元《校記甲》：則喪其德。古本下有「矣」字。下「其志」同。

四葉十七行釋文　玩。五貫反。　「反」，十、永作「以」。

四葉十八行注　故君子勤道。　○山井鼎《考文》：君子勤道。〔古本〕下有「之也」二字。　○阮元《校記甲》：故君子勤道。古本下有「之也」二字。

五葉一行經　不貴異物賤用物。　○阮元《校記甲》：賤用物。按疏稱：「俗本云弗賤，衍弗字也。」謂此句「賤」上俗本有「弗」字也。疏不釋經，故因釋傳而并及之。阮元《校記乙》同。

五葉三行注　所以化治生民。　「治」，八、李、王、纂、岳作「俗」，魏作「洽」。○山井鼎《考文》：所以化治生民。〔古本〕下有「也」。〔古本〕「治」作「俗」，宋板同。○浦鏜《正字》：所以化俗生民。「俗」誤「治」。從疏校。○盧文弨《拾補》：所以化俗生民。「俗」，毛本作「治」，古本、宋本作「俗」，疏同。「治」當作「俗」。○阮元《校記甲》：所以化治生民。「治」，古本、岳本、宋板俱作「俗」。阮元《校記乙》同。○張鈞衡《校記》：所以化洽生民。阮本「洽」作「治」。

五葉三行釋文　觀。官喚反。　「喚」，平作「奐」。

五葉四行注　以不習其用。　○山井鼎《考文》：「以不習其用」下、「有損害故」下，〔古本〕共有「也」。

五葉四行釋文　畜。許竹反。　「竹」，王、纂作「六」。

五葉七行注　寶賢任能。　「任」，永、阮作「生」。○阮元《校記甲》：寶賢任能。「任」，十行本誤作「生」。○阮元《校記乙》：寶賢生能。毛本「生」作「任」。案：所改是也。

五葉七行注　則遠人安矣。　○山井鼎《考文》：則遠人安矣。〔古本〕「矣」作「也」。○阮元《校記甲》：則遠人安矣。「矣」，古本作「也」。

五葉七行疏　「不役至人安○正義曰」至「故君子須勤道也」。　「人安」，單、八作「道接」。○物觀《補遺》：不役至人安。〔宋板〕「人安」作「道接」。○盧文弨《拾補》：不役至人安。宋本作「至道接」。案：自此至「故君子須勤道也」止，當在「志以道寧」傳下。又經「不作」至「人安」，亦當有疏，脱耳。○阮元《校記甲》：不役至人安。「人安」，宋板作「道接」。按：疏釋經實至「道接」而止，宋板是也。自「不作無益」以後，衹釋傳不釋經。以前後各章例之，疑有脱誤。阮元《校記乙》同。○疏文「不役至人安○正義曰」至「故君子須勤道也」，定本在傳文「故君子勤道」下，但「人安」作「道接」。《定本校記》：不作無益害有益。此經傳〔足利〕八行本在疏「不役至道接」上，今移。

五葉八行疏　不以聲色使役耳目。　「目」，單作「日」。

五葉八行疏　則百事之度皆惟正矣。　「皆惟」，單、八、魏、平、十、永、阮作「惟皆」。○阮元《校記甲》：皆惟正矣。「皆惟」二字十行本倒。○阮元《校記乙》：惟皆正矣。毛本「惟皆」二字倒。

五葉八行疏　以聲色自誤。「誤」，八、魏、十、永、閩、毛、殿、庫作「娱」，平作「吴」。○浦鏜《正字》：以聲色自娱。「娱」，監本誤「誤」。○阮元《校記甲》：以聲色自娱。「娱」，監本誤作「誤」。

五葉十行疏　子産論晉侯之疾云。「疾」，平作「疾」。

五葉十五行疏　則不得寧耳。○《定本校記》：則不得寧耳。「耳」，疑當作「身」。

五葉十六行疏　正義曰。遊觀徒費時日。「徒」，十作「徒」，永、阮作「從」。○阮元《校記甲》：遊觀徒費時日。「徒」，十行本誤作「從」。○阮元《校記乙》：遊觀從費時日。岳（毛）本「從」作「徒」。「從」字非也，形近之譌。

五葉十七行疏　諸是妄作。○阮元《校記甲》：諸是妄作。「是」，纂傳作「所」。

五葉十七行疏　諸是世所希。○阮元《校記甲》：諸是世所希。纂傳作「諸所希有」。

六葉一行疏　故傳以德義是人之本。「故」，八作「故」。

六葉二行疏　人主如此。「主」，八作「王」。

六葉三行疏　皆爲生活民也。「爲」，單、八、魏、平、十、永、阮作「謂」。○山井鼎《考文》：皆爲生活民也。宋板「爲」作「謂」。○盧文弨《拾補》：皆謂生活民也。毛本「謂」作「爲」。「爲」當作「謂」。○阮元《校記甲》：皆爲生活民也。「爲」，宋板、十行俱作「謂」。

六葉三行疏　俗本云弗賤。衍弗字也。　○浦鏜《正字》：俗本云弗賤，衍弗字也。案：傳無「賤」字，疑謂經「賤用物」上俗本有「弗」字，誤入傳疏内也。○盧文弨《拾補》：俗本云弗賤，衍弗字也。浦云：案傳無「賤」字，疑謂經「賤用物」上俗本有「弗」字，誤入傳疏内也。文弨案：如下大誥經文「矧弗肎構，矧弗肎穫」云云，亦入傳疏，非誤。

六葉四行疏　㊀傳非此至用○正義曰此篇爲戒。　「此篇」上「㊀傳非此至用○正義曰」，殿、庫作「犬馬非其土性不畜者」。

六葉四行疏　非中國之犬。　「犬」，十、阮作「大」。○張鈞衡《校記》：非中國之犬。阮本「犬」作「大」，誤。

六葉六行疏　正義曰。詩序云任賢使能。　「任」，永作「在」。

六葉八行疏　趙簡子鳴玉以相。　「玉」，魏作「王」。

六葉十行注　常勤於德。　○山井鼎《考文》：「常勤於德」下、「慎終如始」下、「乃世世王天下」下，〔古本〕共有「也」。

六葉十一行經　終累大德。　○阮元《校記甲》：終累大德。羣經音辨厶部云：絫，連也。書「終絫大德」。按：「絫」、「累」古今字。阮元《校記乙》同。

六葉十一行注　積害毁大。　「害」，十作「善」，永作「善」。

六葉十二行注　故君子慎其微。　「微」，魏作「行」。

六葉十二行釋文　行。下孟反。　「行」上平有「細」字。

六葉十二行釋文　累。劣僞反。　○阮元《校記甲》：累。段玉裁云：「絫」，開寶中改作「累」。

六葉十四行注　是以聖人乾乾曰昃。　「昃」，八、李、王、纂、魏、平、岳、十、永、阮作「昊」。

六葉十四行釋文　七尺曰仞。　「仞」下王、魏、平、殿、庫有「一云八尺曰仞」六字。○山井鼎《考文》：七尺曰仞。〔經典釋文〕此下有「一云八尺曰仞」六字。○浦鏜《正字》：七尺曰仞，一云八尺曰仞。脱下六字。

六葉十五行釋文　乾。其連反。　「乾」上平重「乾」字。

六葉十五行釋文　昃。音側。　「昃」，王、纂、平、十、永、阮作「昊」。魏無「昃，音側」三字。

六葉十六行注　言其能信蹈行此誠。　「誠」，魏、平、十、永作「誠」。

六葉十六行注　則生人安其居。　○物觀《補遺》：則生人安其居。〔古本〕「人」作「民」。○盧文弨《拾補》：則生人安其居。古本「人」作「民」。○《定本校記》：則生民安其居。雲窗叢刻本、内野本、神宮本、足利本如此。注疏本「民」作「人」，非。

六葉十七行注　況非聖人。　○《定本校記》：況非聖人。雲窗叢刻本、内野本、神宮本無「人」字。

六葉十八行釋文　世王如字。　「王」上王、殿、庫無「世」字。「王」，殿作「玉」。○《薈要》案語：王如字。刊本「王」訛「玉」，今改。

六葉十八行疏　所戒以終。　「所」，阮作「聽」。「戒」，八作「誡」。「以」，單、八、平作「巳」。○山井鼎《考文》：所戒以終。〔宋板〕「戒以」作「誡巳」。○盧文弨《拾補》：所誡巳終，故歎以結之。毛本「誡巳」作「戒以」。「戒以」當作「誡巳」。○阮元《校記甲》：所戒以終。「戒以」，宋板作「誡巳」。○張鈞衡《校記》：所戒以終。阮本「所」作「聽」。

七葉一行疏　爲人君者。　「者」，阮作「所」。

七葉一行疏　言當勤行德也。　○《定本校記》：言當勤行德也。疑當作「言常勤於德也」。

七葉三行疏　王者信能蹈行此誠。　「誠」，平、永、阮作「誡」。

七葉五行疏　愛玩大馬禽獸之類。　「大」，單、八、魏、平、十、永、閩、殿、庫、阮作「犬」。

七葉七行疏　正義曰。周禮匠人有甽遂溝洫。皆廣深等。　○浦鏜《正字》：周禮匠人有甽遂溝洫，皆廣深等。「甽」，考工記作「畎」。

七葉八行疏　王肅聖證論。　「論」上永無「證」字。

七葉九行疏　爲山九仞欲成山。　「成」，毛作「爲」。○浦鏜《正字》：爲山九仞欲成山，以喻爲善向成也。「成山」，毛本誤「爲山」。○盧文弨《拾補》：爲山九仞欲成山，以喻爲善向成也。毛本上「成」字作「爲」。「爲」當作「成」。○阮元《校記甲》：爲山九仞欲爲山。下「爲」字十行、閩、監俱作「成」。

七葉九行疏　故曰爲山功虧一簣。　「虧」，殿作「虧」。

七葉十行疏　至於日昃。　「昃」，單、八、魏、平、十、永、阮作「吳」。

七葉十一行疏　同於一簣。　「簣」，魏作「貴」。

七葉十一行疏　日昃。無逸篇名。　「昃」，單、八、魏、平、十、永、阮作「吳」。

七葉十一行疏　㊋言其至宜矣○正義曰。此揔結上文。　「此揔結」上「㊋言其至宜矣○正義曰」，殿、庫作「允迪茲者」。

七葉十一疏　此揔結上文。　「揔」，毛、殿、庫作「總」。

七葉十二行疏　言君主於治民。　「君」，平作「哲」。

七葉十三行疏　武王雖聖。　「王」，永作「主」。

七葉十六行注　慕義來朝。　○山井鼎《考文》：慕義來朝。〔古本〕「義」下有「而」字。○阮元《校記甲》：慕義來朝。「義」下古本有「而」字。○《定本校記》：慕義來朝。「義」下雲窗叢刻本、内野本、神宮本、足利本有「而」字。

七葉十六行釋文　徐。呂交反。　「反」下王有「朝，直遥反」四字。○物觀《補遺》：[補脱]朝，直遙反〔據經典釋文〕。○阮元《校記甲》：巢，徐呂交反。毛氏曰：「呂」當作「石」字。按：「呂交」即集韻之「力交」。居正云當作「石」，誤。

七葉十七行注　周同姓圻内之國。　「圻」，平作「坼」。

七葉十七行注　陳威德以命巢。亡。　○山井鼎《考文》：以命巢，亡。〔古本〕「巢」下有「也」。

七葉十七行釋文　圻。音祁。　「祁」，王、魏、平、殿、庫作「祈」。○阮元《校記甲》：圻，音祈。「祈」，十行本、毛本俱作「祁」。

七葉十八行疏　巢伯。國爵之君。　「伯國」，庫作「國伯」。○《定本校記》：巢伯，國爵之君。「伯國」二字疑倒。

八葉二行疏　成湯放桀于南巢。　「湯」，阮作「惕」。

八葉五行疏　知是圻內之國者。　「圻」，平作「坼」。

金縢第八

八葉九行注　不欲人開之。　○山井鼎《考文》：不欲人開之。〔古本〕「人」下有「之」字。○阮元《校記甲》：不欲人開之。「人」下古本有「之」字。按：史記集解作「不欲人開也」，與疏合。阮元《校記乙》同。○《定本校記》：不欲人開之。「開之」二字內野本、神宮本、足利本倒。

八葉九行釋文　武王有疾。馬本作有疾不豫。　「武王有疾，馬本作有疾不豫」十一字纂無。「武王有疾」四字魏無。

八葉九行釋文　縢。徒登反。　「徒」，殿作「徙」。

八葉十行注　爲篇名。　○山井鼎《考文》：爲篇名。〔古本〕下有「也」字。

八葉十行疏　武王至金縢。　「金」上平重「金」字。

八葉十行疏　「武王至金縢○正義曰」至「獨藏此書也」。　○浦鏜《正字》：金縢疏自「武王」至「此書也」二百四十五字當在上序下。○盧文弨《拾補》：武王至金縢。案：自此至「獨藏此書也」止，當在上序之傳下。○疏文「武王至金縢○正義曰」至「獨藏此書也」，定本在上傳「不欲人開之」下。《定本校記》：金縢。此經傳〔足利〕八行本在「周公作金縢」下，今從殿本、浦氏。

八葉十四行疏　束也。「束」，閩作「束」。

八葉十五行疏　齊人謂棺束爲緘。「束」，閩作「束」。

八葉十五行疏　有金人三緘其口。「三」，單、八、魏、平、十、永、閩、阮作「叁」。○阮元《校記甲》：有金人三緘其口。「三」，十行、閩本俱作「叁」。按：儀禮經傳通解續作「叁」，十行本殆沿其誤。○阮元《校記乙》：有金人叁緘其口。閩本同。毛本「叁」作「三」。按：儀禮經傳通解續作「叁」。此殆沿其誤。

八葉十五行疏　則縢是束縛之義。「束」，閩作「束」。

八葉十六行疏　是祕密之書。「密」，十、永作「蜜」。

八葉十八行疏　史乃策祝至屏璧與珪。「璧」，魏作「璧」，十、永作「壁」。

八葉十八行疏　言卜吉告王差之事也。「卜」下魏無「吉」字。

九葉一行疏　敘周公被流言。「被」，魏作「彼」，十作「衩」。

九葉一行疏　東征還反之事也。　「東」，庫作「東」。

九葉三行經　既克商二年。王有疾。弗豫。　「商」，魏、十、永作「商」。○阮元《校記甲》：弗豫。陸氏曰：豫，本又作忬。按：説文引作「有疾不悆」。釋文别本作「忬」，蓋即「悆」字也。阮元《校記乙》同。

九葉四行注　不悦豫。　○山井鼎《考文》：不悦豫。〔古本〕下有「之也」二字。○阮元《校記甲》：不悦豫。古本下有「之也」二字。

九葉四行釋文　豫。本又作忬。　「忬」，平作「杼」。

九葉五行注　穆。敬。　○山井鼎《考文》：「穆敬」下、「相順之辭」下、「於中爲三壇」下、「三王之坐」下，〔古本〕共有「也」字。

九葉六行釋文　爲。于僞反。戚。千歷反。　「爲」上平有「其」字。「戚」上魏無「爲于僞反」四字。「千」，平作「七」。

九葉八行注　因大王王季文王請命於天。　「大」，八、永、毛、阮作「太」。

九葉十行釋文　墠。音善。　「善」，毛本書爲中字，同孔傳。○浦鏜《正字》：墠，音善。「善」字毛本誤作大書。

九葉十一行經　乃告大王王季文王。　「大」，石、八、李、王、纂、岳作「太」。

九葉十二行注　周公秉桓珪以爲贄。告。謂祝辭。　「珪」，李作「圭」。○山井鼎《考文》：告，謂祝辭。〔古本〕下有「之也」二字。下注「垂世教」下同。○阮元《校記甲》：告，謂祝辭。古本下有「之也」二字。下注「世教」下同。

九葉十二行釋文　植。時織反。徐音置。　「織」，王、纂、平作「職」。「徐」上王有「又」字。

九葉十三行釋文　祝。如字。或之疚反。　「疚」，王、纂、魏、平、殿、庫作「又」。○山井鼎《考文》：祝，如字，或之疚反。經典釋文「疚」作「又」。○阮元《校記甲》：祝，或之又反。「又」，十行本、毛本俱作「疚」。

九葉十四行疏　召公與太公二公同辭而言曰。　「太」，閩作「大」。

九葉十四行疏　我其爲王敬卜吉凶。問王疾病瘳否。　「卜」，魏作「下」。「病」下單、八、魏有「當」字。○山井鼎《考文》：問王疾病瘳否。宋板「瘳」上有「當」字。○浦鏜《正字》：問王疾病當瘳否。脱「當」字，從經傳通解校。○盧文弨《拾補》：問王疾病當瘳否。毛本脱「當」字。○阮元《校記甲》：問王疾病瘳否。「瘳」上宋板、通解俱有「當」字。○阮元《校記乙》：問王疾病瘳否。宋本「瘳」上有「當」字，通解同。

九葉十六行疏　乃告大王王季文王。　「大」，八、平作「太」。「文」，十作「又」。

十葉一行疏　諸侯曰負兹。　「負」，平、十作「貟」。

十葉一行疏　大夫曰犬馬。　「犬」，魏作「大」。

十葉一行疏　士曰負薪。　「負」，平、十作「貟」。

十葉一行疏　正義曰。釋訓云。穆。敬也。　「穆」下單、八、魏、平、十、永、阮重「穆」字。○山井鼎《考文》：釋訓云：穆，敬也。〔宋板〕作「穆穆，敬也」，多一「穆」字。○浦鏜《正字》：釋訓云：穆穆，敬也。脱一「穆」字。○盧文弨《拾補》：釋訓云：穆穆，敬也。「穆穆」，宋、元本重，毛本不重，當補。○阮元《校記甲》：穆，敬也。宋板、十行、通解俱重「穆」字。

十葉三行疏　故言近先王。　「王」，永作「土」。

十葉五行疏　又有文王曰吾與爾三之期。　八「王」作「土」。

十葉五行疏　故止二公之卜。　「止」，平作「正」。

十葉六行疏　正義曰。功。　「功」，單作「㓛」。

十葉七行疏　仍恐王疾不瘳。　「恐」，十、閩作「志」。

十葉八行疏　周公位居冢宰。「冢」，十作「冡」。

十葉九行疏　故因大王王季文王以請命於天。「大」，殿、庫作「太」。

十葉十一行疏　故下别言之。「故」，十作「攷」。

十葉十一行疏　但不知以何方爲上耳。「上」，十、永、閩、阮作「王」。○阮元《校記甲》：但不知以何方爲王耳。閩本同。毛本「王」作「上」。「上」，十行、閩本俱誤作「王」。○阮元《校記乙》：但不知以何方爲上耳。閩本同。毛本「王」作「上」。

十葉十三行疏　正義曰。周禮大宗伯云。「大」，平、永、閩作「太」。

十葉十三行疏　詩説禱旱至。圭璧既卒。「至」，單、八、平、殿作「云」。○山井鼎《考文》：至圭璧既卒。〔宋板〕「至」作「云」。○浦鏜《正字》：詩説禱旱云圭璧既卒。「云」誤「至」。○盧文弨《拾補》：詩説禱旱云圭璧既卒。毛本「云」作「至」。「至」當作「云」。○阮元《校記甲》：詩説禱旱至圭璧既卒。「至」，宋板、通解俱作「云」。阮元《校記乙》同。

十葉十四行疏　公執桓圭。「執」，閩作「執」。

十葉十五行疏　又置以爲贄也。「又」，魏作「乂」。

十葉十五行疏　告。謂祝辭下文是其辭也。「下」，毛作「卜」。○浦鏜《正字》：告，謂祝辭下文是其辭也。「下」，毛本誤「卜」。○盧文弨《拾補》：告，謂祝辭下文是其辭也。毛本

「下」作「卜」。「卜」當作「下」。

十葉十六行注　**史爲册書祝辭也。**　○阮元《校記甲》：史爲册書祝辭也。「辭」，史記集解作「祠」。阮元《校記乙》同。

十葉十七行注　**虐。暴也。**　○《定本校記》：虐，暴。「暴」下各本有「也」字，與疏標題不合，今删。

十葉十七行經　**是有丕子之責于天。**　○殿本《考證》：是有丕子之責于天。丕子。史記作「負子」。○盧文弨《拾補》：是有丕子之責于天。石經「丕」作「負」。

十葉十八行注　**大子之責。**　「大」，八、李、王、纂、魏、平、十、永、阮作「太」。○阮元《校記甲》：大子之責。「大」，十行本誤作「太」。○阮元《校記乙》：太子之責。各本「太」作「大」。「太」字誤也。

十葉十八行注　**謂疾，不可救於天。**　「疾」，十作「疾」。○阮元《校記甲》：謂疾不可救於天。「疾」下史記集解有「不可救也」四字。○《定本校記》：謂疾不可救於天。「疾」下内野本、神宫本有「不可救也」四字。

十一葉一行注　**則當以旦代之。**　「代」，李作「伐」。

十一葉二行釋文　丕。普悲反。　「普」，魏作「音」。

十一葉三行注　我周公仁能順父。　○山井鼎《考文》：我周公。〔古本〕下有「也」字。又：仁能順父。〔古本〕下有「之」字。謹按恐非。○盧文弨《拾補》：我周公。古本「公」下有「也」字。○阮元《校記甲》：我周公。古本下有「也」字。又：仁能順父。古本下有「之」字，非也。

十一葉三行注　又多材多藝。　○《定本校記》：又多材多藝。内野本、神宫本無「多藝」二字。

十一葉三行注　能事鬼神。　○山井鼎《考文》：能事鬼神。〔古本〕「能」下有「知」字。○盧文弨《拾補》：能知事鬼神。「知」字毛本脱，古本有。○阮元《校記甲》：能事鬼神。「能」下古本有「知」字。○《定本校記》：能事鬼神。「能」下内野本、神宫本、足利本有「知」字，清原宣賢手鈔本引家本亦有。

十一葉四行注　言可以代武王之意。　○山井鼎《考文》：「武王之意」下、「言不可以死」下、「無不敬畏」下、「天之寶命」下，〔古本〕共有「也」字。

十一葉六行注　汝元孫受命于天庭爲天子。　「于」，八、王、纂、魏、平作「於」。○《定本校記》：汝元孫受命於天庭爲天子。雲窗叢刻本、内野本、神宮本無「於」字。

十一葉七行經　用能定爾子孫于下地。　「于」，阮作「子」。

十一葉七行經　罔不祗畏。　「祗」，殿、庫作「祇」。

十一葉九行經　無墜天之降寶命。　○山井鼎《考文》：無墜天之降寶命。〔古本〕「無」作「亡」。「我無以告我先王」同。○阮元《校記甲》：則墜天之寶命。「墜」下纂傳有「失」字。

十一葉十行經　我先王亦永有依歸。　○山井鼎《考文》：我先王亦永有依歸。〔古本〕「有」下有「所」字。○盧文弨《拾補》：我先王亦永有依歸。古本「有」下有「所」字，傳同。○阮元《校記甲》：我先王亦永有依歸。「有」下古本有「所」字。阮元《校記乙》同。○《定本校記》：我先王亦永有依歸。「有」下内野本、神宮本、足利本有「所」字，清原宣賢手鈔本引家本亦有。

十一葉十行注　言不救則墜天之寶命。　○《定本校記》：言不救則墜天之寶命。雲窗叢刻本、内野本、神宮本無「之」字。

十一葉十行注　救之則先王長有依歸。　○山井鼎《考文》：救之則先王長有依歸。〔古本〕「救」上有「命」字，「有依歸」作「有所依歸也」。謹按「命」字恐誤。○阮元《校記甲》：

救之則先王長有依歸。「救」上古本有「命」字，非也。「有依歸」，古本作「有所依歸也」。案：此依史記集解改。阮元《校記乙》同。○《定本校記》：救之則先王長有依歸。「有」下內野本、神宮本、足利本有「所」字，清原宣賢手鈔本引家本亦有。

十一葉十二行注　卜知吉凶。○山井鼎《考文》：「卜知吉凶」下、「當以事神」下、「不得事神」下，〔古本〕共有「也」字。下註「相因而吉」下、「亦并是吉」下、「言必愈」下、「謀周之道」下、「成周道」下、「從壇歸」下並同。○阮元《校記甲》：卜知吉凶。史記集解下有「者也」二字。

十一葉十三行釋文　瘳。勑留反。下同。王無「瘳勑留反下同」六字。

十一葉十六行疏　是有大子之責於天。「大」，單、八、魏、平、永、毛、阮作「太」。○浦鏜《正字》：是有大子之責於天。「大」，毛本誤「太」。○盧文弨《拾補》：是有大子之責於天。毛本「大」作「太」。「太」當作「大」。○阮元《校記甲》：是有太子之責於天。「太」，十行、閩、監、通解俱作「大」。

十一葉十六行疏　謂負天大子責必須一子死者。「負」，魏、平、永作「貟」。「大」，八、魏、平、十、永、阮作「太」。「須」，十作「領」。「一」，十作「二」。○阮元《校記甲》：謂負天大子責。「大」，十行本誤作「太」。○阮元《校記乙》：謂負天太子責。岳（毛）本「太」作「大」。

「太」字非也。下並同。

十一葉十七行疏　又且多材力。　「且」，單、八作「旦」。

十一葉十七行疏　多技藝。　「技」，單、八作「伎」，魏、平作「伎」。

十一葉十七行疏　汝元孫不如旦多材多藝。　「旦」，八作「且」。

十二葉一行疏　能布其德教以佑助四方之民。　○《定本校記》：以佑助四方之民。「佑」，〔足利〕八行本誤作「依」。

十二葉一行疏　用能安定汝三王子孫在於下地。　「子」，毛作「了」。

十二葉一行疏　以此之故。　「故」，阮作「故」。

十二葉四行疏　凶則爲不許我。　「則」下八無「爲」字。○物觀《補遺》：凶則爲不許我。宋板無「爲」字。○盧文弨《拾補》：凶則爲不許我。宋本無「爲」字。○阮元《校記甲》：凶則爲不許我。宋板、通解俱無「爲」字。阮元《校記乙》同。○《定本校記》：凶則爲不許我。〔足利〕八行本脱「爲」字。

十二葉五行疏　發死而旦生。　「旦」，單作「且」。

十二葉五行疏　我乃屏去璧之與珪。　「璧」，魏、十作「壁」。

十二葉六行疏　當藏珪璧也。　「璧」，魏作「壁」。

十二葉六行疏　史爲至虐暴。　「虐暴」，平作「暴也」。

十二葉七行疏　武王是大王之曾孫也。　「大」，平作「太」。

十二葉七行疏　尊統於上。繼之於祖。　○孫詒讓《校記》：繼、繫同。

十二葉九行疏　秦誓牧誓。皆不諱發。　「秦」，單、八、魏、平、十、永、閩、庫、阮作「泰」。○物觀《補遺》：秦誓牧誓。〔宋板〕「秦」作「泰」。○浦鏜《正字》：泰誓牧誓，皆不諱發。「泰」誤「秦」。○盧文弨《拾補》：泰誓牧誓，皆不諱發。毛本「泰」作「秦」。「秦」當作「泰」。○阮元《校記甲》：秦誓牧誓。「秦」，宋板、十行、閩本、通解、纂傳俱作「泰」，是也。

十二葉十行疏　因遂成王所讀故諱之。　「遂」，單、八、平作「逐」。○浦鏜《正字》：因逐成王所讀故諱之。「逐」誤「遂」，從經傳通解校。○盧文弨《拾補》：因逐成王所讀故諱之。毛本「逐」作「遂」。浦云當從經傳通解作「逐」，是。○阮元《校記甲》：因遂成王所讀故諱之。「遂」，通解作「逐」。「故」，纂傳作「而」。阮元《校記乙》同。○《定本校記》：因逐成王所讀。「逐」，〔足利〕八行本作「遂」。今從單疏。

十二葉十一行疏　傳大子至世教。　「大」，單、八、魏、平、十、永、阮作「太」。○阮元《校記甲》：傳大子至世教。「大」，十行本作「太」，誤。下並同。

十二葉十二行疏　責謂負人物也。「負」，魏、平、永作「負」。

十二葉十二行疏　大子之責於天。「大」，單、八、魏、平、十、永、阮作「太」。

十二葉十二行疏　言負天一大子。「負」，魏、平、十、永作「負」。「大」，單、八、魏、平、十、永、阮作「太」。

十二葉十三行疏　不可請代。「請」，永作「謂」。

十二葉十四行疏　自古以來。「以」，單、八、魏、平、十、永、閩、阮作「已」。

十二葉十四行疏　玄答曰。「答」，單、八、魏、平、十、永、閩、毛作「荅」。

十二葉十四行疏　不忍默爾。視其歔欷。「默」，單、八作「嘿」。「欷」，魏作「敎」。○《定本校記》：不忍嘿爾視其。「其」下疑有脱文。

十二葉十六行疏　但不見爾。「但」，八、十作「伹」。

十二葉十八行疏　正義曰告神稱予。「予」，魏、平作「子」。

十二葉十八行疏　知周公自稱我也。「知」，魏作「於」。

十三葉一行疏　考是父也。故仁能順父。○浦鏜《正字》：考是父也。故仁能順父。「故」下疑脱「云」字。○盧文弨《拾補》：考是父也，故云仁能順父。「云」字毛本脱，浦補。

十三葉一行疏　考父可以通之。　○浦鏜《正字》：考父可以通之。「父」當「文」字誤。

十三葉二行疏　又多材多藝。　「藝」，八作「埶」。

十三葉三行疏　言已是父祖所欲。令請之於天也。　「欲」下單、八、魏、平、毛、殿重「欲」字。○浦鏜《正字》：言已是父祖所欲，欲令請之於天也。監本脱一「欲」字。○阮元《校記甲》：欲令請之於天也。十行、閩、監俱無「欲」字。按：通解有。○阮元《校記乙》：令請之於天也。閩本、明監本同。毛本「令」上有「欲」字。

十三葉七行注　一相因而吉。　「而」，永作「以」。

十三葉八行釋文　籥。于若反。　「于」，王、纂、魏、平作「予」，閩作「干」。○山井鼎《考文》：籥，于若反。〔經典釋文〕「于」作「予」。○阮元《校記甲》：籥，予若反。「予」，十行本、毛本改作「于」。

十三葉八行釋文　徐以略反。　「略」，十作「畧」，殿作「路」。

十三葉九行釋文　并。必政反。　「并」上平有「乃」字。

十三葉九行經　王其罔害。　○盧文弨《拾補》：王其罔害。案：「罔害」，周禮占人注、禮記玉藻注竝引作「無害」。

十三葉十行注　言必愈。　○《定本校記》：言必愈。内野本、神宮本無「言」字。

十三葉十行經　予小子新命于三王。　「三」，永作「二」。

十三葉十一行注　周公言我小子新受三王之命。　○《定本校記》：周公言我小子新受三王之命。雲窗叢刻本、内野本、神宮本無「之」字。

十三葉十二行注　言武王愈。　「王」，永作「王」。

十三葉十四行注　瘳。差也。　「瘳」，十作「廖」。○《定本校記》：瘳，差。内野本、神宮本如此。各本「差」下有「也」字，與疏標題不合。

十三葉十五行疏　祝告已畢。　「已」，魏作「召」。

十三葉十五行疏　即於壇所乃卜其吉凶。　「即」，毛作「既」。○浦鏜《正字》：即於壇所乃卜其吉凶。「即」，毛本誤「既」。○盧文弨《拾補》：即於壇所乃卜其吉凶。毛本「即」作「既」。「既」當作「即」。○阮元《校記甲》：既於壇所。「既」，十行、閩、監、通解俱作「即」。○阮元《校記乙》：即於壇所。閩本、明監本、通解同。毛本「即」作「既」。

十三葉十六行疏　亦與兆體乃并是吉。　○山井鼎《考文》：亦與兆體乃并是吉。〔宋板〕「與」作「以」。○阮元《校記甲》：亦與兆體乃并是吉。「與」，宋板作「以」，盧文弨云非。阮元《校記乙》同。○《定本校記》：亦與兆體乃并是吉。「與」，〔足利〕八行本誤作「以」。

十四葉四行疏　**摠占三代之龜。**「摠」，毛、殿作「總」。

十四葉四行疏　**未見占書已知吉者。**「未」，平作「末」。

十四葉五行疏　**見兆之吉凶。龘觀可識。**○浦鏜《正字》：是兆之吉凶，龘觀可識。「是」誤「見」，從通解續校。○阮元《校記甲》：見兆之吉凶。「見」，通解作「是」。

十四葉五行疏　**正義曰。鄭玄云。**「云」，薈作「曰」。

十四葉五行疏　**開藏之管也。**「藏」，十作「퇿」。

十四葉六行疏　**大小三兆之下云。**「大」，單、八、平作「太」。「小」，單、八、魏、平、十、永、毛、殿、庫、阮作「卜」。

十四葉九行疏　**卜人占坼。**「坼」，殿、庫作「圻」。

十四葉九行疏　**坼。兆璺也。**「坼」，殿、庫作「圻」。「璺」，殿、庫作「舋」，阮作「舋」。

十四葉十一行疏　**必當親視灼龜。躬省兆繇。**「視」，魏作「親」。「繇」，單、八、魏、平、十、永、閩、毛、殿、庫、阮作「繇」。○浦鏜《正字》：躬省兆繇。「繇」，音宙，誤作「繇役」字。

十四葉十二行疏　**傳言武至周道○正義曰。此原三王之意也。**「此原三王之意也」上「傳言武至周道○正義曰」，殿、庫作「茲攸俟能念予一人者」。

十四葉十三行疏　言天與三王一一須待武王能念我天子事。「一一」，十作「一二」。

十四葉十四行疏　翼。明。釋言文。○浦鏜《正字》：翼，明，釋言文。「翼」，爾雅作「翌」。

○《定本校記》：翼，明，釋言文。「言文」二字〔足利〕八行本倒。

十四葉十六行經　管叔及其羣弟。「叔」，李作「抆」。

十四葉十六行經　乃流言於國。○阮元《校記甲》：乃流言於國。「於」，葛本作「于」。下「於孺子」同。按：語助之「於」，尚書皆作「于」。惟堯典「於變時雍」，此篇「爲壇於南方」，及此兩句，酒誥「人無於水監，當於民監」，各本並作「於」。薛氏古文訓亦然。蓋傳寫舛錯，初無義例。葛本獨於此兩句仍作「于」，又葛本之誤也。阮元《校記乙》同。

十四葉十七行注　周公攝政。「攝」，十作「攝」。

十四葉十八行注　以惑成王。○山井鼎《考文》：以惑成王。〔古本〕下有「之也」二字。

○阮元《校記甲》：以惑成王。古本下有「之也」二字。

十四葉十八行釋文　喪。蘇浪反。「蘇」，王、纂作「息」。

十五葉一行注　孺。稚也。○《定本校記》：孺，稚也。内野本、神宮本無「也」字。

十五葉二行注　稚子。成王。○山井鼎《考文》：稚子，成王。〔古本〕下有「也」。

十五葉二行釋文　**孺。如樹反。**　「樹」，十作「掛」，毛作「樹」。

十五葉二行經　**我之弗辟。**　○山井鼎《考文》：我之弗辟。〔古本〕「弗」作「不」。

十五葉三行注　**告召公太公。**　「太」，八作「大」。

十五葉四行注　**告我先王。**　○《定本校記》：告我先王。内野本、神宫本無「我」字。

十五葉四行釋文　**辟。扶亦反。治也。説文作壁。云必亦反。**　「壁」，纂作「璧」，平作「辟」。「云」，王、纂作「音」。○浦鏜《正字》：辟，説文作⿱辟廾。「⿱辟廾」誤「壁」。○岳本《考證》：辟，扶下反。案：辟，扶亦反，音闢。原本作扶下反。乃罷字音，非闢字音也。○阮元《校記甲》：辟，説文作壁。「壁」，据説文當作「⿱辟廾」。

十五葉五行注　**周公既告二公。**　○《定本校記》：周公既告二公。内野本、神宫本無「既」字。

十五葉六行注　**二年之中。**　○《定本校記》：二年之中。「二」上内野本、神宫本有「以」字，清原宣賢手鈔本引家本亦有。

十五葉九行釋文　**貽。羊支反。名。如字。徐亡政反。鴟。尺夷反。鴞。吁嬌反。誚。在笑反。以遺。唯季反。**　「貽羊支反」下魏無釋文「名，如字。徐亡政反。鴟，尺夷反。鴞，吁嬌反。誚，在笑反。以遺，唯季反」二十四字。

十五葉十行釋文　鴞。吁嬌反。　「吁」，王、平、十、永、閩、殿、庫、阮作「于」。「嬌」，殿、庫作「驕」。○山井鼎《考文》：蹻（鴞），于嬌反。〔經典釋文〕「嬌」作「驕」。○阮元《校記甲》：鴞，于驕反。毛本「于」改「吁」。案：嚴杰云：釋文於詩、禮、爾雅、莊子音義皆作「于嬌反」，惟詩墓門音義作「户驕反」，非同位字。

十五葉十行釋文　以遺。唯季反。　「遺」上王、殿、庫無「以」字。

十五葉十行疏　公於成王之世。　「公」上單、八、魏、平有「周」字。○山井鼎《考文》：公於成王之世。〔宋板〕「公」上有「周」字。○盧文弨《拾補》：周公於成王之世。毛本脱「周」字。○阮元《校記甲》：公於成王之世。「公」上宋板有「周」字。阮元《校記乙》同。

十五葉十二行疏　説周公身事。武王既喪。　○浦鏜《正字》：説周公身事武王。下當脱「武王」二字。○盧文弨《拾補》：説周公身事武王既喪。「王」字當重。

十五葉十二行疏　專決萬機。　「機」，殿作「幾」，庫作「幾」。

十五葉十三行疏　乃流放其言於國中曰。　「乃」，魏作「及」。

十五葉十四行疏　遂東征之。　「東」，十作「柬」。

十五葉十五行疏　名之曰鴟鴞。鴟鴞言三叔不可不誅之意。　○浦鏜《正字》：名之曰鴟鴞。下衍「鴟鴞」二字。

十五葉十六行疏　傳武王死至成王。「至」上單、八、魏、平無「死」字。○山井鼎《考文》：傳武王死至成王。〔宋板〕無「死」字。○盧文弨《拾補》：武王至成王。毛本「至」上有「死」字，衍。○阮元《校記甲》：傳武王死至成王。宋板無「死」字。

十五葉十七行疏　雖以成王爲主。「雖」，十作「鮨」。

十五葉十八行疏　則知羣弟是蔡叔霍叔也。「是」，十作「是」。

十六葉三行疏　流即放也。「即」，平作「郎」。

十六葉四行疏　蓋遣人流傳此言於民間也。「間」，單作「閒」。

十六葉五行疏　傳三叔至成王。「三」，永、阮作「王」。○阮元《校記甲》：傳三叔至成王。「三」，十行本誤作「王」。○阮元《校記乙》：傳王叔至成王。各本「王叔」作「三叔」。「王」字誤也。

十六葉七行疏　㊕周公至此得○正義曰。詩東山之篇。「詩東山之篇」上「㊕周公至此得○正義曰」，殿、庫作「周公東征」。

十六葉八行疏　又云三年而歸。○浦鏜《正字》：又云三年而歸。「又」當「序」字誤。

十六葉十行疏　二年之間。「間」，單作「閒」，十作「問」。

十六葉十二行疏　寧亡二子。　「子」，阮作「字」。○張鈞衡《校記》：寧亡二子。阮本「子」作「字」，誤。

十六葉十三行疏　貽。遺也。　「遺」，阮作「道」。

十六葉十四行疏　成王多殺公之屬黨。　○盧文弨《拾補》：成王多殺公之屬黨。「殺」，浦云「收」之誤。

十六葉十五行疏　公作鴟鴞之詩救其屬臣請勿奪其官位土地。　○山井鼎《考文》：救其屬臣。〔宋板〕「救」作「敕」。○阮元《校記甲》：救其屬臣。「救」，宋板作「敕」。阮元《校記乙》同。○《定本校記》：救其屬臣。「救」，〔足利〕八行本誤作「敕」。

十六葉十六行疏　解此一篇及鴟鴞之詩。　「此」，永作「比」。

十六葉十七行注　二年秋也。　「二」，平作「一」。

十六葉十七行注　故有風雷之異。　○山井鼎《考文》：風雷之異。〔古本〕下有「之也」二字。○阮元《校記甲》：故有風雷之異。古本下有「之也」二字。「異」，葛本誤作「意」。

十六葉十八行經　禾盡偃。　○物觀《補遺》：禾盡偃。〔古本〕「禾」下有「則」字。○盧文弨《拾補》：禾盡偃。古本「禾」下有「則」字。毛本「偃」字立人多一豎，作「偃」，誤。○阮元《校記甲》：禾盡偃。「禾」下古本有「則」字，以意增。阮元《校記乙》同。○《定本校記》：禾盡偃。「禾」下内野本、神宫本、足利本有「則」字，清原宣賢手鈔本引家本亦有。

十七葉一行注　邦人皆大恐ˇ。　○山井鼎《考文》：「邦人皆大恐」下、「以應天」下、「册書本」下、「故先見書」下，〔古本〕共有「也」字。

十七葉一行經　王與△大夫盡弁。　「與」，十作「與」。

十七葉三行釋文　説。如字。徐ˇ如△鋭反。　「徐」下王、魏、平、殿、庫有「音」字。下「如」，王、纂、魏、平、十、永、閩、殿、庫、阮作「始」。○物觀《補遺》：説，如鋭反。〔經典釋文〕「如」作「始」。○浦鏜《正字》：徐始鋭切。「始」誤「如」。○阮元《校記甲》：説，徐音始鋭反。「始」，毛本改作「如」。

十七葉四行注　二△公倡王啓之。　「二」，岳作「三」。

十七葉四行注　故先見書ˇ。史百執事。皆△從周公請命ˇ。　○山井鼎《考文》：皆從周公請命。〔古本〕下有「者也」二字。○盧文弨《拾補》：故先見書，史百執事，皆從周公請命。古本「書」下有「也」字，「命」下有「者也」二字。○阮元《校記甲》：史百執事，皆從周公請命。「皆」，葛本誤作「者」。「命」下古本、史記集解俱有「者」字。○《定本校記》：皆從周公請命。「命」下内野本、神宫本、足利本有「者」字，清原宣賢手鈔本引家本亦有。

十七葉五行釋文　ˇ從。才用反。　「從」上纂、平有「皆」字。

十七葉七行注　則負周公。　「負」，李、平作「負」。

十七葉七行注　噫。恨辭。　○山井鼎《考文》：噫，恨辭。〔古本〕下有「也」。

十七葉七行釋文　噫。於其反。馬本作懿。猶億也。　「億」，纂作「憶」。○阮元《校記甲》：噫，馬本作懿，猶億也。段玉裁云：「億」，當是「噫」之誤。大雅「懿厥哲婦」箋云：有所痛傷之聲也。小雅「抑此皇父」箋云：「抑之言噫。」古「懿」、「抑」通用，如國語「懿戒」是也。今按文王世子注云：億可以爲之也。孔氏曰：億是發語之聲。陸氏曰：億本又作噫，音抑。然則「億」與「噫」古亦通用。又或作「意」。武王踐阼曰：意亦忽不可得見與。

十七葉八行注　今天意可知。　「意」，永作「噫」。

十七葉九行注　故止之。　○山井鼎《考文》：故止之。〔古本〕作「故止也之」。

十七葉十行注　言巳童幼。　「童幼」，八、李、王、纂、岳作「幼童」。○阮元《校記甲》：言巳童幼。「童幼」二字岳本倒。阮元《校記乙》同。

十七葉十行注　不及知周公昔日忠勤。　○山井鼎《考文》：「昔日忠勤」下〔古本〕有「也」。

十七葉十行釋文　沖。直忠反。　「忠」，纂作「中」。

十七葉十一行注　發雷風之威。　○阮元《校記甲》：發雷風之威。「雷風」二字纂傳倒。阮元《校記乙》同。

十七葉十一行注　以明周公之聖德。○山井鼎《考文》：「周公之聖德」下〔古本〕有「也」。○《定本校記》：以明周公之聖德。雲窗叢刻本、神宫本無「之」字。

十七葉十二行經　惟朕小子其新逆。「逆」，岳作「迎」。

十七葉十二行注　周公以成王未寤。「寤」，王作「悟」，岳、毛作「悟」。○盧文弨《拾補》：周公以成王未悟。元本「悟」作「寤」。○阮元《校記甲》：周公以成王未悟。「悟」，葛本、十行、閩、監俱作「寤」，疏同。按：史記集解亦作「寤」。○阮元《校記乙》：周公以成王未寤。葛本、閩本、明監本同。毛本「寤」作「悟」。按：史記集解亦作「寤」。

十七葉十三行注　改過自新。○阮元《校記甲》：改過自新。史記正義句首有「成王」二字。阮元《校記乙》同。

十七葉十四行注　亦國家禮有德之宜。○山井鼎《考文》：禮有德之宜。〔古本〕下有「也矣」二字。○阮元《校記甲》：亦國家禮有德之宜。古本下有「也矣」二字。

十七葉十四行釋文　遣使。所吏反。「使」上王、殿、庫無「遣」字。「使」下王有「音」字。「吏」，平作「史」。魏無「遣使，所吏反」五字。

十七葉十五行注　郊以玉幣謝天。○山井鼎《考文》：「謝天」下、「明郊之是」下，〔古本〕共有「也」。

十七葉十五行注　天即反風起禾。　「禾」，王作「未」。

十七葉十六行經　盡起而築之。　○阮元《校記甲》：盡起而築之。陸氏曰：「築」，本亦作「筑」字。按：馬、鄭、王皆訓築爲拾。釋言云：筑，拾也。訓拾者，宜作「筑」。孔不訓拾，而別本亦作「筑」。是「築」、「筑」古蓋通用。按：筑與掇雙聲，故得訓拾。「築」、「筑」皆非正字，且馬、鄭、王並訓築字爲拾。或漢魏時爾雅亦作「築」，未可知也。阮元《校記乙》同。

十七葉十七行注　禾木無虧。　「禾木」，八、李、王、纂、魏、平、永、阮作「桑果」，十作「禾果」。○山井鼎《考文》：禾木無虧。〔古本〕作「桑果無虧」，宋板同。○岳本《考證》：桑果無虧。案：「桑果」，殿本、閣本並作「禾木」，方與上文相應，今據改。○盧文弨《拾補》：桑果無虧。「桑果」，毛本作「禾木」，古本、宋本、元本竝作「桑果」，疏亦同。「禾木」當作「桑果」。○阮元《校記甲》：禾木無虧。「禾木」，古本、岳本、宋板、十行、纂傳俱作「桑果」。按：桑果言木，百穀言禾，今本作「禾木」，則與「百穀」複矣。○阮元《校記乙》：桑果無虧。古本、岳本、宋板、纂傳同，毛本「桑果」作「禾木」。按：桑果言木，百穀言禾。若作「禾木」，則下「百穀」複矣，所改非是。後正義同。案：正義釋經「禾木無虧」，是揔承上文，故各本皆同，皆不誤。毛本此傳、此疏因之誤改，不知上下文各別也。

十七葉十七行注　**百穀豐熟。**「穀」，魏作「穀」。「豐」，李、魏作「豊」。

十七葉十八行注　**周公之德。**○山井鼎《考文》：周公之德。〔古本〕下有「也」。

十七葉十八行注　**此已上大誥後。因武王喪。并見之。**「此已上大」下李缺一板，無「誥後因武王喪并見之」九字。○山井鼎《考文》：并見之。〔古本〕作「并見也之」。○阮元《校記甲》：并見之。「之」上古本有「也」字，非。

十七葉十八行釋文　**築。音竹。**「築」上永有「秋」字。

十七葉十八行釋文　**謂築其根。**「築」，纂作「筑」。

十八葉一行釋文　**見。賢遍反。**「見」上平有「并」字。

十八葉一行疏　**其秋大熟。**「熟」，單作「孰」。

十八葉三行疏　**案省故事。**○阮元《校記甲》：案省故事。「案省」二字纂傳倒。

十八葉六行疏　**禾則盡起。**「禾」，平作「木」。

十八葉七行疏　**禾木無虧。**「木」，十作「果」。

十八葉十二行疏　**無旒。乃是冕之質者。**○浦鏜《正字》：無旒，乃是冕之質者。上當脱「皮弁」二字。「冕」當「服」字誤。○盧文弨《拾補》：皮弁無旒，乃是冕之質者。「皮弁」二字毛本無。浦補，是。

十八葉十二行疏　是事天宜質服。「宜」，十作「宣」。

十八葉十二行疏　周禮視朝則皮弁服。「皮」，魏、永作「反」。

十八葉十四行疏　亦如國家失道焉。「失」，單、八、魏、平、十、永、阮作「未」。○山井鼎《考文》：亦如國家失道焉。〔宋板〕「失」作「未」。○盧文弨《拾補》：承天變降服，亦如國家未道焉。毛本「未」作「失」。「失」當作「未」。案：禮記玉藻曰：國家未道，則不充其服焉。語本此。宋本、元本皆不誤。○阮元《校記甲》：亦如國家失道焉。「失」，宋板、十行俱作「未」。盧文弨云：玉藻云：國家未道，則不充其服焉。宋板是也。○阮元《校記乙》：亦如國家未道焉。宋板同。岳(毛)本「未」作「失」。盧文弨云：玉藻云：國家未道，則不充其服焉。宋板是也。

十八葉十六行疏　故倡王啓之。「王」，十作「壬」。○《定本校記》：故倡王啓之。「王」，〔足利〕八行本誤作「主」。

十八葉十七行疏　忠心欲代王死。「王」，單作「壬」。

十八葉十八行疏　是違負周公也。「負」，魏、平、永作「貟」。

十九葉一行疏　公即當還。「還」，永作「遝」。

十九葉一行疏　以成王未寤。「寤」，毛作「悟」。

十九葉四行疏　王出郊者。「王」，十作「主」。

十九葉四行疏　周禮大宗伯云。「大」，平作「太」。

十九葉四行疏　牲幣如其器之色。○浦鏜《正字》：牲幣如其器之色。「如」，經文作「放」，音倣。○盧文弨《拾補》：牲幣如其器之色。「如」，本作「放」。

十九葉五行疏　明王郊之是也。「王」，單作「主」。

十九葉六行疏　陽感天不旋日。「日」，十作「曰」。

十九葉七行疏　禾木無虧。「禾木」，單、八、魏、平、永、阮作「桑果」，十作「禾果」。○山井鼎《考文》：禾木無虧。〔宋板〕「禾木」作「桑果」。○阮元《校記甲》：禾木無虧。「禾木」，宋板、十行俱作「桑果」。按：前釋經疏内亦有「禾木無虧」句，各本皆同。今本孔傳及此疏之誤俱由於此。其實前疏亦誤耳。

十九葉八行疏　拾下禾。「下」，平作「其」。

十九葉八行疏　意大曲碎。「大」，單、八、魏、十、永、殿、庫、阮作「太」。「碎」，十作「碎」。○盧文弨《拾補》：意太曲碎，當非經旨。毛本「太」作「大」。「大」當作「太」。

大誥第九

十九葉十二行經　武王崩。　「武王」上庫有「序」字。

十九葉十三行釋文　監。古懺反。　「監」上平有「三」字。

十九葉十三行經　將黜殷。　○《定本校記》：將黜殷。段氏云：「殷」下唐石經初刻有「命」字。

十九葉十四行注　相。謂攝政。　○山井鼎《考文》：「相謂攝政」下、「大誥天下」下、「遂以名篇」下、「三監淮夷並作難」下，〔古本〕共有「也」字。

十九葉十四行釋文　相息亮反。　「相」下平有「成王上」三字。

十九葉十七行疏　總舉諸叛之人也。　「總」，單、八、魏、平作「摠」。

十九葉十八行疏　以殷餘民封康叔。　「封」，單、八、魏、平作「邦」。○《定本校記》：以殷遺民邦康叔。單疏本如此。「邦」，〔足利〕八行本作「封」，非。

十九葉十八行疏　此序言三監叛。　「此」，毛作「比」。○浦鏜《正字》：此序言三監叛，將征之。「此」，毛本誤「比」。

二十葉二行疏　分其畿内爲三國。　「其」，阮作「共」。

二十葉二行疏　詩風邶鄘衛是也。　「邶」，單、八、魏、十、永、閩、庫作「邶」。○浦鏜《正字》：分其畿内爲三國，詩風邶、鄘、衛是也。「邶」誤從比。後並同。○《薈要》案語：詩風邶、鄘、衛是也。刊本「邶」訛「邶」，今改。

二十葉二行疏　邶。以封紂子武庚。　「邶」，單、八、魏、永、閩、庫作「邶」，十作「邺」。

二十葉五行疏　爲武庚未集。　「未」，十作「夫」。

二十葉五行疏　恐有側心。　「側」，單、八、平、永、阮作「賊」，魏作「則」。○山井鼎《考文》：恐有側心。宋板「側」作「賊」。○浦鏜《正字》：爲武庚未集，恐有賊心。「賊」誤「側」。○盧文弨《拾補》：爲武庚未集，恐有賊心。毛本「賊」作「側」。「側」當作「賊」。

二十葉五行疏　乃令其弟管叔蔡叔傅相之。　「傅」，魏、十、閩作「傳」。

二十葉七行疏　又云魯侯伯禽。　「侯」，單、八作「公」。

二十葉七行疏　徐夷並興。　「興」，永作「與」。

二十葉七行疏　彼三序者。　「彼」，平作「叛」。「三」，十作「二」。

二十葉八行疏　得不以武王初崩已叛。　「王」，八作「王」。

二十葉十一行疏　教由公出。「教」，平作「政」。

二十葉十一行疏　不復關白成王耳。「關」，平作「閞」。「白」，單、八、魏、平、十、永、閩作「自」。

二十葉十一行疏　仍以成王爲主。「主」，單、永作「王」。

二十葉十三行疏　惎間王室。「間」，單作「閒」。

二十葉十五行經　大誥。「大誥」下石有「大」字。○阮元《校記甲》：大誥。陸氏曰：「誥」，本亦作「𢍜」。案：依汗簡、古文四聲韻，其字當作「𡚶」，不作「𢍜」。阮元《校記乙》同。

二十葉十五行注　陳大道以誥天下。「誥」，王、岳作「告」。○阮元《校記甲》：陳大道以誥天下。「誥」，岳本、纂傳俱作「告」。下傳「順大道以誥天下」，岳本作「告」，纂傳作「誥」。阮元《校記乙》同。

二十葉十五行注　遂以名篇。「名篇」，王作「篇名」。

二十葉十六行疏　故言煩重。其自殷勤。○浦鏜《正字》：故言煩重。其自殷勤。「自」，疑「旨」字誤。○《定本校記》：其自殷勤。此句疑有譌，待攷。

二十一葉二行疏　周公與羣下矢誓也。「矢」，永作「天」。

二十一葉三行疏　管蔡導武庚爲亂。「庚」，毛作「康」。○浦鏜《正字》：管、蔡導武庚爲亂。「庚」，毛本誤「康」。○盧文弨《拾補》：管蔡導武庚爲亂。毛本「庚」作「康」。「康」當作「庚」。○阮元《校記甲》：管、蔡導武康爲亂。「康」，十行、閩本俱作「庚」。按：毛本作「康」，與洪範序考文引古本「立武庚」作「立武康」、管子之命序「殺武庚」作「殺武康」，其誤一也。

二十一葉六行注　順大道以誥天下衆國。「誥」，八、李、王、纂、魏、平、岳作「告」。

二十一葉六行注　及於御治事者盡及之。「盡」，王作「尽」。

二十一葉七行釋文　邦。馬本作大誥繇爾邦多。「馬」上王、纂無「邦」字。「邦多」，王、纂、平、殿、庫、阮作「多邦」。○物觀《補遺》：邦，馬本作大誥繇爾邦多。〔經典釋文〕「邦多」作「多邦」。○浦鏜《正字》：馬本作大誥繇爾多邦。上衍「邦」字。「多邦」二字誤倒。○阮元《校記甲》：邦，馬本作大誥繇爾多邦。盧文弨本經文標全句。云依陸氏通例補。十行本、毛本「多邦」二字俱誤倒。

二十一葉七行釋文　邦多。盡。津忍反。「邦多」下魏無「盡，津忍反」四字。「津」上王有「音」字。

二十一葉七行經　天降割于我家不少。○山井鼎《考文》：不少。〔古本〕「不」作「弗」。

二十一葉九行釋文　割。馬本作害。不少。「作害」下王無「不少」二字。

二十一葉九行釋文　不少。馬讀弗少延爲句。難。乃旦反。王「難，乃旦反」在「馬」字上。纂「馬」上有「朱氏依」三字，「弗」作「不」。

二十一葉九行經　延洪惟我幼沖人。○山井鼎《考文》：延洪惟我幼沖人。〔古本〕「惟」下有「累」字。○盧文弨《拾補》：延洪惟我幼沖人。古本「惟」下有「累」字。○阮元《校記甲》：惟我幼沖人。「惟」下古本有「累」字。按：疏言「惟我幼童人，謂損累之，故傳加『累』字」。是孔穎達所見經文無「累」字。阮元《校記乙》同。

二十一葉十行注　凶害延大。「延」，魏作「凶」。

二十一葉十一行注　言其不可不誅之意。○山井鼎《考文》：言其不可不誅之意。〔古本〕下有「之也」二字。○阮元《校記甲》：言其不可不誅之意。古本下有「之也」二字。

二十一葉十一行釋文　累。劣僞反。○阮元《校記甲》：累。亦當作「絫」。説見旅獒。

二十一葉十一行經　嗣無疆大歷服弗造哲迪民康。○山井鼎《考文》：嗣無疆大歷服。〔古本〕「無」作「亡」。

二十一葉十三行注　而不能爲智道以安人。　○山井鼎《考文》：而不能爲智道以安人。〔古本〕「人」作「民」。○盧文弨《拾補》：而不能爲智道以安人。古本「人」作「民」。下「安人」同。○阮元《校記甲》：而不能爲智道以安人。「人」，古本作「民」。下「安人」同。○《定本校記》：而不能爲智道以安人。「人」，内野本、神宮本、足利本作「民」。

二十一葉十三行注　先自責。　○山井鼎《考文》：先自責。〔古本〕下有「之也」。○阮元《校記甲》：先自責。古本下有「之也」二字。

二十一葉十四行注　安人且猶不能。　○山井鼎《考文》：安人且猶不能。〔古本〕「人」作「民」。○《定本校記》：安人且猶不能。「人」，内野本、神宮本、足利本作「民」，清原宣賢手鈔本引家本亦然。

二十一葉十四行注　況其有能至知天命者乎。　○山井鼎《考文》：知天命者乎。〔古本〕下有「也」。○《定本校記》：況其有能至知天命者乎。内野本、神宮本無「至」字、「者」字。

二十一葉十四行釋文　矧。失忍反。　「失」，庫作「矢」。

二十一葉十五行注　發端歎辭也。　「歎」，永作「難」。

二十一葉十六行注　我惟小子承先人之業。　平「惟」作「帷」，「業」作「業」。○《定本校記》：我惟小子承先人之業。内野本、神宮本無「之」字。

二十一葉十六行注　若涉淵水。　「若」，八、李、王、纂、平、岳作「如」。○山井鼎《考文》：若涉淵水。〔古本〕「若」作「如」，宋板同。○盧文弨《拾補》：如涉淵水。毛本「如」作「若」。「若」當作「如」。○阮元《校記甲》：若涉淵水。「若」，古本、岳本、宋板俱作「如」。

二十一葉十七行注　言祇懼。　「祇」，八、李、王、纂、魏、平、十、永、閩、毛、薈、阮作「祗」。○山井鼎《考文》：「言祇懼」下、「言任重」下，〔古本〕共有「也」字。

二十一葉十七行經　茲不忘大功。　○山井鼎《考文》：茲不忘大功。〔古本〕「不」作「弗」。下文除「不敢」、「不知」、「不易」、「不終」、「不僭」外，皆同。

二十一葉十八行注　我求濟渡。　○《定本校記》：我求濟渡。内野本、神宮本無「渡」字，清原宣賢手鈔本引家本亦無。

二十二葉一行釋文　徐音憒。　「憒」，魏作「憒」。

二十二葉二行注　言我不敢閉絶天所下威用而不行。　○《定本校記》：言我不敢閉絶天所下威用而不行。内野本、神宮本無「威用」二字。

二十二葉三行注　將欲伐四國。　○《定本校記》：將欲伐四國。「將」上内野本、神宮本有「言」字。

二十二葉五行注　就其命而言之。　「言」，八、王、纂、岳作「行」。○山井鼎《考文》：就其命而言之。〔古本〕「言」作「行」。宋板同。○浦鏜《正字》：就其命而行之。「行」誤「言」。○岳本《考證》：就其命而行之。「行」，殿本、閣本並作「言」。案文義，原本「行」爲長。○盧文弨《拾補》：就其命而行之。「行」，毛本作「言」，古本、宋本作「行」。「言」當作「行」。○阮元《校記甲》：就其命而言之。「言」，古本、岳本、宋板、纂傳俱作「行」，與疏合。岳本考證云：案文義，「行」字爲長。阮元《校記乙》同。

二十二葉五行注　言卜不可違。　○山井鼎《考文》：卜不可違。〔古本〕下有「也」字。下注「於此蠢動」下同。○《定本校記》：言卜不可違。内野本、神宮本無「卜」字，清原宣賢手鈔本引家本亦無。

二十二葉六行疏　言王順大道而爲言曰。　「而」下平無「爲」字。

二十二葉六行疏　我今以大道誥汝天下衆國。　「誥」，毛作「告」。

二十二葉八行疏　以我爲子孫。　「以」，十作「於」。

二十二葉十一行疏　布陳前人文王武王受命之事。　「王」，永作「武」。

二十二葉十一行疏　將誅叛逆。　「將」，單、八、魏、平、永、阮作「當」。○山井鼎《考文》：將誅叛逆。〔宋板〕「將」作「當」。○盧文弨《拾補》：既不忘大功，當誅叛逆。毛本「當」作

「將」。「將」當作「當」。○阮元《校記甲》：將誅叛逆。「將」，宋板、十行俱作「當」。○阮元《校記乙》：當誅叛逆。宋板同。毛本「當」作「將」。

二十二葉十二行疏　**以繼天明命。**　「天」，庫作「大」。

二十二葉十三行疏　**則王若曰者。稱成王之言。**　「者」下八有一字空白。○物觀《補遺》：宋本王若曰者，稱。宋板「者稱」間空一字。○盧文弨《拾補》：則王若曰者，稱成王之言。宋本「者」下空一，疑是「公」字。○阮元《校記甲》：則王若曰者，稱成王之言。宋板「者稱」二字中間空一字。阮元《校記乙》同。

二十二葉十五行疏　**漢書王莽攝位。**　「莽」，十作「奔」。「位」，魏作「政」。

二十二葉十五行疏　**東郡太守翟義叛莽。**　「太」，閩作「大」。「莽」，十作「奔」。

二十二葉十五行疏　**莽依此作大誥。**　「莽」，十作「奔」。

二十二葉十六行疏　**但此經云猷大。**　「但」，單作「但」。

二十二葉十七行疏　**命大事。**　「命」下永無「大」字。

二十二葉十七行疏　**則權稱王。**　「權」，十作「擢」。

二十二葉十八行疏　**惟名與器。**　「惟」，平作「帷」。

二十三葉一行疏　經言惟我幼童人。「幼童」，永作「童幼」。

二十三葉三行疏　傳世三十。卜年七百。「傳」，單、八、魏、平作「卜」，十、永、阮作「六」。「三」，單作「二」。○山井鼎《考文》：傳世三十。〔宋板〕「傳」作「卜」。○盧文弨《拾補》：卜世三十，卜年七百。毛本上「卜」字作「傳」。「傳」當作「卜」。○阮元《校記甲》：傳世三十。「傳」，宋板作「卜」，十行本誤作「六」。○阮元《校記乙》：六世三十。宋本「六」作「卜」，是也。毛本作「傳」，亦誤。○《定本校記》：卜年七百。「卜」，〔足利〕八行本誤作「十」。

二十三葉五行疏　傳前人至任重○正義曰。成王前人。「成王」上「傳前人至任重○正義曰」，殿、庫作「前人文武也者」。

二十三葉七行疏　在此不忘大功。「忘」下永有「大忘」二字。

二十三葉七行疏　太平之功也。「太」，阮作「大」。

二十三葉七行疏　言已所任至重。「任」，永作「在」。

二十三葉八行疏　正義曰。王者征伐刑獄。「獄」，殿作「嶽」。○《薈要》案語：王者征伐刑獄。刊本「獄」訛「嶽」，今改。

二十三葉九行疏　謂誅惡是也。　「誅」上永無「謂」字。

二十三葉十行疏　言文王能安之。　「王」，八作「王」。

二十三葉十二行疏　所以大寶龜皆得繼天明者。　「皆」，單、八作「能」。○山井鼎《考文》：皆得繼天明。〔宋板〕「皆」作「能」。○盧文弨《拾補》：所以大寶龜能得繼天明者。毛本「能」作「皆」。「皆」當作「能」。○阮元《校記甲》：皆得繼天明者。「皆」，宋板作「能」。

二十三葉十二行疏　以天道玄遠。　「天」，庫作「人」。

二十三葉十三行經　有大艱于西土。　「艱」，李作「艱」。

二十三葉十三行經　越茲蠢。　「越」，閩作「越」。

二十三葉十四行注　西土人亦不安。　「土」，纂作「上」。

二十三葉十五行釋文　難。乃旦反。　「難」上平有「大」字。

二十三葉十六行注　言殷後小腆腆之禄父。大敢紀其王業。欲復之。　「禄」，李作「禄」。「復」，纂作「後」。○山井鼎《考文》：欲復之。〔古本〕「之」作「也」。○阮元《校記甲》：欲復之。「之」，古本作「也」。

二十三葉十七行釋文　父。音甫。　「父」上魏、平有「禄」字。「音」上平有「下」字。

二十三葉十七行經　**天降威。知我國有疵。**　○山井鼎《考文》：天降威，知我國有疵。〔古本〕「威」作「畏」。○阮元《校記甲》：天降威。「威」，古本作「畏」。○《定本校記》：知我國有疵。内野本、神宮本無「有」字，清原宣賢手鈔本引家本亦無。

二十三葉十八行注　**謂三叔流言。**　○《定本校記》：謂三叔流言。内野本、神宮本無「謂」字，清原宣賢手鈔本引家本亦無。

二十三葉十八行注　**故禄父知我周國有疵病。**　「病」，十作「病」。○山井鼎《考文》：疵病。〔古本〕下有「也」。

二十三葉十八行釋文　**馬云。瑕也。**　「瑕」，永、阮作「叚」。

二十四葉二行注　**禄父言我殷當復。欺惑東國人。令不安。**　○山井鼎《考文》：欺惑東國人。〔古本〕「人」作「民」。○盧文弨《拾補》：當復欺惑東國人。古本「人」作「民」。○阮元《校記甲》：欺惑東國人。「人」，古本作「民」。○《定本校記》：欺惑東國人，令不安。「人」，内野本、神宮本、足利本作「民」。

二十四葉二行注　**道其罪無狀。**　○山井鼎《考文》：其罪無狀。〔古本〕下有「也」。

二十四葉二行釋文　**令。力呈反。**　「令」下平有「不」字。

二十四葉三行釋文　易。以攴反。　「易」上平有「鄙」字。「攴」，王、纂、十、庫、阮作「攴」。

二十四葉三行經　予翼以于敉寧武圖功。　○山井鼎《考文》：以于敉寧武圖功。〔古本〕「敉」作「撫」。下「敉寧王大命」同。○盧文弨《拾補》：敉寧武圖功。古本「敉」作「撫」，下同。○阮元《校記甲》：以于敉寧武圖功。「敉」，古本作「撫」。下「敉寧王大命」同。按：「撫」即「攺」字。説文：攺，撫也。从攴亾聲，讀與撫同。段玉裁云。阮元《校記乙》同。

二十四葉四行注　四國人賢者有十夫。　「人」，纂作「火」。「夫」，纂、永作「大」。○山井鼎《考文》：四國人賢者有十夫。〔古本〕「四國人」作「四國之民」。○盧文弨《拾補》：四國人賢者有十夫。古本「人」作「之民」。○阮元《校記甲》：四國人賢者有十夫。「四國人」，古本作「四國之民」。阮元《校記乙》同。○《定本校記》：四國人賢者有十夫。「人」，内野本、神宫本、足利本作「之民」二字。

二十四葉六行注　言人事先應。　○山井鼎《考文》：人事先應。〔古本〕下有「之」字。○阮元《校記甲》：言人事先應。古本下有「之」字。

二十四葉六行釋文　敉。亡婢反。　「婢」，魏作「裨」。

二十四葉六行釋文　應。應對之應。　「應。應對」上平有「先」字。

二十四葉七行注　所以爲美。　○山井鼎《考文》：所以爲美。〔古本〕下有「也」字。下註

「言謀及之」下、「謂禄父」下、「敘其情以戒之」下並同。

二十四葉七行釋文　注及篇末同。　「末」，十作「未」。

二十四葉八行疏　更後發端言之曰。　「後」，單、八、魏、平、毛、阮作「復」。

二十四葉九行疏　西土之人。　「土」，閩作「士」。

二十四葉十三行疏　則我有兵戎大事。　「戎」，永作「戍」。

二十四葉十五行疏　止而復言。　「止」，十、永、阮作「正」。○阮元《校記甲》：止而復言。「止」，十行、閩本俱作「正」。○阮元《校記乙》：正而復言。毛本「正」作「止」，是也。

二十四葉十五行疏　語更端也。　「更」上平無「語」字。

二十四葉十八行疏　故言小。　「故」，永作「故」。

二十四葉十八行疏　是小貎也。　「貎」，平作「⿰豸貝」。

二十五葉一行疏　天下至庇病。　「庇」，單、八、平、十、永、阮作「疵」。

二十五葉三行疏　反鄙薄輕易我周家。　「我」，阮作「武」。

二十五葉三行疏　道其罪無狀也。　「其」下永無「罪」字。

二十五葉三行疏　漢代止有無狀之語。　○浦鏜《正字》：漢代止有無狀之語。「止」，疑衍字。○盧文弨《拾補》：漢代止有無狀之語。「止」，疑當作「正」。

二十五葉四行疏　遭重喪答人書云。　「答」，單、八、平、十、閩、毛作「荅」，魏、永作「荅」。

二十五葉九行疏　鄭玄云。　「鄭」，十作「鄚」。

二十五葉十行疏　謂三龜皆從也。　「從」下永無「也」字。

二十五葉十一行經　肆予告我友邦君。　「友」，王、十作「犮」。

二十五葉十一行注　以美故告我友國諸侯。　「友」，王作「犮」。○《定本校記》：以美故告我友國諸侯。「告」上内野本、神宮本有「我」字。

二十五葉十二行注　及於正官尹氏卿大夫衆士御治事者。　「正」，李、平作「王」。「士」，十作「七」。○《定本校記》：及於正官尹氏卿大夫衆士御治事者。内野本、神宮本無「正官」二字，清原宣賢手鈔本引家本亦無。内野本、神宮本無「治」字。

二十五葉十四行注　往伐殷逋亡之臣。　「往」，平作「征」。「臣」，毛作「人」。○物觀《補遺》：逋亡之人。〔古本〕「人」作「臣」，宋板同。○浦鏜《正字》：往伐殷逋亡之臣。「臣」，毛本誤「人」。○盧文弨《拾補》：往伐殷逋亡之臣。毛本「臣」作「人」。「人」當作「臣」。○阮元《校記甲》：往伐殷逋亡之人。「人」，古、岳、葛本、宋板、十行、閩、監、纂傳俱作「臣」。

二十五葉十四行經　爾庶邦君。　○《定本校記》：爾庶邦君。内野本、神宫本無「庶」字，清原宣賢手鈔本引家本亦無。

二十五葉十五行注　汝衆國上下。　「上」，平作「土」。

二十五葉十六行經　民不静。亦惟在王宫邦君室。　○山井鼎《考文》：民不静，亦惟在王宫邦君室。〔古本〕「民」下有「亦」字。○盧文弨《拾補》：民不静。古本作「民亦弗静」。○阮元《校記甲》：民不静。「民」下古本有「亦」字。○《定本校記》：民不静。「民」下内野本、神宫本、足利本有「亦」字，清原宣賢手鈔本引家本亦有。

二十五葉十八行注　自責不能綏近以及遠。　○阮元《校記甲》：自責不能綏近以及遠。「綏」，葛本誤作「維」。

二十六葉二行注　則王室有害。　○山井鼎《考文》：則王室有害。〔古本〕「則」下有「於」字。○盧文弨《拾補》：則王室有害。古本「則」下有「於」字。○阮元《校記甲》：則王室有害。「則」下古本有「於」字。○《定本校記》：則王室有害。「王」上内野本、神宫本、足利本有「於」字，清原宣賢手鈔本引家本亦有。

二十六葉三行疏　故我告汝有邦國之君。　「有」，單、八作「友」。○山井鼎《考文》：故我告汝有邦國之君。〔宋板〕「有」作「友」。○盧文弨《拾補》：故我告汝友邦國之君。毛本

「友」作「有」。「有」當作「友」。○阮元《校記甲》：故我告汝有邦國之君。「有」，宋板作「友」。按疏意，似當以「有」爲是。阮元《校記乙》同。

二十六葉四行疏　無不反我之意相與言曰。「無」，八作「无」。

二十六葉五行疏　亦惟在我天子王宮與邦君之室。「惟」，八作「推」。

二十六葉六行疏　以此令汝難征。過事在我。「征」下單有一字空白。

二十六葉七行疏　以美至及之。「及」，平作「反」。

二十六葉八行疏　尹氏。即顧命云百尹氏也。「氏」，單、八作「是」。○山井鼎《考文》：即顧命云百尹氏也。〔宋板〕「氏」作「是」。○浦鏜《正字》：尹氏，即顧命云百尹氏也。「氏也」當「是也」之誤。○盧文弨《拾補》：尹氏即顧命云百尹是也。毛本「是」作「氏」。「氏」當作「是」。○阮元《校記甲》：百尹氏也。「氏」，宋板作「是」。按：「氏」字不誤。

二十六葉九行疏　揔呼大夫爲官氏也。「揔」，毛、殿、庫作「總」。

二十六葉九行疏　上文大誥爾多邦。綏越爾御事。「越」上單、八、魏、平、殿、庫無「綏」字。「御」下八無「事」字。○山井鼎《考文》：上文大誥爾多邦，綏越爾御事。〔宋板〕無「綏」字。○浦鏜《正字》：上文大誥爾多邦。下「綏」字當衍文。○盧文弨《拾補》：上文大誥爾多邦，越爾御事。毛本「邦」下有「綏」字，衍。○阮元《校記甲》：上文大誥爾多邦，綏越爾御事。宋板無「綏」字，是也。阮元《校記乙》同。

二十六葉九行疏　無尹氏庶士。「無」，八作「无」。

二十六葉九行疏　下文爾庶邦君。「文」，阮作「之」。

二十六葉九行疏　越庶士御事。「越」，閩作「越」。

二十六葉十行疏　亦無尹氏。「無」，八作「无」。

二十六葉十一行疏　謂播蕩逃亡之意。「蕩」上平無「謂播」二字。

二十六葉十一行疏　故云用汝衆國。「用」，永作「周」。

二十六葉十三行疏　敘其情以戒之。「敘」，魏作「敎」。

二十六葉十三行疏　鄭云。汝國君及下羣臣。「云」，永作「去」。

二十六葉十五行疏　正義曰。自責惟當言天子教化之過。「責」，永作「貴」。

二十六葉十七行疏　正義曰。翼。訓敬也。「義」下八無「曰」字。○《定本校記》：正義曰，翼，訓敬也。〔足利〕八行本脱「曰」字。

二十六葉十七行疏　欲敬成周道。「欲」下八無「敬」字。

二十六葉十八行疏　卜其欲成周道也。「卜」，八作「小」。

二十七葉三行注　使無妻無夫者受其害。可哀哉。　「無夫」，八作「无夫」。○山井鼎《考文》：可哀哉。〔古本〕「可」上有「甚」字。物觀《補遺》：「哉」下古本有「也」。○盧文弨《拾補》：使無妻無夫者受其害，可哀哉。古本「害」下有「甚」字。○阮元《校記甲》：可哀哉。「可」上古本有「甚」字。○《定本校記》：可哀哉。内野本、神宫本、足利本「可」上有「甚」字。内野本、神宫本云「哉」字或本無。

二十七葉三行釋文　鰥。故頑反。　「鰥」，阮作「鱞」。

二十七葉五行注　言不得已。　○山井鼎《考文》：言不得已。〔古本〕「已」上有「以」字。○盧文弨《拾補》：言不得以已。毛本脱「以」字。○阮元《校記甲》：言不得已。「已」上古本有「以」字。○《定本校記》：言不得已。「已」上内野本、神宫本、足利本有「以」字，清原宣賢手鈔本引家本亦有。

二十七葉五行釋文　予造。爲也。　「造」上王、纂、魏、毛、殿、庫無「予」字。

二十七葉五行釋文　馬云。遺也。　「馬」，魏作「徐」。

二十七葉六行經　義爾邦君。越爾多士尹氏御事。　○山井鼎《考文》：義爾邦君，越爾多士。〔古本〕「義」作「誼」。○盧文弨《拾補》：義爾邦君。古本「義」作「誼」。○阮元《校記甲》：義爾邦君。「義」，古本作「誼」。阮元《校記乙》同。

二十七葉八行注　乃欲施義於汝衆國君臣上下至御治事者。　○山井鼎《考文》：至御治事者。〔古本〕下有「之也」二字。○阮元《校記甲》：至御治事者。古本下有「之也」二字。○《定本校記》：乃欲施義於汝衆國君臣上下至御治事者。内野本、神宫本無「汝」字，清原宣賢手鈔本引家本亦無。

二十七葉八行釋文　卬。五剛反。　「卬」上平有「不」字。

二十七葉九行經　無毖于恤。　○山井鼎《考文》：無毖于恤。〔古本〕「無」作「亡」。

二十七葉十一行注　責其以善言之助。　「之助」，八作「助之」。○山井鼎《考文》：責其以善言之助。〔古本〕作「責其以善言助之也」。宋板同，但無「也」字。○盧文弨《拾補》：責其以善言之助。古本、宋本「之助」竝作「助之」，似非。○阮元《校記甲》：責其以善言之助。「之助」二字古本、宋板俱倒。按疏云「責其無善言助己」，則傳當云「責其無善言之助」。責乃責讓之義，非責任之責也。阮元《校記乙》同。○《定本校記》：責其以善言之助。内野本、神宫本無「以」字。足利本、〔足利〕八行本倒「之助」二字。

二十七葉十二行疏　故我童子成王。　「故」，十、永、阮作「哉」。○阮元《校記甲》：故我童子成王。「故」，十行本誤作「哉」。○阮元《校記乙》：哉我童子成王。案：「哉」，各本皆作「故」。「哉」字誤也。

二十七葉十二行疏　信蠢動天下。　「天」，平作「于」。

二十七葉十四行疏　於汝多士尹氏治事之人。　「事」，八作「士」。

二十七葉十五行疏　何謂違我不欲征也。　○浦鏜《正字》：何謂違我不欲征也。「謂」疑「爲」字誤。○阮元《校記甲》：何謂違我不欲征也。浦鏜云：「謂」疑「爲」字誤。阮元《校記乙》同。

二十七葉十六行疏　故我國家爲天下役事。　「國」，單、八作「周」。○《定本校記》：故我周家爲天下役事。「周」，〔足利〕八行本誤作「國」。

二十七葉十六行疏　摠言周家當救天下。　「摠」，毛、殿、庫作「總」。

二十七葉十七行疏　謂當已之時。　「已」，平作「此」。

二十八葉一行疏　君得靜亂。則爲大美。　「大」，毛作「天」。○物觀《補遺》：靜亂則爲天美。〔宋本〕「天」作「大」。○浦鏜《正字》：君得靜亂則爲大美。「大」，毛本誤「天」。○盧文弨《拾補》：君得靜亂則爲大美。毛本「大」作「天」。「天」當作「大」。○阮元《校記甲》：則爲天美。「天」，宋板、十行、閩、監俱作「大」。按：「天」，非也。

二十八葉二行疏　汝衆國君臣言得我之功。　「功」，單、八、魏、平、十、永、阮作「力」。○物觀《補遺》：得我之功。〔宋板〕「功」作「力」。○盧文弨《拾補》：汝衆國君臣言得我之力。○物毛本「力」作「功」。「功」當作「力」。○阮元《校記甲》：言得我之功。「功」，宋板、十行俱作「力」。○阮元《校記乙》：言得我之力。宋板同。毛本「力」作「功」。○《定本校記》：汝衆國君臣言得我之力。此句疑有譌，待攷。

二十八葉五行注　言卜吉當必征之。「吉」，永作「言」。○山井鼎《考文》：當必征之。〔古本〕「之」上有「也」。謹按恐誤。○阮元《校記甲》：當必征之。「之」上古本有「也」字，誤。

二十八葉六行注　言天美文王興周者。「言」，十作「言」。○阮元《校記甲》：言天美文王興周者。「文」，纂傳作「寧」，後並同。按：王氏据蘇氏説，以寧王爲武王，凡孔傳「文王」字率改爲「寧王」，不可爲訓。阮元《校記乙》同。

二十八葉七行注　故能安受此天命。○阮元《校記甲》：故能安受此天命。「命」，纂傳作「明」。

二十八葉七行注　明卜宜用。○山井鼎《考文》：明卜宜用。〔古本〕下有「之也」二字。○阮元《校記甲》：明卜宜用。古本下有「之也」二字。

二十八葉八行注　人獻十夫。是天助民。「夫」，平作「天」。「助」，王作「助」。○山井鼎

《考文》：人獻十夫。〔古本〕「人」作「民」。又：是天助民。〔古本〕下有「也」。「亦亦文王」下同。○盧文弨《拾補》：人獻十夫，是天助民。古本「人」作「民」，「民」下有「也」字。○阮元《校記甲》：人獻十夫。「人」，古本作「民」。阮元《校記乙》同。○《定本校記》：人獻十夫。「人」，内野本、神宮本、足利本作「民」。

二十八葉九行注　亦。亦文王。　「亦，亦文王」，李、王、纂、岳作「亦言文王」。○阮元《校記甲》：亦文王。「亦」，岳本作「言」。阮元《校記乙》同。

二十八葉九行釋文　相。息亮反。　「亮」，殿、庫作「浪」。

二十八葉十行注　歎天之明德可畏。　「歎」，永作「難」。「畏」，永作「叟」。

二十八葉十行注　輔成我大大之基業。　「大大」，永作「大犬」。○《定本校記》：輔成我大大之基業。内野本、神宮本無「之」字。

二十八葉十二行注　特命久老之人。　「特」，李作「持」。

二十八葉十三行注　汝知文王若彼之勤勞哉。　「勤」，毛作「勸」。○浦鏜《正字》：汝知文王若彼之勤勞哉。「勤」，毛本誤「勸」。○盧文弨《拾補》：汝知文王若彼之勤勞哉。毛本「勤」作「勸」。「勸」當作「勤」。○阮元《校記甲》：若彼之勸勞哉。「勸」，岳、葛、十行、閩、監、纂傳俱作「勤」。按：「勸」字非也。

二十八葉十四行注　法之又明。○山井鼎《考文》：法之又明。〔古本〕下有「之也」二字。

二十八葉十四行釋文　省。息井反。「息」，魏、平、殿、庫作「悉」。○物觀《補遺》：省，息井反。〔經典釋文〕「息」作「悉」。○阮元《校記甲》：省，悉井反。「悉」，十行本、毛本俱作「息」。

二十八葉十四行經　天閟毖我成功所。○阮元《校記甲》：天閟毖我成功所。錢大昕曰：天閟毖我成功所。傳訓「閟」爲「慎」。又解之云「天慎勞我周家成功所在」。孔疏云：「閟，慎。釋詁文。」考釋詁本云：毖，慎也。經既以「閟」爲「毖」，不當重出「毖」字。據莽誥云：天毖勞我成功所。則知此經「毖」乃「勞」之譌。字形相涉，後人傳寫致誤。僞孔傳尚未誤也。按：下經「勤毖」傳解作「勞慎」，此傳云「慎勞」，則經當作「毖勤」。莽誥於下云：天亦惟勞我民。是訓「勤」爲「勞」也。阮元《校記乙》同。

二十八葉十六行注　我不敢不極盡文王所謀之事。「極」，十作「拯」。「王」，李作「五」。

二十八葉十六行注　謂致太平。○山井鼎《考文》：「謂致太平」下、「友國諸侯」下，〔古本〕共有「也」字。

二十八葉十七行經　肆予大化誘我友邦君。○《定本校記》：誘我友邦君。內野本、神宮本無「君」字，清原宣賢手鈔本引家本亦無。

二十八葉十七行注　我欲極盡文王所謀。　「極」，十作「拯」。

二十八葉十七行注　故大化天下。　○《定本校記》：故大化天下。内野本、神宮本云「大」字或本無。

二十八葉十八行經　天棐忱辭。　○山井鼎《考文》：天棐忱辭。〔古本〕「辭」作「詞」。○盧文弨《拾補》：天棐忱辭。古本「辭」作「詞」。○阮元《校記甲》：天棐忱辭。「辭」，古本作「詞」。

二十九葉一行注　言我周家有大化誠辭。　「辭」，永作「辤」。

二十九葉一行注　其成我民矣。　○山井鼎《考文》：其成我民矣。〔古本〕「矣」上有「也」。「其功所終乎」下、「欲巳去之」下並同。○阮元《校記甲》：其成我民矣。「矣」上古本有「也」字。

二十九葉一行釋文　棐。徐音匪。又芳鬼反。忱。市林反。　「匪」下魏無「又」字。「芳」，魏作「方」。「芳鬼反」下魏無「忱，市林反」四字。

二十九葉三行經　若有疾。　「若」，永作「君」。

二十九葉四行注　欲巳去之。　○《定本校記》：欲巳去之。内野本、神宮本無「去」字，清原宣賢手鈔本引家本亦無。

二十九葉四行經　予曷敢不于前寧人攸受休畢　「予」，永作「于」。

二十九葉六行疏　「已予至丕基○正義曰」至「爲天助民也」。○浦鏜《正字》：疏「已予」至「助民也」一百九十九字當在上「天明畏」節傳下。○盧文弨《拾補》：「已予至丕基」，自此至「爲天助民也」止，當在「王曰爾惟舊人」之前。○疏文「已予至丕基○正義曰」至「爲天助民也」定本移至上注「言卜不可違也」下。《定本校記》：王曰爾惟舊人。此經傳〔足利〕八行本在疏「已予至丕基」上。今從殿本、浦氏。

二十九葉七行疏　我惟小子。　「子」，平作「予」。

二十九葉八行疏　今天助民矣。　「矣」，平作「使」。

二十九葉十行疏　不可違也。　「違」下平無「也」字。

二十九葉十行疏　民獻至文王。　「民」，單、八、魏、平、十、永、閩、毛、阮作「人」。

二十九葉十一行疏　故以民獻十夫。爲天助民也。　○浦鏜《正字》：故以民獻十夫，爲天助民也。「十」，毛本誤「卜」。○盧文弨《拾補》：故以民獻十夫，爲天助民也。毛本「十」作「卜」。「卜」當作「十」。

二十九葉十三行疏　我不敢不極盡文王所謀之事。　「極」上八無「不」字。

二十九葉十四行疏　文王教致太平。「教」，單、八、魏、平、永、閩、阮作「謀」，十作「諆」。○物觀《補遺》：文王教致太平。〔宋板〕「教」作「謀」。○盧文弨《拾補》：文王謀致太平。毛本「謀」作「教」。「教」當作「謀」。○阮元《校記甲》：文王教致太平。「教」，宋板、十行、閩本俱作「謀」，是也。

二十九葉十四行疏　勸誘我所友國君。「誘」，永作「友」。「友」，十作「攴」，永作「支」。

二十九葉十五行疏　天意既如此矣。「此」上永無「如」字。

二十九葉十五行疏　謀立其功之處所而終竟之乎。「其」，十作「有」。

二十九葉十七行疏　閟慎至太平。「太」，十作「大」。

二十九葉十八行疏　閟。慎。釋詁文。○浦鏜《正字》：閟，慎，釋詁文。「閟」，爾雅作「毖」。○阮元《校記甲》：閟，慎。釋詁文。孫志祖云：「閟」，爾雅作「毖」。阮元《校記乙》同。

二十九葉十八行疏　慎惜又勞來勸勉之。「又」，單作「人」。

三十葉二行疏　釋詁云。棐。輔也。忱。誠也。○浦鏜《正字》：釋詁云：棐，輔也。忱，誠也。「輔」，爾雅作「俌」，音甫。注：猶輔也。「忱」作「諶」。

三十葉三行疏　亦者。亦民之義也。「民」，單、八、魏、平、十、毛作「同」。○浦鏜《正字》：亦者，亦民之義也。「民」，毛本誤「同」。○盧文弨《拾補》：亦者，亦同之義也。毛本作「亦同」，二字不誤，改「亦民」，非。○阮元《校記甲》：亦同之義也。「同」，十行、閩、監俱作「民」，是也。盧文弨云：毛作「同」，是。上言國家，此方説民，不應言「亦民」。按：國家如此，民亦如此，故曰「亦民之義」。○阮元《校記乙》：亦民之義也。閩本、明監本「同」作「民」，是也。盧文弨云：毛作「同」，是。上言國家，此方説民，不應言「亦民」。按：國家如此，民亦如此，故曰「亦民之義」。

三十葉三行疏　君民共爲一體。「民」，永作「臣」。

三十葉五行疏　大意惟言當終文王之業。「大」，十、永、閩、阮作「天」。

三十葉七行注　我所言國家之難備矣。○阮元《校記甲》：我所言國家之難備矣。「難」，纂傳作「艱」。

三十葉八行釋文　日人實反。難。乃旦反。下爲難同。「日」下平有「思上」二字。「難，乃旦反」上魏、平、庫有「之」字。「人實反」下王無「難，乃旦反。下爲難同」八字。

三十葉九行經　矧肯構。「構」，岳作「搆」。○阮元《校記甲》：矧肯構。疏云：定本云：矧弗肯構。矧弗肯穫。皆有「弗」字。撿孔傳所解，「弗」爲衍字。按：矧，況也。況，益也。「矧弗肯構，矧弗肯穫」，猶言益弗肯構，益弗肯穫也。段玉裁云。阮元《校記乙》同。

三十葉九行注　父巳致法。　○山井鼎《考文》：父巳致法。〔古本〕「巳」作「以」。○阮元《校記甲》：父巳致法。「巳」，古本作「以」。下「巳菑」同。

三十葉十行注　況肯構立屋乎。　「構」，岳作「搆」。

三十葉十行注　則難者可知。　○山井鼎《考文》：則難者可知。〔古本〕下有「也」。「又以農喻」下同。

三十葉十行釋文　厎。之視反。　「視」，王、纂、平、十、永、閩、殿、阮作「履」，魏作「履」。○山井鼎《考文》：厎，之視反。〔經典釋文〕「視」作「履」。○阮元《校記甲》：厎，之履反。「履」，毛本作「視」。

三十葉十一行經　厥子乃弗肯播。　○山井鼎《考文》：乃弗肯播。〔古本〕「弗」作「不」。「敢弗于從」同。

三十葉十二行注　其父巳菑耕其田。　○山井鼎《考文》：其父巳菑耕其田。〔古本〕「巳」作「以」。

三十葉十二行注　子乃不肯播種。　「子」上八、李、王、纂、平、岳、十、永、阮有「其」字。○山井鼎《考文》：子不肯播種。「子」上〔古本〕、宋板有「其」字。○岳本《考證》：其子乃不肯播種。諸本「子」字上並無「其」字。○盧文弨《拾補》：其子乃不肎播種。毛本脱「其」

字。○阮元《校記甲》：子乃不肯播種。「子」上古、岳、宋板、十行、纂傳俱有「其」字。

三十葉十二行注　況肯收穫之乎。「穫」下八、李、王、纂、平、岳、十、永、阮無「之」字。○物觀《補遺》：收穫之乎。〔古本〕下有「也」字，無「之」字。宋板但無「之」字。○盧文弨《拾補》：況肎播種收穫乎。毛本「穫」下有「之」字，衍。古本及宋本、元本皆無。○阮元《校記甲》：況肯收穫之乎。古、岳、宋板、十行、纂傳俱無「之」字，與疏合。

三十葉十五行注　今不征。是棄之。「征」，十、永、阮作「正」。○山井鼎《考文》：是棄之。〔古本〕「之」作「也」。○阮元《校記甲》：今不征，是棄之。「征」，十行本作「正」。閩本初亦作「正」，後加「彳」。「之」，古本作「也」。○阮元《校記乙》：今不正，是棄之。閩本「正」初亦作「正」，後加「彳」，毛本因改作「征」。

三十葉十六行經　肆予曷敢不越卬敉寧王大命。「卬」，平作「卬」。○《定本校記》：肆予曷敢不越卬敉寧王大命。「王」，内野本、神宮本作「人」，清原宣賢手鈔本引家本亦然。

三十葉十六行注　猶惡棄基。「惡」，平作「悪」。

三十葉十七行注　故我何敢不於今日撫循文王大命以征逆乎。「日」，阮作「白」。「文」，李作「女」。○張鈞衡《校記》：我〔何〕敢不於今日。阮本「日」作「白」，誤。

三十葉十七行釋文　惡。烏路反。「惡」上平有「猶」字。

三十葉十八行經　乃有友伐厥子。　「友」，王作「犮」。

三十一葉一行注　乃有朋友來伐其子。　「友」，魏作「犮」。

三十一葉一行注　民養其勸不救者。　「勸」下八、李、王、纂、岳有「心」字。○山井鼎《考文》：民養其勸不救者。〔古本〕「勸」下有「心」字，宋板同。○盧文弨《拾補》：民養其勸心不救者。毛本脱「心」字。○阮元《校記甲》：民養其勸不救者。「勸」下古、岳、宋板俱有「心」字。阮元《校記乙》同。○《定本校記》：民養其勸心不救者。内野本、神宮本無「者」字，清原宣賢手鈔本引家本亦無。

三十一葉一行注　以子惡故。　「惡」，平作「悪」。○山井鼎《考文》：以子惡故。〔古本〕下有「也」。下注「言其故」下同。○浦鏜《正字》：以子惡故。「子」，監本誤「于」。○盧文弨《拾補》：以子惡故也。毛本脱「也」字。○阮元《校記甲》：以子惡故。「子」，監本誤作「于」。

三十一葉一行注　以此四國將誅而無救者。罪大故。　○浦鏜《正字》：以此四國將誅而無救者，罪大故。「此」當「比」字誤。○盧文弨《拾補》：以比四國將誅而無救者，罪大故。毛本「比」作「此」，浦改。「此」當作「比」。○阮元《校記甲》：以此四國將誅而無救者。浦鏜云：「此」當「比」字誤。阮元《校記乙》同。○《定本校記》：以比四國將誅而無救者。内野本、神宫本、足利本如此，清原宣賢手鈔本引家本亦然。注疏本「比」作「此」，非。

三十一葉四行疏　若父作室。　「父」，平作「夫」。

三十一葉四行疏　營建基趾。　「建」，平作「𨳝」。「趾」，單、八、魏、十、毛、殿、庫作「址」。

三十一葉四行疏　況肯構架成之乎。　「構」，單作「搆」。

三十一葉七行疏　猶惡棄其基業。　「惡」，平作「悪」。

三十一葉七行疏　今日撫循安人之文王大命以征討叛逆乎。　「日」，平作「口」。

三十一葉九行疏　以子惡故也。　「惡」，平作「悪」。

三十一葉九行疏　以君惡故也。　「惡」，平作「悪」。

三十一葉十行疏　顧氏以上不印自恤。　「恤」，阮作「孔」。

三十一葉十行疏　觀孔意亦以不印爲惟義也。　「觀」，平作「故」。「以不」，毛作「不以」。「印」，平作「卬」。「惟」，平作「㑊」。○阮元《校記甲》：亦不以印爲惟義也。「不以」二字十行、閩、監俱誤倒。○阮元《校記乙》：亦以不印爲惟義也。閩本、明監本同。毛本「以不」二字倒。○《定本校記》：觀孔意亦以不印爲惟義也。「以不」二字毛本倒，似是。

三十一葉十一行疏　㊄又以至穫乎○正義曰。上言作室。　「上言」上，「㊄又以至穫乎○正義曰」，殿、庫作「傳正義曰：又以農喻也者」。

三十一葉十一行疏　此言治田。　「田」，魏作「由」。

三十一葉十一行疏　既厎法。　「厎」，十作「底」。

三十一葉十三行疏　檢孔傳所解。　「檢」，平作「撿」，閩作「撿」。

三十一葉十三行疏　傳其父至棄之○正義曰。治田作室。　「治田」上「傳其父至棄之○正義曰」，殿、庫作「經言厥考翼，其肯曰，予有後，弗棄基者」。

三十一葉十五行疏　傳若兄至大故○正義曰。此經大意。　「此經」上「傳若兄至大故○正義曰」，殿、庫作「經言若兄考者」。

三十一葉十六行疏　民爲父兄爲家長者也。　「民」下「爲」字，單、八、魏、平、十、永、阮作「謂」。○山井鼎《考文》：民爲父兄爲家長者也。〔宋板〕上「爲」作「謂」。○浦鏜《正字》：民爲父兄爲家長者也。上「爲」字當「謂」字誤。○盧文弨《拾補》：民謂父兄爲家長者也。毛本「謂」作「爲」。「爲」當作「謂」。○阮元《校記甲》：民爲父兄爲家長者也。上「爲」，宋板、十行俱作「謂」。按：「謂」字不誤。

三十一葉十七行經　王曰。嗚呼。肆哉，爾庶邦君。越爾御事。　○山井鼎《考文》：王曰：嗚呼，肆哉爾庶邦君，越爾御事。〔古本〕作「王曰：嗚呼，肆告我爾庶邦冢君，越爾御事」。謹按〔古本〕無「哉」字，多「告」字、「我」字、「冢」字。○盧文弨《拾補》：肆哉爾庶邦君。古本作「肆告我爾庶邦冢君」。○阮元《校記甲》：王曰：嗚呼，肆哉爾庶邦君。古本作「王曰：嗚呼，肆告我爾庶邦冢君。」按：「哉」字與漢書翟方進傳合。古本分爲「告我」二字，殆非也。阮元《校記乙》同。○《定本校記》：王曰：嗚呼，肆哉爾庶邦君，越爾御事。「肆」下内野本、神宮本、足利本有「告」字，清原宣賢手鈔本引家本亦有。「君」上足利本有「冢」字，内野本、神宮本云：或本有。〔「越」下〕内野本、神宮本無「爾」字。

三十一葉十七行注　歎今伐四國必克之。「今」，永作「命」。

三十一葉十八行注　故以告諸侯及臣下御治事者。「故」，永作「故」。○《定本校記》：以告諸侯及臣下御治事者。内野本、神宮本無「御」字，清原宣賢手鈔本引家本亦無。

三十一葉十八行經　爽邦由哲。「由」，永作「田」。○山井鼎《考文》：爽邦由哲。〔古本〕「由」作「用」。○盧文弨《拾補》：爽邦由哲。古本「由」作「用」。○阮元《校記甲》：爽邦由哲。「由」，古本作「用」。阮元《校記乙》同。

三十二葉一行注　言其故。○盧文弨《拾補》：言其故。古本「故」下有「也」字。

三十二葉二行注　謂人獻十夫來佐周。　「佐」，十作「佑」。○山井鼎《考文》：十夫來佐周。〔古本〕下有「者也」二字。○盧文弨《拾補》：謂人獻十夫來佐周。古本「周」下有「者也」二字。○阮元《校記甲》：來佐周。古本下有「者也」二字。○《定本校記》：謂人獻十夫來佐周。「人」，内野本、神宫本作「民」。

三十二葉三行經　罔敢易法。　「易」，石作「埸」。

三十二葉四行注　使四國叛乎。　○山井鼎《考文》：使四國叛乎。〔古本〕下有「也」。

三十二葉七行注　汝天下亦不知天命之不易也。　○《定本校記》：汝天下亦不知天命之不易。「易」下各本有「也」字，與疏標題不合，今删。

三十二葉七行釋文　易。以豉反。　「易，以豉反」，王作「難，乃旦反」。「易」上平有「不」字。「豉」，纂、魏、十、庫作「鼓」。

三十二葉八行疏　王曰嗚至不易。　「嗚」下八、平有「呼」字。○《定本校記》：王曰嗚至不易。「嗚」下〔足利〕八行本有「呼」字。今從單疏。

三十二葉九行疏　所以知必克者。　○阮元《校記甲》：所以知必克者。按：「者」字疑「之」字之誤。宜連下「故」字爲句。阮元《校記乙》同。○《定本校記》：所以知必克者故。此句疑有譌。阮氏云：「者」字疑「之」字之誤。

三十二葉九行疏　**故有明國事用智道者。**「國」，毛作「德」。○物觀《補遺》：故有明德事。〔宋板〕「德」作「國」。○浦鏜《正字》：故有明國事云云。「國」，毛本誤「德」。○盧文弨《拾補》：故有明國事用智道者。毛本「國」作「德」。「德」當作「國」。○阮元《校記甲》：故有明德事用智道者。「德」，宋板、十行、閩、監俱作「國」。

三十二葉九行疏　**謂民獻十夫。**「謂」，永作「謂」。

三十二葉十行疏　**來佐周家。**「佐」，十作「佑」。

三十二葉十二行疏　**自欲拔本塞源。**「源」，魏作「原」。

三十二葉十二行疏　**若不早誅之。**「若」，十、永、阮作「君」。「早」，閩作「旦」。○阮元《校記甲》：若不早誅之。「若」，十行本誤作「君」。○阮元《校記乙》：君不早誅之。毛本「君」作「若」。案：所改是也。

三十二葉十三行疏　**㊀傳言其至佐周○正義曰。此其必克之故也。**「此其」上「㊀傳言其至佐周○正義曰」，殿、庫作「傳正義曰言其故者」。

三十二葉十三行疏　**言其至佐周。**「佐」，十作「佑」。

三十二葉十三行疏　**此其必克之故也。**「此」下殿、庫有「言」字。○盧文弨《拾補》：此言其必克之故也。毛本脱「言」字，官本補。

三十二葉十四行疏　謂上文民獻十夫來佐周家者。「佐」，十作「佑」。

三十二葉十四行疏　賢人既來。「賢」下永無「人」字。

三十二葉十四行疏　是必克之効也。○浦鏜《正字》：是必克之効也。「効」當作「效」。

三十二葉十五行疏　王肅云我未伐而知民弗救者。「未」，十作「来」。

三十二葉十七行疏　㊄惟大至易也○正義曰。以下句言相伐於其室家。「以下」上「㊄惟大至易也○正義曰」，殿、庫作「惟大爲難之人謂三叔者」。

三十二葉十七行疏　惟大至易也。「易也」，單、八、魏、平、十、永、閩、阮作「不易」。○盧文弨《拾補》：惟大至不易。毛本「不易」作「易也」，誤。○阮元《校記甲》：傳惟大至易也。「易也」，十行、閩本俱作「不易」。按：各本傳末俱有「也」字。

三十三葉一行疏　王肅云惟大爲難之人。「大」，平作「天」。

三十三葉四行注　稼穡之夫。除草養苗。○山井鼎《考文》：除草養苗。〔古本〕下有「者也」二字。○盧文弨《拾補》：稼穡之夫，除草養苗。古本「苗」下有「者也」二字。○阮元《校記甲》：除草養苗。古本下有「者也」二字。○《定本校記》：除草養苗。「苗」下雲窗叢刻本、内野本、神宫本、足利本有「者」字，清原宣賢手鈔本引家本亦有。

三十三葉四行注　我長念天亡殷惡主。　「主」，纂作「王」。

三十三葉五行注　言當滅殷。　「滅」，李作「㓕」。○山井鼎《考文》：言當滅殷。〔古本〕下有「之也」二字。○阮元《校記甲》：言當滅殷。古本下有「之也」二字。

三十三葉七行注　言必從也。　○山井鼎《考文》：言必從也。〔古本〕「也」上有「之」字。○阮元《校記甲》：言必從也。古本「也」上有「之」字。○《定本校記》：言必從。「從」下内野本、神宫本、足利本有「之也」二字，雲窗叢刻本、注疏本有「也」字，俱與疏標題不合，今删。

三十三葉九行注　言不可不從。　○山井鼎《考文》：言不可不從。〔古本〕下有「也」字。「不可不勉」下同。

三十三葉十行注　以卜吉之故。　「吉」，永作「言」。

三十三葉十二行注　不可不勉。　「勉」下王、纂、魏、平、殿、庫有釋文「僭，子念反」四字。○山井鼎《考文》：補脱僭，子念反〔據經典釋文〕。謹按當在經文「天命不僭」下。

三十三葉十三行疏　天惟喪亡殷國者。　「國」下殿、庫無「者」字。

三十三葉十五行疏 **我循彼寧人所有旨意以安疆土。** 「旨」，殿、庫作「指」。

三十三葉十六行疏 **天命必不僭差。** 「僭」，十作「倦」。

三十三葉十六行疏 **天亦至從也。** 「從也」，單、八、魏、十、永、閩、阮作「必從」。○盧文弨《拾補》：天亦至從也。元本「從也」作「必從」。案：標句不帶語辭者多。○阮元《校記甲》：傳天亦至從也。「從也」，十行、閩本俱作「必從」。按：各本傳末俱有「也」字。

三十三葉十八行疏 **循文至不從。** 「文」下八有「王」字。○《定本校記》：傳循文至不從。「文」下〔足利〕八行本有「王」字，今從單疏。

三十三葉十八行疏 **文王之旨意。** 「旨」，殿、庫作「指」。

三十三葉十八行疏 **欲令天下疆土皆得其宜。** 「令」，阮作「今」。

三十四葉一行疏 **我直循彼文王所有旨意伐叛。** 「旨」，殿、庫作「指」。

三十四葉一行疏 **不必須卜筮也。** 「必」，魏作「卜」。

三十四葉一行疏 **況今卜并吉乎。** 「況」，十作「兄」。

三十四葉二行疏 **有旨意盡天下疆土使皆得其所。** 「旨」，庫作「指」。

三十四葉四行疏 **不可不勉力也。** 「力」，平作「刀」。

微子之命第十

三十四葉五行經　微子之命第十　李缺微子之命全篇。「十」下十有「三」字。○阮元《校記甲》：微子之命第十。「十」下十行本誤衍「三」字。○阮元《校記乙》：微子之命第十三。案：「三」字誤衍。

三十四葉七行經　成王既黜殷命。殺武庚。　○物觀《補遺》：殺武庚。〔古本〕「庚」作「康」。○阮元《校記甲》：成王既黜殷命，殺武庚。「庚」，古本作「康」，非也。阮元《校記乙》同。

三十四葉七行經　命微子啓代殷後。　「代」，永作「伐」。

三十四葉八行注　爲湯後。　○山井鼎《考文》：爲湯後。〔古本〕下有「也」字。「本而稱之」下、「言今法之」下、「並通三統」下、「長世無竟」下、「澤流後世」下、「謂天命」下並同。

三十四葉九行疏　乃命微子啓代武庚爲殷後。　○浦鏜《正字》：乃命微子啓代武庚爲殷後。「代」，監本誤「伐」。○阮元《校記甲》：代武庚爲殷後。「代」，監本誤作「伐」。

三十四葉十一行疏　微子作誥。　「誥」，單、八、魏、平、十、永、閩、阮作「告」。○盧文弨《拾補》：微子作誥。元本「誥」作「告」。○阮元《校記甲》：微子作誥。「誥」，十行、閩本俱誤作「告」。○阮元《校記乙》：微子作告。閩本同。毛本「告」作「誥」，是也。○《定本校記》：微子作告。「告」，監本改作「誥」。

三十四葉十二行疏　故言其奔周耳。「耳」，平作「且」。

三十四葉十二行疏　許僖公見楚子。「僖」，十作「周」。

三十四葉十二行疏　面縛銜璧。「縛」，十作「縳」。「銜」，八作「御」，魏、十、永、閩作「銜」。

三十四葉十二行疏　士輿櫬。「櫬」，魏、十作「襯」，平作「儭」。

三十四葉十三行疏　楚子問諸逢伯。「逢」，單、八、魏、平、閩、毛、殿、庫作「逄」。「伯」，平作「伯」。

三十四葉十三行疏　昔武王克殷。「王」，十作「主」。

三十四葉十四行疏　肉袒面縛。「袒」，魏、十、永作「袒」，平作「祖」。「縛」，毛作「縳」。○浦鏜《正字》：肉袒面縛。「縛」，毛本誤從專。○盧文弨《拾補》：肉袒面縛。毛本「縛」從專，誤。

三十四葉十四行疏　左牽羊。「羊」，十作「牛」。

三十四葉十四行疏　右抱茅。　「右」，永作「石」。「抱」，單、八、魏、平、毛、殿、庫作「把」。○阮元《校記甲》：右把茅。「把」，十行、閩、監俱作「抱」。下「右把茅也」仍作「把」。按：史記元文作「把」。○阮元《校記乙》：右抱茅。閩本、明監本同。毛本「抱」作「把」。案：下「右把茅也」仍作「把」。史記元文作「把」。

三十四葉十五行疏　縛手於後。　「手」，永作「于」。「後」，十作「復」，永作「復」，阮作「復」。○阮元《校記甲》：縛手於後。「後」，十行本誤作「復」。○阮元《校記乙》：縛手於復。岳（毛）本「復」作「後」。「復」字誤也。

三十四葉十五行疏　故口銜其璧。　「口」，平作「曰」。「銜」，魏、永、閩作「銜」，十作「御」。

三十四葉十六行疏　又安得左牽羊。　「羊」，十作「牛」。

三十四葉十六行疏　右把茅也。　「把」，十作「抱」。

三十四葉十六行疏　樂記云武王克殷。　「王」下八有一字空白。

三十五葉二行注　稱其本爵以名篇。　「本」，岳作「木」。○物觀《補遺》：稱其本爵以名篇。〔古本〕下有「也」字。

三十五葉二行疏　令寫命書之辭以爲此篇。　「令」，平作「今」。

三十五葉四行經　殷王元子。　「元」，永作「旡」。

三十五葉六行注　言今法之。　「今」，永作「令」。

三十五葉六行經　修其禮物。　「修」，十作「脩」。

三十五葉六行注　言二王之後。　○《定本校記》：言二王之後。雲窗叢刻本、内野本、神宮本無「之」字。

三十五葉六行注　各修其典禮。正朔服色。　「修」，十作「脩」。「服」，毛作「物」。○物觀《補遺》：正朔物色。〔古本〕「物」作「服」，宋板同。○浦鏜《正字》：各修其典禮，正朔服色。「服」，毛本誤作「物」。○盧文弨《拾補》：各修其典禮，正朔服色。毛本「服」作「物」。「物」當作「服」。○阮元《校記甲》：正朔物色。「物」，古、岳、葛本、宋板、十行、閩、監、纂傳俱作「服」。按：「物」字與疏不合。○阮元《校記乙》：正朔服色。毛本「服」誤「物」，與疏不合。各本皆不誤。

三十五葉七行釋文　正音政。　「正」下平有「朔上」二字。「政」，魏作「征」。

三十五葉八行經　永世無窮。　○山井鼎《考文》：永世無窮。〔古本〕「無」作「亡」。下文皆同。

三十五葉八行注　爲時王賔客。「賔」，岳作「賓」。

三十五葉八行注　與時皆美。○阮元《校記甲》：與時皆美。「皆」，纂傳作「偕」。阮元《校記乙》同。

三十五葉九行注　言汝祖成湯。「湯」，十作「湯」。

三十五葉十行注　能齊德聖達。「齊」，永作「濟」。

三十五葉十二行注　放桀邪淫蕩之德。「淫蕩」，八、纂、平、岳作「虐湯」。「德」下岳有「也」字。○山井鼎《考文》：放桀邪淫蕩之德。〔古本〕作「放桀邪虐湯之德也」。宋板同，但無「也」字。○岳本《考證》：放桀邪虐湯之德也。邪虐。殿本、監本並作「淫虐」。案：傳釋經不當改「邪」作「淫」。又諸本「湯之德」下無「也」字，辭義似未足。○盧文弨《拾補》：放桀邪虐湯之德。毛本「虐」作「淫」。「淫」當作「虐」。毛本「湯」作「蕩」。「蕩」當作「湯」。○阮元《校記甲》：放桀邪淫蕩之德。古本、岳本俱作「放桀邪虐湯之德也」。宋板無「也」字，餘與古、岳同。岳本考證云：傳釋經不當改「邪」作「淫」。又諸本「湯之德」下無「也」字，辭義似未足。阮元《校記乙》同。

三十五葉十三行經　德垂後裔。「裔」下平有釋文「裔，以制反」四字。○山井鼎《考文》：[補脱]裔，以制反〔據經典釋文〕。[謹按]當在經文「德垂後裔」下。

三十五葉十三行注　言湯立功加流當時。　「流」，八、王、纂、魏、平、岳、毛、殿、庫作「於」。○阮元《校記甲》：言湯立功加於當時。「於」，葛本、十行、閩、監、纂傳俱誤作「流」。○阮元《校記乙》：言湯立功加流當時。葛本、閩本、明監本、纂傳同。案：「流」當作「於」。毛本不誤。

三十五葉十四行注　裔。末也。　「也」下王、纂、魏、殿、庫有釋文「裔，以制反」四字。○山井鼎《考文》：後世。裔，末也。〔古本〕「也」上有「之」字。○阮元《校記甲》：裔，末也。「也」上古本有「之」字。

三十五葉十四行注　汝微子。　○山井鼎《考文》：「汝微子」下、「昭聞遠近」下、「厚不可忘」下，〔古本〕共有「也」字。下註「京師東」下、「周室戒之」下並同。

三十五葉十四行注　言能踐湯德。　○阮元《校記甲》：言能踐湯德。纂傳無「言」字。按：傳上云「汝微子」，謂經所謂汝者，指微子也。此五字自爲一句。纂傳與上三字連讀，故删去「言」字耳。阮元《校記乙》同。

三十五葉十五行注　昭聞遠近。　「聞」，八作「間」。

三十五葉十五行釋文　令聞。如字。　「聞」上王、魏、殿、庫無「令」字。

三十五葉十六行經　予嘉乃德。「予」，十作「子」。

三十五葉十六行經　曰篤不忘。○阮元《校記甲》：曰篤不忘。陸氏曰：「篤」，本又作「竺」。阮元《校記乙》同。

三十五葉十七行釋文　篤。本又作竺。「竺」，魏、十作「竺」。

三十五葉十七行疏　「王若曰猷殷王元子○正義曰」至「如大誥言以道誥之」。「王若曰猷殷王元子○正義曰」至「如大誥言以道誥之」疏文，定本在注文「故順道本而稱之」下。○《定本校記》：王若曰。此節疏（足利）八行本在「曰篤不忘」下，今移。

三十六葉一行疏　「微子至稱之○正義曰」至「易曰元者善之長也」。「微子至稱之○正義曰」至「易曰元者善之長也」，定本在「王曰猷殷王元子」節疏文下。○《定本校記》：言二王之後。此節疏（足利）八行本在後文「曰篤不忘」下，今移。

三十六葉三行疏　故順道本而稱之。「而」上魏無「本」字。

三十六葉三行疏　釋詁云。元。首。始也。○浦鏜《正字》：釋詁云：元，首，始也。「首」，衍字。○盧文弨《拾補》：釋詁云：元，始也。毛本「元」下有「首」字，衍。

三十六葉四行疏　言二王至三統。「二」下單、八、平、十、永、阮無「王」字。○阮元《校記甲》：傳言二王至三統。十行本無「王」字。

三十六葉六行疏　土有三王。　「土」，十作「士」。○浦鏜《正字》：天有三統，土有三王。「土」，監本誤「上」。

三十六葉六行疏　杞之郊也。　「杞」，單、魏作「祀」。

三十六葉六行疏　是二王後爲郊祭天。　「爲」，單、八、魏、平、毛作「得」。○浦鏜《正字》：是二王後得郊祭天。「得」，監本誤「爲」。○阮元《校記甲》：是二王後得郊祭天。「得」，十行、閩、監俱作「爲」。按：纂傳作「是二王後皆郊天」。○阮元《校記乙》：是二王後爲郊祭天。閩本、明監本同。毛本「爲」作「得」。按：纂傳作「是二王後皆郊天」。

三十六葉七行疏　命使郊天。　「郊」，永作「效」。

三十六葉八行疏　此命首言稽古。　「此」，十作「比」。

三十六葉九行疏　孔意自夏以上不必改正縱使正朔不改。　「縱」，閩作「縦」。

三十六葉九行疏　正義曰僖十三年左傳。　「三」，單、八、魏、平、永、殿、庫、阮作「二」。○山井鼎《考文》：僖十三年左傳云。宋板「三」作「二」。謹按是。○浦鏜《正字》：僖十二年左傳云云。「十二」誤「十三」。○盧文弨《拾補》：僖十二年左傳云云。毛本「二」作「三」。「三」當作「二」。○阮元《校記甲》：僖十三年左傳。「三」，宋板、十行俱作「二」，是也。

三十六葉十行疏　**謂督不忘。**「督」，魏作「篤」。

三十六葉十行疏　**杜預以督爲正。可謂正而不可忘也。**「預」，十作「須」。「可」，薈作「故」。

○浦鏜《正字》：杜預以督爲正，可謂正而不可忘也。「可謂」疑「亦謂」誤。

三十六葉十一行經　**下民祇協。**「祇」，殿、庫作「衹」。

三十六葉十二行注　**施令則人敬和。**○《定本校記》：施令則人敬和。「人」，雲窗叢刻本、内野本、神宫本作「民」。

三十六葉十四行經　**以蕃王室。**○阮元《校記甲》：以蕃王室。陸氏曰：「蕃」，本亦作「藩」。阮元《校記乙》同。

三十六葉十五行注　**往臨人布汝教訓。**○《定本校記》：往臨人布汝教訓。「人」，雲窗叢刻本、内野本、神宫本作「民」，清原宣賢手鈔本引家本亦然。

三十六葉十六行注　**以蕃屏周室。戒之。**「之」下王、纂、魏、平、毛、殿、庫有釋文「蕃，方元反，本亦作藩」八字。○浦鏜《正字》：蕃，方元切，本亦作籓。八字監本脱。

三十六葉十八行經　**毗予一人。**「予」，十作「子」。

三十七葉一行注　**以法度齊汝所有之人。**○山井鼎《考文》：齊汝所有之人。〔古本〕「人」作「民」。○盧文弨《拾補》：以法度齊汝所有之人，則長安其位以輔我一人。古本上「人」

字作「民」。○阮元《校記甲》：以法度齊汝所有之人。「人」，古本作「民」。○《定本校記》：以法度齊汝所有之人。「人」，内野本、神宫本、足利本作「民」，清原宣賢手鈔本引家本亦然。

三十七葉二行注　以輔我一人。　○山井鼎《考文》：以輔我一人。〔古本〕「輔」下有「成」字。○盧文弨《拾補》：以輔我一人。古本「輔」下有「成」字。○阮元《校記甲》：以輔我一人。「輔」下古本有「成」字。阮元《校記乙》同。○《定本校記》：以輔我一人。「輔」下内野本、神宫本、足利本有「成」字，清原宣賢手鈔本引家本亦有。

三十七葉二行注　言上下同榮慶。　○山井鼎《考文》：言上下同榮慶。〔古本〕下有「之也」二字。「好汝無厭」下同。○阮元《校記甲》：言上下同榮慶。古本下有「之也」二字。「無厭」下同。

三十七葉二行釋文　毗。房脂反。　「毗，房脂反」，十作孔傳。

三十七葉三行注　言微子累世享德。　「微」，十作「徵」。

三十七葉四行注　汝世世享德。　○《定本校記》：汝世世享德。内野本、神宫本作「汝世厚德」。清原宣賢手鈔本引家本作「汝世世厚德」。

三十七葉四行注　則使我有周好汝無厭。　○《定本校記》：則使我有周好汝無厭。內野本、神宮本無「我」字。

三十七葉五行釋文　厭。於豔反。　○阮元《校記甲》：「猒」，十行本、毛本俱作「厭」。

三十七葉六行注　言當惟爲美政。　「當」，平作「常」。

三十七葉七行注　無廢我命。　○山井鼎《考文》：無廢我命。〔古本〕下有「也」字。下註「成王母弟」下、「合爲一穗」下、「後封晉」下、「善則稱君」下並同。

三十七葉九行注　而合爲一穗。　○阮元《校記甲》：而合爲一穗。陸氏曰：「穗」，本亦作「穟」。

三十七葉十行釋文　穗。似醉反。本亦作遂。　「遂」，魏作「㒸」，殿、庫作「穟」。○山井鼎《考文》：穗。似醉反。本亦作遂。經典釋文「遂」作「穟」。○浦鏜《正字》：穗，本亦作穟。「穟」誤「遂」。○阮元《校記甲》：穗，本亦作穟。「穟」，十行本、毛本俱作「遂」，非也。

三十七葉十行注　拔而貢之。　○物觀《補遺》：拔而貢之。〔古本〕下有「也」字。

三十七葉十一行注　周公之德所致。　○《定本校記》：周公之德所致。內野本、神宮本無「之」字。

三十七葉十三行疏　成王母弟唐叔。　「母」，十作「毋」。

三十七葉十四行疏　拔而貢於。天子以爲周公德所感致。　「於」，殿、庫作「之」。「德」，十作「得」。○盧文弨《拾補》：拔而貢於天子。今本「於」作「之」。

三十七葉十五行疏　唐叔至一穗。　「穗」，十、永、閩、阮作「德」。○阮元《校記甲》：傳唐叔至一穗。「穗」，十行、閩本俱誤作「德」。○阮元《校記乙》：傳唐叔至一德。案：「德」當作「穗」。

三十七葉十六行疏　穎垂。言穗重而垂。　○浦鏜《正字》：穎，垂穎也，言穗重而穎垂。脱「穎也」及「而穎」之「穎」三字。○盧文弨《拾補》：穎，垂穎也，言穗重而穎垂。毛本脱「穎也」二字，脱「而」下「穎」字，俱浦補。

三十七葉十七行疏　禾各生一壟而合爲一穗。　「生」，永作「主」。

三十七葉十八行疏　長幾充箱。　「幾」，永作「機」。

三十八葉一行疏　異畝同穎。　「畝」，十作「類」。

三十八葉二行疏　不知在啓金縢之先後也。　「縢」，永作「滕」。

三十八葉二行疏　王啓金縢。　「王」，十作「三」。

三十八葉三行疏　喜得東土和平而有此應。　「土」，閩作「士」。

三十八葉五行疏　稱成王滅唐而封太叔焉。　「太」，單、八、魏、平作「大」。

三十八葉五行疏　所滅之唐。　「滅」，十作「烕」。

三十八葉七行注　遂陳成王歸禾之命。　「禾」，永作「君」。

三十八葉七行注　善則稱君。　「君」，永作「以」。

三十八葉八行注　故周公作書以善禾名篇告天下。亡。　「善」，王、纂、岳作「嘉」。「亡」，十作「士」。○山井鼎《考文》：告天下亡。〔古本〕作「布告天下亡也」。○物觀《補遺》：以善禾名篇。宋板「善」作「嘉」。○盧文弨《拾補》：故周公作書，以嘉禾名篇，告天下。毛本「嘉」作「善」。「善」當作「嘉」。古本「篇」下有「布」字，「下」下有「也」字。○阮元《校記甲》：以善禾名篇。「善」，岳本、宋板、纂傳俱作「嘉」。又：告天下亡。古本作「布告天下亡也」。阮元《校記乙》同。○《定本校記》：告天下。「告」上内野本、神宮本、足利本有「布」字，清原宣賢手鈔本引家本亦有。

三十八葉十一行疏　又推美成王。　「王」，十作「玊」。

三十八葉十一行疏　是善則稱君之義也。　「稱」，十作「称」。

三十八葉十二行疏　言此禾之善。「禾」，十作「木」。

三十八葉十二行疏　故以善禾名篇。〇盧文弨《拾補》：故以善禾名篇。「善」當作「嘉」。下同。

三十八葉十三行疏　此以善禾爲書之篇名。「禾」，十作「未」。

三十八葉十四行疏　蓋先封微子。「微」，十作「撇」。

尚書註疏卷第十四　漢孔氏傳　唐孔穎達疏

皇明朝列大夫國子監祭酒臣田一儁

奉訓大夫司經局洗馬管司業事臣盛訥等奉

勑重校刊

康誥第十一

周書

成王既伐管叔蔡叔。傳滅三監。以殷餘民封康叔。傳以三監之民國康叔爲衛侯。周公懲其數叛。故使賢母弟主之。○數叛。上所角反。下亦作畔。作康誥。酒誥。梓材。

康誥

傳 命康叔之誥。康，圻內國名。叔，封字。○梓音子。圻具依反。

疏 成王至康誥。○正義曰：既伐叛人三監之管叔蔡叔等，以殷餘民國康叔爲衛侯。周公以王命戒之，作康誥、酒誥、梓材三篇之書也。其酒誥、梓材，亦戒康叔，但因事而分之。然康誥戒以德刑，又以化紂嗜酒，故次以酒誥。卒若梓人之治材爲器，爲善政以結之。○傳以三至主之。○正義曰：此序亦與上相顧爲首引。初言三監叛，又言黜殷命，此云既伐管叔蔡叔，言以殷餘民，圻內之餘民，故云以三監之民，國康叔爲衛侯。然古字邦、封同，故漢有上邦、下邦縣，邦字如封字。此亦云邦康叔，若分器序云邦諸侯，故云國康叔。并以三監之地封之者，周公懲其數叛，故使賢母弟主之。此始一叛而云數叛者，以六州之衆悉求歸周，殷之頑民叛逆天命，至今又叛，據周言之，故云數叛。故多方云「爾乃不大宅天命，爾乃屑播天命」，以不從天命，故云叛也。

古者大國不過百里。周禮上公五百。侯四百里。孟軻有所不信。費誓注云。伯禽率七百里之内附庸諸侯。則魯猶非七百里之封。而康叔封千里者。康叔時爲方伯。殷之圻内諸侯並屬之。故得揔言三監。且其實地不方平。計亦不能大於魯也。故左傳云。宋衛吾匹也。又曰。寡君未嘗後衛君。且言千里。亦大率言之耳。何者。邢在襄國。河内即東圻之限。故以賜諸侯。西山即有黎潞河濟之西。以曹地約有千里也。以此鄭云。初封於衛。至子孫而幷邶鄘也。其地理志邶鄘之民。皆遷分衛民於邶鄘。故異國而同風。所以詩分爲三。孔與同否未明也。既三年滅三監。七年始封康叔。則於其間更遣人鎮守。自不知名號耳。

○傳命康叔至封字○正義曰。以定四年左傳祝佗云。命以康誥。故以爲命康叔之誥。知康圻内國名者。以管蔡郕霍皆國名。則康亦國名而在圻内。馬王亦然。惟鄭玄以康爲謚號。以史記世家云。生康伯故也。則孔以康伯爲號謚。而康叔之康猶爲國。而號謚不見耳。

惟三月哉生魄。傳周公攝政七年三月。始生魄。月十六日。明消而魄生。○魄字又作覇。普白反。馬云覇。朏也。謂月三日始生兆朏。名曰魄。周公初基作新大邑于東國洛。四方民大和會。傳初造基建作王城大都邑於東國洛汭。居天下土中。四方之民。大和悅而集會。○汭如銳反。侯甸男邦采衛百工播民和見士于周。傳此五服諸侯。服五百里。侯服去王城千里。甸服千五百里。男服去王城二千里。采服二千五百里。衛服三千里。與禹貢異制。五服之百官播率其民和悅。並見卽事於周。**周公咸勤。乃洪大誥治。**

傳 周公皆勞勉五服之人。遂乃因大封命大誥以治道。○陸云乃洪治同。一本作周公乃洪大誥治。勞。力報反。

疏 惟三至誥治○正義曰。言惟以周公攝政七年之三月。始明死而生魄。月十六日巳未。於時周公初造基址。作新大邑於東國洛水之汭。四方之民。大和悅而集會。言政治也。此所集之民。卽侯甸男采衞五服。百官播率其民和悅。並見卽事於周之東國。而周公皆慰勞勸勉之。乃因大封命以康叔爲衞侯。大誥以治道。○傳周公至魄生○正義曰。知周公攝政七年之三月者。以洛誥卽七年反政而言新邑營及獻卜之事。與召誥參同。俱爲七年。此亦言作新邑。又同召誥。故知七年三月也。若然。書傳云。四年建衞侯而封康叔。五年營成洛邑。七年制禮作樂。明堂位云。昔者周公朝諸侯于明堂之位。卽云頒度量而天下大順。又云六年制禮作樂。是六年已有明堂在洛邑而朝諸侯。言六年已作洛邑而有明堂者。禮記後儒所録。書傳伏生所造。皆孔所不用。始生魄。月十六日戊午。社于新邑之明日。魄與明反。故云明消而魄生。○傳初造至集會○正義曰。所以初基東國洛者。以天下土中故也。其召誥與大司徒文之所出。釋言云。集。會也。以生治民。故民服悅而見太平也。初基者。謂初始營建基址。作此新邑。此史揔序言之。鄭以爲此時未作新邑。而以基爲謀。大不辭矣。○傳此五至於周○正義曰。男下獨有邦。以五服男居其中。故舉中。則五服皆有邦可知。言邦。邦見其國君焉。以大司馬職大行人。故知五服服五百里。禹貢五服通王畿。此在畿外去王城五百里。故每畿計之。至衛服三千里。言與禹貢異制也。通王畿與不通爲異。以此計畿之均。故須土中。若然。黄帝與帝嚳居偃師。餘非土中者。自由當時之宜。實在土中。因得而美善之也。不見要服者。鄭云。以遠於役事而恒闕焉。君行必有臣從。卽卿大夫及士。見亦主其勞。故云。五服之内。百官播率其民和悅。卽事。以土功勞事。民之所苦也。而此和悅。見太平也。而書傳云示之以力役。其民猶至。況導之以禮樂乎。是也。○傳周公至治道○正義曰。太保以戊申至七日庚戌。巳云庶殷攻位於洛汭。則庶殷先與之期于前至也。周公以十二日乙卯朝至于洛。則達觀于新邑營。此日當勉其民。此因命而幷言之。序云。邦康叔。洪。大也。爲大封命大誥康叔以治道也。鄭玄以洪爲代。言周公代成王誥。何故代誥而反誥王呼之曰孟侯。侯爲不辭矣。

王若曰。孟侯。朕其弟。小子封。傳周公稱成王命順康叔之德命爲孟侯。孟。長也。五侯之長謂方伯。使康叔爲之。言王使我命其弟封。封。康叔名。稱小子。明當受教訓。○長。之丈反。下同。

惟乃丕顯考文王克明德愼罰。傳惟汝大明父文王。能顯用俊德。愼去刑罰。以爲教首。○去。羌呂反。下欲去去疾同。

不敢侮鰥寡，庸庸，祗祗，威威，顯民。傳 惠恤窮民，不慢鰥夫寡婦。用可用，敬可敬，刑可刑，明此道以示民。

用肇造我區夏，越我一二邦以修。傳 用此明德慎罰之道，始爲政於我區域諸夏，故於一二邦皆以修治。

我西土惟時怙冒聞于上帝，帝休。傳 我西土岐周惟是怙恃文王之道，故其政教冒被四表，上聞于天，天美其治。○怙音戶。冒，莫報反，覆也。聞如字，徐又音問。

天乃大命文王殪戎殷，誕受厥命。傳 天美文王，乃大命之殺兵殷，大受其王命。謂三分天下有其二以授武王。○殪，於計反。

越厥邦

厥民惟時敘。傳 於其國。於其民惟是次序。皆文王教。

乃寡兄勗肆汝小子封在茲東土。傳 汝寡有之兄武王。勉行文王之道。故汝小子封得在此東土爲諸侯。

○勗。許玉反。

疏 王若至東土○正義曰。言周公稱成王命順康叔之德而言曰。命汝爲孟侯。王又使我教命其弟小子封。其所教命者。惟汝大明德之父文王。能顯用俊德。愼去刑罰。以爲教首。故惠恤窮民。不侮鰥夫寡婦。況貴強乎。其明德用可用敬可敬。其愼罰威可威者。顯此道以示民。用此道。故始爲政於我區域諸夏。由是於我一二諸國皆以修治也。上政既修。我西土惟是怙恃文王之道。故其政教冒被四表。聞于上天。天美其治道。以此上天乃大命文王以誅殺之道。用兵除害于殷。大受其王命。三分天下而有其二也。其所受二分者。於其國。於其民。惟是皆有次序以文王之德故也。汝寡有之兄武王。勉行文王之道。故受命克殷。今汝小子封。故得在此東土爲諸侯。是文王之道。明德慎罰。既用受命。武王無所復加以爲勉。行所以汝必法之。○傳周公至教訓○正義曰。以曰者爲命辭。故曰。周公稱成王命順康叔之德命爲孟侯。孟長也。五侯之長謂方伯。使康叔爲之長者。即州牧也。五侯之長。五等諸侯之長也。而左傳云。五侯九伯。汝實征之。彼謂上公之伯。故征九伯。而此五侯。當州牧之五侯。與彼不同。王制有連屬卒伯也。孔以五侯亦方伯。則四方者皆可爲方伯。而此方伯自是州牧也。康叔以母弟令德受大國封命。固非卒及連屬也。虞夏及周既有牧。又離騷云。伯昌作牧。殷亦有牧伯。四代皆通也。非如鄭玄云。殷之州長曰伯。以稱小子爲幼弱。故明當受教訓。故云使我命其弟。爲親親而使我用戒故也。此指命康叔爲之。而鄭以總告諸侯。依略說以太子十八爲孟侯而呼成王。既禮制無文義理斬曲。豈周公自許天子。以王爲孟侯。皆不可信也。○傳惟汝至教首○正義曰。以近而可法。不過子之法父。故舉文王也。法者不過除惡行善。

故云明德愼罰也。○傳惠恤至示民。○正義曰：用可用敬可敬，卽明德也。用可用，謂小德小官。敬可敬，謂大德大官。刑可刑，謂愼罰也。○傳天美至武王。○正義曰：天美文王，乃大命之殺兵殷者，殪，殺也，戎，兵也。用誅殺之道，以兵患殷。文王以伐殷事未卒，而言殺兵殷者，謂三分有二，爲滅殷之資也。王曰：嗚呼！封，汝念哉！傳念我所以告汝之言。今民將在祗遹乃文考，紹聞衣德言。傳今治民將在敬循汝文德之父，繼其所聞，服行其德言，以爲政教。○遹音聿，又音述。馬：紹，述也。衣如字。徐於既反。往敷求于殷先哲王用保乂民。傳汝往之國，當布求殷先智王之道，用安治民。汝丕遠惟商耇成人宅心知訓。傳汝當大遠求商家耇老成人之道，常以居心。則知訓民。○耇。音徇。別求聞由古先哲王用康保民。傳又當別求所聞父兄用古先智王之道。用其安者以安民。弘于天若德裕乃身不廢在王命。傳大于天爲順德。則不見廢。常在王命。疏王曰嗚呼封汝至王命○正義曰。既言文王明德慎罰之訓。武王尚行之汝既得爲君。方別陳明德之事。故稱王命而言曰。嗚呼。封。汝常念我所以告汝之言哉。今治民所行。將在敬循汝文德之父。繼其所聞者。服行其德言以爲政教。汝往之國。當分布求於殷先智王之道。用安治民。不但法其先君。汝又當須大遠求商家耇老成人之道。居之於心。卽知訓民矣。其外又更當別求所聞父兄用古先智王之道。用其安者以安民。卽古虞夏之道也。人事既然。又聞大於天之道而爲順德。又加之寛容。則汝身不見廢。常在王命。○傳今治至政教○正義曰。繼其所聞服行其德言者。謂文王先有所聞善事。令康叔繼續其文王所聞善事。被服而施行其德言。以爲政教也。○傳汝當至訓民。○正義曰。上云敷求殷先哲王。謂求殷之賢君。此言求商家耇老成人。謂求殷之賢臣。大遠者備徧求之。○傳又當至安民。○正義曰。以父兄乃所居殷外。故云別求。上只言遹乃文考。并言兄者。以上云寡兄勖。則以文武道同。言文可以兼武。故并言父兄也。古先哲王。鄭云。虞夏也。孔亦當然。以上代與今事遠。不可以同。故言用其安者。○傳大于至王命。○正義曰。以天道人用而光大之。故因云大也。其文王及殷古先哲王與天。其道不異。以前後聖迹雖殊。同天不二也。以康叔亞聖大賢。治殷餘惡。故使之用天道爲順德也。

王曰。嗚呼。小子封。恫瘝乃身。敬哉。傳恫。痛。瘝。病。治民務除惡政。當如痛病在汝身。欲去之。敬行我言。○恫音通。又敕動反。瘝。古頑反。

天畏棐忱。民情大可見。小人

難保。傳天德可畏。以其輔誠。人情大可見。以小人難安。○棐音匪。又芳鬼反。忱。市林反。往盡乃心。無康好逸豫。乃其乂民。傳往當盡汝心爲政。無自安好逸豫寬身。其乃治民。○盡。徐子忍反。好呼報反。我聞曰。怨不在大。亦不在小。惠不惠。懋不懋。傳不在大。起於小。不在小。小至於大。言怨不可爲。故當使不順者順。不勉者勉。○懋音茂。已汝惟小子。乃服惟弘王應保殷民。傳巳乎。汝惟小子。乃當服行德政。惟弘大王道。上以應天。下以安我所受殷之民衆。○應。應對之應。注同。徐於甑反。亦惟助王宅天命作新民。傳弘王道。

安殷民。亦所以惟助王者居順天命爲民日新之教。

疏王曰嗚呼小至新民○正義曰。所明而云行天人之德者。其要在於治民。故言王曰嗚呼。小子封。治民爲善。而除惡政。當如痛病在汝身欲去之。敬行我言哉。所以去惡政者。以天德可畏者。以其輔誠故也。以民情大率可見。所以可見者。以小人難保也。安之既難。其往治之。當盡汝心爲政。無自安好逸豫而寬縱。乃其可以治民。我聞古遺言曰。人之怨。不在事大。或由小事而起。雖由小事而起。亦不恒在事小。因小至大。是爲民所怨。事不可爲。當使施順令。不順者順。勉力勸行令。不勉者勉。則其怨小大都消。令汝消怨者。已乎。汝惟小子。乃當服行政德。惟弘大王道。上以應天。下以安我所受殷民。不但汝身所當行。此亦惟助王者居順天命。爲民日新之教。○傳恫痛至我言○正義曰。恫聲類於痛。故恫爲痛也。瘝病釋詁文。以痛病在汝身。以述治民。故務除惡政。如己病也。戒之而言敬。故知敬行我言也。鄭玄云。刑罰及己爲痛病。

其義不及去惡若已病也。○傳天德至難安。○正義曰人情所以大可見者以小人難安爲可見故須安之。○傳不在至者勉。○正義曰以致怨恐謂由大惡故云不在大起於小言怨由小事起不在小者謂爲怨不恒在小言其初小漸至於大怨故使不順者順不勉者勉其怨自消也。○傳弘王至之教。○正義曰亦所以惟助王者言非直康叔身行有益亦惟助王者居順天命爲民日新之教謂漸致太平政教日日益新也。

王曰：嗚呼！封，敬明乃罰。傳歎而勑之凡行刑罰汝必敬明之欲其重愼。人有小罪非眚，乃惟終自作不典式爾，傳小罪非過失乃惟終自行之自爲不常用犯汝。○眚所領反本亦作省。有厥罪小，乃不可不殺。乃有大罪非終，乃惟眚災適爾，既道極厥辜，時乃不可殺。

傳汝盡聽訟之理以極其罪是人所犯亦不可殺當以罰宥論之○宥于救反

疏王曰嗚呼封敬至可殺○正義曰以上既言明德之理故此又云慎罰之義而王言曰嗚呼封又當敬明汝所行刑罰須明其犯意人有小罪非過誤爲之乃惟終身自爲不當之行用犯汝如此者有其罪小乃不可不殺以故犯而不可赦若人乃有大罪非終行之乃惟過誤爲之以此故汝當盡斷獄之道以窮極其罪是人所犯乃不可以殺當以罰宥論之以誤故也即原心定罪斷獄之本所以須敬明之也

王曰嗚呼封有敘時乃大明服傳歎政教有次敘是乃治理大明則民服**惟民其勑懋和**傳民既服化乃其自勑正勉爲和**若有疾惟民其畢棄咎**傳化惡爲善如欲去疾治之以理則惟民

其盡棄惡修善。○咎，其九反。**若保赤子，惟民其康乂。**傳愛養人如安孩兒赤子。不失其欲。惟民其皆安治。○孩，亥才反。**非汝封刑人殺人。**傳言得刑殺罪人。**無或刑人殺人。**傳無以得刑殺人。而有妄刑殺非辜者。**非汝封又曰劓刵人。**傳劓。截鼻。刵。截耳。刑之輕者。亦言所得行。○劓。魚器反。刵。如志反。**無或劓刵人。**傳所以舉輕以戒。爲人輕行之。

疏王曰嗚呼封有至刵人。○正義曰：以刑者政之助。不得已即用之。非情好殺害。故又本於政。不可以濫刑。而王言曰。嗚呼。封。欲正刑之本要。而汝政教有次序。是乃治理大明。則民服。惟民既服從化。其自勑正。勉力而平和。然政之化惡爲善。若有病而欲去之。治之以理。則惟民其盡棄惡而修善。言愛養人若母之安赤子。惟民爲善。其皆安治。爲政保民之如此。不可行以淫刑。豈非汝封得刑人殺人乎。言得刑殺。不可以得故。而有濫刑人殺人無辜也。非汝封又曰劓刵人。無以得故。而有所濫劓刵人之無罪者也。○傳化惡至修善。○正義曰。人之有疾治之以理則疾去。人之有惡化之以道則惡除。○傳愛養至安治。○正義曰。既去惡。乃須愛養之爲善人爲上養則化所行。故言其皆安治。子生赤色。故言赤子。○傳劓截至得行。○正義曰。以國君故得專刑殺於國中。而不可濫其刑。即墨劓剕宮也。劓在五刑爲截鼻。而有刵者。周官五刑所無。而呂刑亦云劓刵。易噬嗑上九云何校滅耳。鄭玄以臣從君坐之刑。孔意然否未明。要有刵而不在五刑之類。言又曰者。周公述康叔豈非汝封又自言曰得劓刵人。此又曰者述康叔之又曰。

王曰。外事汝陳時臬司師。茲殷罰有倫。傳言外土諸侯奉王事。汝當布陳是法。司牧其衆。及此殷家刑罰有倫理者兼用之。○臬魚列反。**又曰要囚服念五六日。**

至于旬時丕蔽要囚。傳要囚。謂察其要辭以斷獄。既得其辭。服膺思念五六日。至於十日。至於三月。乃大斷之。言必反覆思念。重刑之至也。○要於宵反。蔽必世反。斷丁亂反。下及篇末同。覆芳服反。

疏王曰外事至要囚。○正義曰。言不濫刑。不但國內。而王言曰。若外土諸侯奉王事以至汝。汝當布陳是刑法以司牧其衆。及此殷家刑罰有倫理者兼用之。周公又重言曰。既用刑法。要察囚情。得其要辭。以斷其獄。當須服膺思念之。五日六日。次至於十日。遠至於三月一時。乃大斷囚之要辭。言必反覆重之。如此乃得無濫故耳。○傳言外至用之。○正義曰。外土以獄事上於州牧之官。爲奉上事。汝當用刑書爲布陳是刑法。爲司牧其衆。故受而聽之。既衛居殷墟。又周承於殷後。刑書相因。故兼用其有理者。謂當時刑書。或無正條。而殷有故事可兼用。若今律無條。求故事之比也。臬爲準限之義。故爲法也。○傳要囚至之至。○正義曰。言要囚。明取要辭於囚。以思訖事定。故言乃大斷之。多至三月。故云反覆思念。重刑之至。顧氏云。又曰者。周公重言之也。

王曰。汝陳時臬事。罰蔽殷彝。傳陳是法事。其刑罰斷獄。用殷家常法。謂典刑故事。○彝以支反。

用其義刑義殺。勿庸以次汝封。傳義宜也。用舊法典刑。宜於時世者以刑殺。勿用以就汝封之心所安。

乃汝盡遜。曰時敘。惟曰未有遜事。傳乃使汝所行盡順。曰是有次敘。惟當自謂未有順事。君子將興。自以爲不足。

已汝惟小子。未其有若汝封之心。朕

心朕德惟乃知。傳 已乎。他人未其有若汝封之心。言汝心最善。我心我德惟汝所知。欲其明成王所以命已之款心。○款苦管反。

疏 王曰汝至乃知。○正義曰。此又中上既要因思念定其大斷若爲。而王言曰。汝當陳是刑書之法以行事。其刑法斷獄。用殷家所行常法故事。其陳法殷彝。皆用其合宜者以刑殺。勿用以就汝封意之所安而自行也。以用心不知依法故耳。言汝不但依法。乃使汝所行盡順。曰是有次敘。猶當自惟曰未有順事。其有餘若不足故耳。必期汝於大辛已乎。汝惟小子耳。而他人未其有若汝封之心。言汝心最善。汝心既善。我心我德惟汝所悉知也。○傳陳是至故事。○正義曰。陳是法事。即上汝陳時臬事。罰蔽殷彝。即上殷罰有倫。上據有初思念得失。此據臨時行事也。○傳已乎至款心。○正義曰。此言我。我王也。以王命故言王爲我。以康叔爲已。若汝不善。我王家心德。汝所不知。則我不順命汝款曲之心。只由汝最善。我王心德。汝所徧知。故我王命汝以款曲之心。述康叔爲言。故云亦欲令康叔明識此意也。**凡民自得罪寇攘姦宄殺越人于貨。**傳 凡民用得罪爲寇盜攘竊姦宄殺人顛越人。於是以取貨利。○攘如羊反。宄音軌。**暋不畏死罔弗憝。**傳 暋強也。自強爲惡而不畏死。人無不惡之者。言當消絕之。○暋音敏。憝徒對反。徐徒很反。強其丈反。無不惡。烏路反。下所大惡。疾惡。亦惡。並音同。疏 凡民至弗憝。○正義曰。言人所慎刑者。以凡民所用得罪者。寇盜攘竊於外。姦內宄。而殺害及顛越於人以取貨利也。自強爲之而不畏死。此爲人無不惡之者。以此須刑絕之。故當慎刑罰耳。○傳 凡民至貨利。○正義曰。自用也。言所用得罪者。由寇攘也。而爲之於外內。既有劫竊。其劫竊皆有殺有傷。越人謂不死而傷。皆爲之而取貨利故也。○傳 暋强至絕之○正義曰。暋强也。盤庚已訓。而此重詳之。以由此得罪。當絕之。**王曰。封元惡大憝矧惟不孝不友。**(傳)大惡之人。猶爲人所大惡。況不善父母。不友兄弟者乎。言人之罪惡。莫大於不孝不友。**子弗祗服厥父事。大傷厥考心。**(傳)爲人子。不能敬身服行父道。而怠忽其業。大傷其父心。是不孝。**于父不能字厥子。乃疾厥子。**(傳)於爲人父。不能字愛其子。乃疾惡其子。是不慈。**于弟弗念天顯。乃弗克恭厥兄。**(傳)於爲人弟。不念天之明道。乃不能恭事其兄。是不恭。**兄亦不念鞠子哀。大不友于弟。**(傳)爲人兄。亦不念

稚子之可哀。大不篤友于弟。是不友。○鞠。居六反。**惟弔茲**

不于我政人得罪。傳 惟人至此不孝不慈不友不恭。不於我執政之人得罪乎。道教不至所致。○弔。音的。**天惟**

與我民彝大泯亂。傳 天與我民五常。使父義母慈兄友弟恭子孝。而廢棄不行。是大滅亂天道。○泯。徐武軫反。**曰**

乃其速由文王作罰。刑茲無赦。傳 言當速用文王所作違教之罰。刑此亂五常者。無得赦。

疏 王曰封元至無赦。○正義曰。以是所用得其罪。不但寇盜。王命而言曰。封。非於骨肉之人爲大惡。猶尚爲人所大惡之。況惟不孝父母不友兄弟者乎。其罪莫大於不孝也。何者。爲人之子。不能敬身服行其父事。而怠忽其業。大傷其父心。

是不孝也。於爲人父不能自愛其子。乃疾惡其子。是不慈也。於爲人弟不能念天之明道故。乃不能恭事其兄。是不恭也。爲人兄亦不能念稚子之可哀哉。大不友愛於弟。是不友也。惟人所行以至此不孝不友者。豈不由我執政之人。道教不至以得此罪乎。既人罪由教而致。天惟與我民以五常之性。使有恭孝。廢棄不行。是大滅亂天道也。以由我滅亂。曰乃其疾用文王所作違教之罰。刑此亂五常者。不可赦放也。○傳大惡至不友○正義曰。言將有作姦宄大惡。猶爲人所大惡。況不孝父母不善兄弟者乎。孝經云。五刑之屬三千。而罪莫大於不孝是也。釋親云。善父母爲孝。善兄弟爲友。下文不言母。母同於父。父子尊卑而異等。故孝名。上不通於下。其兄弟雖有長幼而同倫。故共友名也。○傳爲人至不孝○正義曰。考亦通生死。卽此文及酒誥是也。下曲禮云。死曰考。是對例耳。人子以述成父事爲孝。怠忽其業。卽其肯曰我有後不棄基。故爲大傷父心。卽是上不孝也。則子不述父事。當輕於盜殺。況以爲甚者。此聖人緣心立法。人莫不緣身本於父母也。自親以及物。天然之理。故孝經云。不愛其親而愛他人者。謂之悖德。不敬其親而敬他人者。謂之悖禮。以順則逆。民無則焉。不在於善而皆在於凶德是也。以此言賊殺他人。罪小於骨肉相乖阻。但於他人言其極者。於親言其小者。小則有不和罵爭鬭訟相傷者也。於親小則傷心。大乃逆命。毆罵殺害。互相發起而可知也。○傳於爲至不慈○正義曰。上文不言不慈。意以不孝爲揔焉。父當言義而云不慈者。以父母於子并爲慈。因父有愛敬多少而分之。言父義母慈而由慈以義。故雖義言不慈。且見父兼母耳。○傳於爲至不恭○正義曰。善兄弟曰友。此言不恭者。友思念之辭。兄弟同倫故俱言友。雖同倫而有長幼。其心友而貌恭。故因兄弟而分友文爲二而言恭也。五教。卽左傳文十八年史克言也。於此言天之明道者。父子天性。不嫌非天明。故於兄弟言之。因上先言不孝。先言子於父。故此不友。先言弟於兄者。擧中以見上下。故此言天明見五教皆是。卽孝經云則天之明。左傳云爲父子兄弟姻媾以象天明。

是於天理常然。爲天明白之道。○傳爲人至不友。○正義曰。言亦者。以兄弟同等而相亦。所謂周書云。父子兄弟。罪不相及。即此文也。不孝罪子。非及於父之輩。理所當然。而周官隣保以比伍相及。而趙商疑而發問。鄭答云。周禮太平制此。爲居殷亂而言。斯不然矣。康誥所云。以骨肉之親。得相容隱。故左傳云。父子兄弟。罪不相及。周禮所云。據疏人相督率之法。故相連獲罪。故令之律令。大功已上得相容隱。隣保罪有相及。是也。

不率大戛。矧惟外庶子訓人。傳戛常也。凡民不循大常之教。猶刑之無赦。況在外掌衆子之官。主訓民者而親犯乎。○戛簡八反。

惟厥正人越小臣諸節。傳惟其正官之人。於小臣諸有符節之吏及外庶子其有不循大常者。則亦在無赦之科。

乃别播敷。造民大譽。

弗念弗庸瘝厥君。時乃引惡。惟朕憝。傳汝今往之國。
當分別播布德教。以立民大善之譽。若不念我言。不
用我法者。病其君道。是汝長惡。惟我亦惡汝。○別。彼
別反。注同。汝長之丈反。下同。已汝乃其速由茲義率殺。亦惟君惟長。傳
汝乃其速用此典刑宜於時世者。循理以刑殺。則亦
惟君長之正道。不能厥家人越厥小臣外正。惟威惟
虐。大放王命。乃非德用乂。傳爲人君長而不能治其
家人之道。則於其小臣外正官之吏並爲威虐。大放
棄王命。乃由非德用治之故。汝亦罔不克敬典。乃由

裕民惟文王之敬忌。傳常事人之所輕。故戒以無不能敬常。汝用寬民之道。當惟念文王之所敬忌而法之。乃裕民曰我惟有及則予一人以懌。傳汝行寬民之政曰。我惟有及於古。則我一人以此悅懌汝德。○懌音亦。疏不率至以懌○正義曰。言滅五常之害當除。凡民不循大道五常之教。猶刑之。況在外土掌庶子之官。主於訓民。惟其正官之人。及於小臣。猶有符節者。並爲教首。其心不循大常。豈可赦也。以人之須有五常。汝今往之國。乃當分別播布德教。以立民大善之譽。若不念我言。不用我法。卽病其爲君之道。是汝長爲惡矣。以此惟我亦惡汝也。已乎。既惡不可爲。汝乃其疾用此典刑宜於時世者。循理以刑殺亂常者。則亦惟爲人君惟爲人長之正道。既爲人君長。不能治其五教。施於家人之道。則於其卑小臣外土正官之吏。惟爲威暴。則爲酷虐。大放棄王命矣。如是乃由汝非以道德用治之故。由此汝亦無得不能敬其常事。汝用寬民之道。當思惟念用文王之所敬畏而法之。汝以此行寬民之政曰。我顧惟有及於古。則我一人天子以此悅懌汝德矣。汝惟宜勤之。○傳戛常至犯乎。○正義曰。戛猶楷也。言爲楷模之常。故戛爲常也。述上凡民自得罪。故言凡民不循大常之教也。猶刑之。卽上云刑茲無赦故也。亦愚以況智。故言況在外掌衆子之官主訓民者而親犯乎。卽周官云諸子。文王世子云庶子也。以致教諸子。故爲訓人。周禮諸子之官。亦是王朝之臣。言在外者。對父子兄弟爲外。惟舉庶子之官者。以其教訓公卿子弟。最爲急故也。鄭玄以訓人爲師長。亦各一家之道也。○傳惟其至之科。○正義曰。正官之人。若周官三百六十職正官之首。於小臣諸有符節者。謂正人之下。非長官之身。下至符吏。諸有符節。爲教人之故。故言有符節者。非要行道之符節。若爲官行文書而有符令之印者也。以上況之。故言不循大常亦在無赦之科矣。在軍者有旌節。亦得爲有符節耳。○傳汝今至惡汝○正義曰。言分別播布德教。謂分遣卿大夫爲之教民使善而已有善譽。是立民以大善之譽。○傳汝乃至正道○正義曰此用宜於時以刑殺。上不循五常之道者。其君長。對則大夫爲長。散則人君爲長。君而居之。是君亦與長爲一。孝經對例以長爲大夫耳。○傳爲人至之故○正義曰。以五常父母兄弟子。卽家人之道。易有家人卦。亦與此同也。不行五教。爲不能治家人之道。家人不治。則君不明。君旣不明則不察下故。則於其小臣外正官之吏。並爲威虐。大放棄王命。非德用治。是不明爲臣德也。○傳常事至法之。○正義曰常事。常所行之事也。人見尋常不爲異。故輕之。而以爲戒。文王所敬忌。卽敬德忌刑。鄭云祗祗威威是也。○傳汝行至汝德○正義曰。寬則得衆。故五教在寬。上旣言乃由裕民。此又疊之。汝行寬民之政。曰我惟有及於古。卽古賢諸侯。汝惡。我則惡之。汝善。我則愛之。以此我一人悅懌汝德也。

王曰封。爽惟民迪吉康。傳明惟治民

之道而善安之。我時其惟殷先哲王德用康乂民作求。傳我是其惟殷先智王之德。用安治民。爲求等。矧今民罔迪不適不迪則罔政在厥邦。傳治民乃欲求等殷先智王。況今民無道不之言從教也。不以道訓之則無善政在其國。疏王曰封爽至厥邦○正義曰。既言德刑事終而摠言之。我所以令汝明德慎罰以施政者。王命所以言曰。封爲人君。當明惟爲治民之道而善安之。故我以是須汝善安民。故我其惟念殷先智聖王之德。用安治民。爲求而等之。我於民未治之時。尚求等殷先智王。況今民無道不之而易化。汝若不以道訓之。則無善政在其國。所以須安民以德刑也。○傳明惟至安之○正義曰。以愼德刑爲明治民之道。敎之五常爲善。富而不擾爲安也。鄭以迪爲下讀。各爲一通也。○傳治民至其國。○正義曰：以己喻康叔，言我未治之時，乃欲求等殷先智王以致太平者，況今民無道不之，言易從教。不以正道訓民，民不知道，故無善政在其國，爲無吉康也。**王曰：封，予惟不可不監，告汝德之說于罰之行。**傳我惟不可不監視古義，告汝施德之說於罰之所行，欲其勤德慎刑。○說，如字。徐始銳反。**今惟民不靜，未戾厥心，迪屢未同。**傳假令今天下民不安，未定其心，於周教道屢數而未和同，設事之言。○令，力呈反。數，所角反。**爽惟天其罰殛我，我其不怨。**傳明惟天其以民不安罰誅我，我其不怨天。汝不治，我罰汝，汝亦不可怨我。○殛，紀力反。**惟厥罪無在大，亦無在多，矧**

曰其尚顯聞于天。傳民之不安。雖小邑少民。猶有罰誅。不在多大。況曰不愼罰。明聞於天者乎。言罪大。疏王曰封予至于天。○正義曰。以汝須善政在國。令我民安。當爲政以愼德刑爲敎。故王又命之曰。封。我惟不可不視古義。告汝施德之說。於罰之所行。欲其勤德愼刑也。假令惟天下民不安。未定其心。於周敎道。屢數而未和同。明惟天其以民不安其罰誅我。我其不怨於天。則汝不治。是其罪。我罰汝。汝亦不可怨我。我以民之不安。惟其罰之。無在大邑。無在多民。以少猶誅罰。況曰爲君不愼德刑。有上明聞於天。是爲罪大不可赦。○傳我惟至愼刑。○正義曰。以敷求殷先哲王。及別求古先哲王。爲已視古義也。德由說而罰須行。故德之言說而罰言行也。以事終而結上。故云德也。○傳假令至之言。○正義曰。天下不安爲摠說。所以不安。猶未定其心。於周道屢數而未和同也。時以大和會。故言假令。設不和同事言耳。○傳明惟至怨我。○正義曰。顧氏云。明惟天者。言天明察在上。見民不安。乃以刑罰誅戮於我。○傳民之至罪大○正義曰。此摠德刑而直云不慎罰者。政以德爲主。不嫌不明。政失由於濫刑。故舉罰以言之。下言無作怨。以失罰爲罪大。

王曰。嗚呼。封。敬哉。無作怨。勿用非謀非彝。 傳 言當修已以敬。無爲可怨之事。勿用非善謀非常法。

蔽時忱。丕則敏德。 傳 斷行是誠道。大法敏德。信則人任焉。敏則有功。

用康乃心。顧乃德。遠乃猷。 傳 用是誠道。安汝心。顧省汝德。無令有非。遠汝謀。思爲長久。

裕乃以民寧。不汝瑕殄。 傳 行寬政。乃以民安。則我不汝罪過。不絕亡汝。

疏 王曰嗚呼至瑕殄○正義曰。以罰不可失。故王命言曰。嗚呼。封。常修已以敬哉。無爲可怨之事。勿用非善謀。非常法。而以決斷行是誠信之道。大常法爲機敏之德。用是信敏安汝心。顧省汝德。廣遠汝謀。能行寬政。乃以民安。則我不於汝罪過而絕亡汝。○傳斷行至有功○正義曰。以誠在於心。故決斷行之。亦心誠而行敏爲見事有善而須德法。故云大法敏德也。正以此二者以信則人任焉。敏則有功故也。論語文。○傳用是至長久○正義曰。上文有忱有敏。此惟云用是誠道。不云敏者。敏在誠下。亦用之可知。

王曰。嗚呼。肆汝小子封。惟命不于常。傳以民安則不絕亡汝。故當念天命之不於常。汝行善則得之。行惡則失之。

汝念哉。無我殄。傳無絕棄我言而不念。

享明乃服命。傳享有國土。當明汝所服行之命令。使可則。

高乃聽用康乂民。傳高汝聽。聽先王道

德之言。以安治民。疏王曰嗚呼肆至乂民○正義曰。與上相首引。王命言曰。嗚呼。以民安則不汝絶亡之故汝小子封當念天命之不於常也。惟行善則得之行惡則失之汝念此無常哉無絶棄我言而不念。若享有國土。當明汝服行之教令。使可法。高大汝所聽用先王道德之言。以安治民也。○傳享有至可則○正義曰。以不瑕殄。即享有國土也。服行之命。謂德刑也。王若曰往哉封勿替敬典。傳汝往之國勿廢所宜敬之常法。聽朕告汝乃以殷民世享。傳順從我所告之言。即汝乃以殷民世世享國。福流後世。疏王若至世享○正義曰。以須高聽治民。故王命順其德而言曰。汝往之國哉。封乎。勿廢所宜敬之常法。即聽用我誥是也。汝如此。則汝乃得以殷民世享殷國。而言不絶國祚。短長由德也。又言王若曰者。一篇終始言之。明於中亦有若也。

酒誥第十二

周書

酒誥（傳）康叔監殷民殷民化紂嗜酒故以戒酒誥

○嗜市志反 疏（傳）康叔至酒誥○正義曰以梓材云若茲監故云康叔監殷民也鄭以爲連屬之監則爲牧而言然康叔時實爲牧而所戒爲居殷墟化紂餘民不主於牧下篇云監監亦指爲君言之也明監卽國君監一國故此言監殷民不言監一州若大宰之建牧立監也

王若曰明大命于妹邦（傳）周公以成王命誥康叔順其事而言之欲令明施大教命於妹國妹地名紂所都朝歌以北是○王若馬本作成王若曰注云言成王者未聞也俗儒以爲成王骨節始成故

曰成王。或曰以成王爲少成二聖之功。生號曰成王。沒因爲謚。衛賈以爲戒成康叔以慎酒。成就人之道也。故曰成。此三者吾無取焉。吾以爲後錄書者加之。未敢專從。故曰未聞也。妹邦。馬云妹邦卽牧養之地。欲令。力呈反。下始令勿令同。

乃穆考文王肇國在西土。傳 父昭子穆。文王弟稱穆。將言始國在西土。西土岐周之政。〇文王弟稱穆。周自后稷而封爲始祖。后稷生不窋爲昭。鞠陶爲穆。公劉爲昭。慶節爲穆。皇僕爲昭。差弗爲穆。毀揄爲昭。公非爲穆。高圉爲昭。亞圉爲穆。諸盩爲昭。大王爲穆。王季爲昭。文王爲穆。故左傳宮之奇云。大伯虞仲。大王之昭也。虢仲虢叔。王季之穆也。又富辰云管蔡已下十六國。文之昭也。昭一音韶。窋音竹律反。揄音投。盩音張流反。大並音太。

厥誥毖庶邦庶士越少正御事朝夕曰祀茲酒。傳 文王其所告慎衆國衆士於少正官御治事吏，朝夕敕之：惟祭祀而用此酒，不常飲。○毖，音祕。少，詩照反。

惟天降命，肇我民惟元祀。傳 惟天下教命，始令我民知作酒者，惟爲祭祀。○爲，于僞反，下同。

天降威，我民用大亂喪德，亦罔非酒惟行。傳 天下威罰，使民亂德，亦無非以酒爲行者。言酒本爲祭祀，亦爲亂行。○惟行，下孟反。注及下注之行同。

越小大邦用喪，亦罔非酒惟辜。傳 於小大之國所用喪亡，亦無不以酒爲罪也。

疏 王若至惟辜 ○正義曰：周公以王命誥康叔，順其事而言曰：汝當明施大教命於妹國，而戒之以酒。所以須戒酒者，以汝父於廟次穆考文王，始國在西土岐周爲政也。其誥愼所職衆國衆士，於少正官御治事吏，朝夕敕之，曰惟祭祀而用此酒。不常爲飲也。所以不常爲飲者。以惟天之下教命。始令我民知作酒者。惟爲大祭祀。故以酒爲祭。不主飲。故天下威罰於我民。用使之大爲亂以喪其德。亦無非以酒爲行而用之。故於小大之國。用使之喪亡。亦無非以酒爲罪。以此衆事少正。皆須戒酒也。是文王以酒爲重戒。汝不可不法也。○傳周公至北是。○正義曰。此爲下之目。故言明施大教命於妹國。此妹與沬一也。故沬爲地名。紂所都朝歌以北。但妹爲朝歌之所居也。朝歌近妹邑之南。故云以北是。詩又云沬之東矣。沬之鄉矣。卽東與北爲鄉也。妹屬鄘。紂所都在妹。又在北與東。是地不方平。偏在鄘多故也。馬鄭王本以文涉三家而有成字。鄭玄云成王所言成道之王。三家云王作長骨節成立。皆爲妄也。○傳父昭至之政。○正義曰。以穆連考。故以昭穆言之。文王廟次爲穆。以周自后稷以至文王十五世。案世本云。后稷生不窋爲昭。不窋生鞠陶爲穆。鞠陶生公劉爲昭。公劉生慶節爲穆。慶節生皇僕爲昭。皇僕生差弗爲穆。差弗生毁揄爲昭。毁揄生公飛爲穆。公飛生高圉爲昭。高圉生亞圉爲穆。亞圉生組紺爲昭。組紺生大王亶父爲穆。亶父生季歷爲昭。季歷生文王爲穆。據世次偶爲穆也。左傳曰。大伯虞仲大王之昭。言大王爲穆而子爲昭。又曰。虢仲虢叔王季之穆。亦王季爲昭而子爲穆。與文王同穆也。又管蔡郕霍等十六國。亦曰文王之昭。則以文王爲穆。其子與武王爲昭。又曰。邘晉應韓武之穆。以繼武王爲昭也。將言始國在西土。西土岐周之政者。據今本先故言始爲初始爲政。然則居豐前故云西土。欲將言道文王誥毖庶邦以下之政。故先本之云肇國在西土。○傳文王至常飲。○正義曰。告勑使之敬慎。故曰告慎其衆國。卽衆多國君。衆士。朝臣也。旣揔呼爲士。則卿大夫俱在內。少正御治事。以其卑賤更別目之。朝夕勑之丁寧。慎之至也。○傳惟天至祭祀。○正義曰。世本云。儀狄造酒。夏禹之臣。又云。杜康造酒。則人自意所爲言天下教命者。以天非人。不因人爲者。亦天之所使。故凡造立皆云本之天。元祀者。言酒惟用於大祭祀。見戒酒之深也。顧氏云。元大也。洛誥稱秩元祀。孔以爲舉秩大祀。大劉以元爲始。誤也。○傳天下至亂行○正義曰。民自飲酒致亂。以被威罰。言天下威者。亦如上言天之下教命。令民作酒也。爲亂而罪。天理當然。故曰。天討有罪。五刑五用哉。俗本云不爲亂行。定本云亦爲亂行。俗本誤也。○傳於小至爲罪也。○正義曰。小大之國。謂諸侯之國。有小大也。上言民用大亂。指其身爲罪。此言邦用喪。言其邦國喪滅。上文摠謂貴賤之人。此則專指諸侯之身故也。惟行用酒。惟罪身得罪。亦互相通也。

文王誥教小子。有正有事。無彝酒。傳小子。民之子孫也。正官治事。謂下羣吏。教之皆無常飲酒。

越庶國飲惟祀。德將無醉。傳於所治衆國。飲酒惟當因祭祀。以德自將。無令至醉。

惟曰我民迪小子惟土物愛。厥心臧。傳文王化我民教道子孫。惟土地所生之物，皆愛惜之，則其心善。聰聽祖考之彝訓，越小大之人皆念德，則子孫惟專一。傳言子孫皆聰聽父祖之常教，於小大德，小子惟一。疏文王至惟一○正義曰：前文王戒酒，以德自將，不可常飲，故又云文王誥教其民之小子，與正官之下有職事之人，謂羣吏，汝等無得常飲酒也，於所治衆國之君臣民衆等，言飲酒惟當因祭祀，以德自將，無令至醉，又自申文王之教小子者，不但身自教之，又化民使自教其子弟，惟教其民曰：惟我民等，當教道子孫小子，令土地所生之物，皆愛惜之，則其心善矣，以愛物則不爲酒而損耗故也。既父祖稟文王之教，以化其子孫，而子孫能聰審聽用祖考之常訓言，愛物以戒酒也。不但民之小子爲然，其於小大德之士大夫等，亦皆能念行文王之德，以教其子孫，故子孫亦聰聽之，小子惟皆專一而戒其酒，其民

萬曆十五年刊　書疏卷十四　二三

及在位不問貴賤子孫皆化則至成長爲德可知也○傳小子至飲酒○正義曰知小子謂民之子孫者以下文云我民迪小子又云奔走事厥考厥長故知小子謂民之子孫也知有正有事非士大夫而云正官治事謂下羣吏者以文與小子相連故知是正官下治事之羣吏○傳於所至至醉○正義曰以述上文內外雙舉此爲小子及民與士大夫可知其外宜有國君故下云指戒康叔爲國之事故揔言衆國惟於祭祀得飲酒猶以德自將無令至醉大傳因此言宗室將有事族人皆入侍得有醉與不醉而出與不出之事而以德自將無令至醉亦一隅之驗文王爲諸侯而云衆國者文王爲西伯又三分有二諸侯故得戒衆國也○傳文王至心善○正義曰以惟曰爲教辭故言文王化我民愛惜土物而不損耗則不嗜酒故心善

妹土嗣爾股肱純其藝黍稷奔走事厥考厥長

傳今往使妹土之人繼汝股肱之教爲純一之行其

當勤種黍稷。奔走事其父兄。○長之丈反。下注長官諸侯之長同。肇牽

車牛遠服賈。用孝養厥父母。傳 農功旣畢。始牽車牛。載其所有。求易所無。遠行賈賣。用其所得珍異孝養其父母。○賈音古。養。牛亮反。厥父母慶。自洗腆致用酒。傳 其父母善子之行。子乃自絜厚致用酒養也。

庶士有正越庶伯君子。其爾典聽朕敎。傳 衆伯君子。長官大夫統庶士有正者。其汝常聽我敎。勿違犯。

爾大克羞耇惟君。爾乃飲食醉飽。傳 汝大能進老成人之道。則爲君矣。如此汝乃飲食醉飽之道。先戒羣吏以聽敎。次戒

康叔以君義。丕惟曰爾克永觀省作稽中德。傳我大惟敎汝曰：汝能長觀省古道，爲考中正之德，則君道成矣。○省，悉井反。爾尚克羞饋祀，爾乃自介用逸。傳能考中德，則汝庶幾能進饋祀於祖考矣。能進饋祀，則汝乃能自大用逸之道。茲乃允惟王正事之臣。傳汝能以進老成人爲醉飽，考中德爲用逸，則此乃信任王者正事之大臣。○任，音壬。茲亦惟天若元德，永不忘在王家。傳言此非但正事之臣，亦惟天順其大德而佑之，長不見忘在王家。疏妹土至王家○正義曰：既上言文王之教令，指戒康叔之身，實

如汝當法文王斷酒之法。故今往當使妹土之人繼
爾股肱之教。爲純一之行。其當勤於耕種黍稷。奔馳
趨走。供事其父與兄。其農功既畢。始牽車牛遠行賈
賣。用其所得珍異。孝養其父母。父母以子如此善子
之行。子乃自洗潔謹敬厚致用酒以養。此亦小子土
物愛也。又謂汝衆士有正之人。及於衆伯君子。長官
大夫。統衆士有正者。其汝亦常聽用我斷酒之教。勿
違犯也。汝康叔大能進行老成人之道。則惟可爲君
矣。如此汝乃爲飲食醉飽之道。由須進行老成人。故
我大惟教汝曰。汝能長觀省古道。所爲考行中正之
德。即是進行老成人。惟堪爲君。能考中德。則汝庶幾
能進饋祀於祖考矣。以能進饋祀。人神所助。則汝乃
能自大用逸之道。如此用逸。則乃信惟王正事之大
臣。不但正事大臣。如此亦惟天順其大德而佑助之。
長不見遺忘在王家矣。可不務乎。○傳今往至父兄
○正義曰。以妹土爲所封之都。故言今往繼汝股肱
之教者。君爲元首。臣作股肱。君倡臣行。施由股肱。故
言繼其教也。言奔走者。顧氏云。勤種黍稷奔馳趨走

也。○傳農功至父母○正義曰。若當農功。則有所廢。
故知既畢乃行。故云始牽車牛。卽牽將大車。載有易
無。遠求盈利。所得珍異。而本不損。故可孝養其父母。
亦愛土物之義也。○傳其父至酒養○正義曰。以人
父母欲家生之富者。若非盈利。雖得其養。有喪家資。
則父母所不善。今勤商得利。富而得養。所以善子之
行也。○傳衆伯至違犯○正義曰。衆伯君子。統衆士
有正者。經云庶士有正者。戒其慎酒。從畢至尊。故先
教子孫。乃及庶士。衆百君子。○傳汝大至君義○正
義曰。釋詁云。羞。進也。既以慎酒立教。是大能進行老
成人之道。是惟可爲人君矣。以人君若治。不得。有所
民事可憂。雖得酒食。不能醉飽。若能進德。民事可平。
故爲飲食可醉飽之道。以羣臣言。聽教卽爲臣義。不
過慎酒進德。次戒康叔以君義。亦有聽教。明爲互矣。
○傳我大至成矣○正義曰。以言曰。故以爲教辭。卽
教以大克羞耇。長省古道。是老成人之德。考其中正。
是能大進行。可以惟爲君。故云則君道成矣。○傳能
考至之道○正義曰。以聖人爲能饗帝。孝子爲能饗

親考德爲君，則人治之已成民事，可以祭神。故考中德能進饋祀於祖考，人愛神助，可以無爲。故大用逸之道，即上云飲食醉飽之道也。鄭以爲助祭於君，亦非其義勢也。以下然茲亦惟天，據人事。是惟王正事大臣，本天理。故天順其大德，不見忘在於王家，反覆相成之勢也。

王曰：封，我西土棐徂邦君御事小子，尚克用文王教，不腆于酒。傳 我文王在西土，輔訓往日國君及御治事者、下民子孫，皆庶幾能用上教，不厚於酒，言不常飲。

故我至于今，克受殷之命。傳 以不厚於酒，故我周家至于今能受殷王之命。

疏 「王曰封」至「之命」○正義曰：於此乃總言不可不用文王慎酒之教。王命之曰：封，我文王本在西土，以道輔訓往日國君及治事之臣、大夫士，與其民之小子，其此等皆庶幾能用文王教而不厚於酒。故我周家至于今。能受殷之王命。以此故不可不用其教以斷酒。○傳我文至常飲○正義曰。棐。輔也。徂。往也。以事已過。故言往日。恐嗜酒不成其德。故以斷酒輔成之。其御事。謂國君之下衆臣也。不厚於酒。卽無彝酒也。故云不常飲。總述上也。

王曰。封。我聞惟曰。在昔殷先哲王迪畏天顯小民。傳聞之於古殷先智王。謂湯蹈道畏天。明著小民。**經德秉哲。自成湯咸至于帝乙。成王畏相。**傳能常德持智。從湯至帝乙。中間之王。猶保成其王道。畏敬輔相之臣。不敢爲非。○相。息亮反。下同。**惟御事厥棐有恭。不敢自暇自逸。**傳惟殷御治事之臣。其輔佐畏相之君。有恭敬之德。不敢自寬暇自逸豫。○暇。遐嫁反。矧曰其敢崇飲。傳崇。聚也。自暇自逸。猶不敢。況敢聚會飲酒乎。明無也。越在外服侯甸男衛邦伯。傳於在外國。侯服、甸服、男服、衛服。國伯。諸侯之長。言皆化湯畏相之德。越在內服百僚庶尹惟亞惟服宗工。傳於在內服治事百官衆正及次大夫服事尊官。亦不自逸。越百姓里居。傳於百官族姓。及卿大夫致仕居田里者。罔敢湎于酒。不惟不敢。亦不暇。傳自外服至里居。皆無敢沈湎於酒。非徒不敢。志在助君敬法。亦不暇飲酒。○湎。面善反。惟助成王德顯。越尹人祗辟。傳所以不暇飲酒。惟助其君成王道。明其德於正人之道。必正身敬法。其身正。不令而行。○辟。扶亦反。

疏王曰封我聞至祇辟

○正義曰。以周受於殷。文王之前殷代也。今又衛居殷地。故舉殷代以酒興亡得失而爲戒。王命之曰。封。我聞於古所聞。惟曰殷之先代智道之王成湯。於上蹈道以畏天威。於下明著加於小民。即能常德持智以爲政教。自成湯之後皆然。以至于帝乙。猶保成其王道畏敬輔相之臣。其君既然。惟殷御治事之臣。其輔相於君。有恭敬之德。不敢自寬暇自逸豫。況曰其敢聚會羣飲酒乎。於是在外之服。侯甸男衛國君之長。於是在内之服。治事百官衆正。惟次大夫。惟服事尊官。於百官族姓。及致仕在田里而居者。皆無敢沈湎於酒。不惟不敢。亦自不暇。飲所以不暇者。惟以助其君成其王道。令德顯明。又於正人之道。必正身敬法。正身以化下。不令而行。故不暇飲。是亦可以爲法也。○傳聞之至小民○正義曰。言聞之於古。是事明衆見也。下言自成湯。知此別道湯事也。王者上承天。下恤民。皆由蹈行於道。畏天之罰已故也。又以道教民。故明德著小民。○傳能常至爲非○正義曰。德在於身。智在於心。故能常德持智。即上迪畏天。顯小民。爲自湯後皆爾。○傳惟殷至逸豫○正義曰。此事當公卿。故下別云越在内服百僚庶尹也。爲君畏相。故輔之。若寬暇與逸豫。則不恭敬。故不敢爲也。○傳崇聚至明無○正義曰。釋詁云。崇。充也。充實則集聚。故崇爲聚也。飲必待暇逸。猶尚不敢暇逸。故言況敢聚集飲酒乎。明無也。○傳於在至之德○正義曰。以公卿與國爲體。承君共事。故先言之。然後見廣。故自外及内舉四者。以摠六服。又因衞爲蕃衞。故不言采也。國謂國君。伯言長。連屬卒牧。皆是。見偏在外爲君。故言化湯畏相之德。○傳於在至自逸○正義曰。畿外有服數。畿内無服數。故爲服治事也。言百官衆正。爲摠之文。但百官衆正除六卿亦有大夫及士。士亦有官首而爲政者。惟亞傳云次大夫者。謂雖爲大夫。不爲官首者。亞次官首。故云亞。舉大夫尊者爲言其實士亦爲亞次之官。必知惟亞兼士者。以此經文上下更無別見士之文。故知兼之。惟服宗工。摠上百僚庶尹及惟亞。言服治職事尊官之故。亦不自逸。惟亞雖不爲官首。亦助上服治政事。或可非官首者服事在上之尊官。亦不自逸。○傳於百至里者○正義曰。每言於者。繼上君與御事爲於。此不言在。從上内服故也。百官族姓。謂其每官之族姓。而與里居爲摠。故云卿大夫致仕居田里者也。○傳自外至飲酒○正義曰。自外服至里居。皆無敢沈湎。亦上御事。云亦不暇。不暇則不逸可知。助君敬法。逆探下經也。**我聞亦惟曰。在今後嗣王酣身。**傳嗣王。紂也。酣樂其身。不憂政事。○酣。户甘反。樂。音洛。**厥命罔顯于民。祗保越怨不易。**傳言紂暴虐。施其政令於民。無顯明之德。所敬所安。皆在於怨。不可變易。○易。如字。馬以豉反。**誕惟厥縱淫泆于非彝。**

用燕喪威儀民罔不盡傷心。傳紂大惟其縱淫泆于非常。用燕安喪其威儀民無不盡然痛傷其心。○縱子用反。注同。泆音溢。又作逸。亦作佚。盡許力反。惟荒腆于酒不惟自息乃逸傳言紂大厚於酒晝夜不念自息乃過差。○差初佳反。又初賣反。厥心疾很不克畏死。傳紂疾很其心。不能畏死。言無忌憚。○很胡懇反。辜在商邑越殷國滅無罹。傳紂聚罪人在都邑而任之。於殷國滅亡無憂懼。弗惟德馨香祀。登聞于天誕惟民怨。傳紂不念發聞其德使祀見享。升聞於天。大行淫虐。惟爲民所怨咎。庶羣自酒腥聞在上。故天降喪于殷。罔愛于殷。惟逸。傳紂衆羣臣。用酒沈荒。腥穢聞在上天。故天下喪亡於殷。無愛於殷。惟以紂奢逸故。○聞。音問。天非虐。惟民自速辜。傳言凡爲天所亡。天非虐民。惟民行惡自召罪。疏我聞至速辜○正義曰。既言帝乙以上慎酒以存。故又言紂嗜酒而滅。我聞亦惟曰。殷之在今帝乙後嗣之謂紂王。酣樂其身。不憂於政事。施其政令。無顯明之德於民。所敬所安。皆在於怨。不可變易。大惟其縱淫泆於非常。用燕安之故。喪其威儀。民見之無不盡然痛傷其心也。皆由惟大愛厚於酒。晝夜不念自止息。乃過逸。其內心疾害很戾。不能畏死。聚罪人在商邑而任之。於殷國滅亡無憂懼也。不念發聞其德令之馨香。使祀見享升聞于天。大惟行其淫虐。爲民下所怨。紂衆羣臣。集聚用酒荒淫。腥穢聞在上天。故天下喪亡於殷。無愛念於殷。

惟以紂奢逸故。非天虐殷。以滅之。惟紂爲人自召此罪故也。○傳言紂至變易○正義曰。施其政令於民。無顯明之德。言所施者。皆是闇亂之政也。紂意謂之爲善。所敬之所安之者。及其施行。皆是害民之事。爲民所怨。紂之爲惡。執心堅固。不可變易也。○傳紂大至其心○正義曰。誕。訓爲大。言紂大惟其縱淫泆於非常之事。○傳紂衆至逸故○正義曰。紂衆羣臣。用酒沈荒。用者。解經之自。定本作自。俗本多誤爲嗜。○傳言凡至召罪○正義曰。此言惟人。謂紂也。今變言人者。見雖非紂亦然。**王曰。封。予不惟若茲多誥。**傳我不惟若此多誥汝。我親行之。**古人有言曰。人無於水監。當於民監。**傳古賢聖有言。人無於水監。當於民監。視水見已形。視民行事見吉凶。○監。工陷反。下及注同。**今惟殷墜厥命。我其可不大監撫于時。**傳今惟殷紂無道。墜失天命。我其可不大視此爲戒撫安天下於是。

【疏】王曰封予至于時○正義曰。既陳殷之戒酒與嗜酒以致興亡之異故誥之王命言曰。封我不惟若此徒多出言以誥汝而已。我自戒酒。已親行之。汝可法之也。所以親行者。古人有言曰。人無於水監。當於民監。以水監。但見已形。以民監。知成敗故也。以須民監之故。今殷紂無道。墜失其天命。我其可不大視以爲戒。撫安天下於今時也。

予惟曰汝劼毖殷獻臣。【傳】劼。固也。我惟告汝曰。汝當固慎殷之善臣信用之。○劼苦八反。

侯甸男衛。矧太史友。內史友。【傳】侯甸男衛之國。當慎接之。況太史內史。掌國典法。所賓友乎。

越獻臣百宗工。矧惟爾事。服休服采。【傳】於善臣百尊官。不可不

愼。況汝身事。服行美道服事治民乎。**矧惟若疇圻父**

薄違農父。（傳）圻父。司馬。農父。司徒。身事且宜敬愼。況

所順疇咨之司馬乎。況能迫迴萬民之司徒乎。言任

大。○圻。巨依反。父音甫。薄。蒲各反。徐又

扶各反。違如字。徐音回。馬云違行也。**若保宏父定**

辟。矧汝剛制于酒。（傳）宏。大也。宏父。司空。當順安之司

馬司徒司空。列國諸侯三卿。愼擇其人而任之。則君

道定。況汝剛斷於酒乎。○辟。必亦反。斷。丁亂反。[疏]予惟至於酒○正義曰。殷

之存亡。既可以爲監。若是故我惟告汝曰。汝當堅固

愛愼殷之善臣。及侯甸男衛之君。則在外尚然。況巳

下太史所賓友。內史所賓友。於善臣百尊官而不固

愼乎。此之卑官猶尚固愼。況惟汝之身事。所服行美

道。服行美事治民。而可不固慎乎。於己身事猶當固慎。況惟所敬順疇咨之圻父。能迫廻萬民之農父。所順所安之宏父。此等大臣。能得固慎。則可定。其爲君之道。固慎大臣。雖非急要。尚能使君道得定。況汝又能剛斷於酒乎。善所莫大。不可加也。○傳劼固至用之。○正義曰。劼。固。釋詁文。將欲斷酒爲重。故節文以相況。毖訓爲慎。言誠堅固謹慎。皆敬而擇任之。其文適於下皆固慎。○傳侯甸至賓友乎。○正義曰。太史掌國六典。依周禮。治典。教典。禮典。政典。刑典。事典也。內史掌八柄之法者。爵禄廢置殺生與奪。此太史內史。即康叔之國大夫。知者。以下圻父農父宏父。是諸侯之三卿。明太史內史非王朝之官。所賓友者敬也。○傳於善至民乎。○正義曰。於善臣。即上經殷獻臣也。百尊官。即上侯甸男衛太史內史也。服行美道。服事治民。即上汝之身事。知服事是治民者。民惟邦本。諸侯治民爲事故也。鄭玄以服休爲燕息之近臣。服采爲朝祭之近臣。非孔意也。○傳圻父至任大。○正義曰。司馬主圻封。故云圻父。父者尊之辭。以司徒教民五土之藝。故言農夫也。以司馬征伐在乎閫外。所專。故隨順而疇咨之。言君所順疇也。迫近迴繞於萬民。言近民事也。二者皆任大。○傳宏大至酒乎。○正義曰。宏大。釋詁文。以司空亦君所順所安。和之故言當順安之。諸侯之三卿。以上有司馬司徒。故知宏父是司空。言大父者。以營造爲廣大國家之父。因節文而分之。乃揔之言司馬司徒司空。列國三卿。令慎擇其人而任之。則君道定。況剛斷於酒乎。爲甚之義也。其定辟揔上。自劼毖殷獻已下。獨言三卿者。因文相況而接之。其實揔上也。三卿不次者。以司馬征伐爲重。次以政教安萬民。司徒爲重。司空直指營造。故在下也。司徒言於萬民爲迫迴者。事務爲主故也。司徒不言若者。互相明。皆爲治民而君所順也。

厥或誥曰。羣飲。汝勿佚。傳其有誥汝曰。民羣聚飲酒。不用上命。則汝收捕之。勿令失也。

盡執拘以歸于周。予其殺。傳盡執拘羣飲酒者以歸於京師。我其擇罪重者而殺之。○盡，子忍反。**又惟殷之迪諸臣惟工。乃湎于酒。勿庸殺之。**傳 又惟殷家蹈惡俗諸臣。惟衆官化紂日久。乃沈湎於酒。勿用法殺之。○惡，烏各反。**姑惟教之。有斯明享。**傳 以其漸染惡俗，故必三申法令。且惟教之，則汝有此明訓以享國。○三，息暫反，又如字。**乃不用我教辭。惟我一人弗恤。弗蠲乃事。時同于殺。**傳 汝若忽怠不用我教辭。惟我一人不憂汝。乃不潔汝政事。是汝同於見殺之罪。疏「厥或至于殺」○正義曰：以爲政莫重於斷酒。故其有人誥汝曰。民今飲酒。相與羣聚。是不用上命。則汝收捕之。勿令失矣。盡執拘以歸於周之京師。我其擇罪重而殺之也。又惟殷之蹈惡俗諸臣。惟其衆官。化紂日久。乃沈湎於酒。勿用法殺之。以漸染惡俗。故三申法令。且惟教之。則汝有此明訓。可以享國。汝若不用我教辭。惟我一人天子不憂汝。不潔汝政事。是汝同於見殺之罪。不可不慎。○傳盡執至殺之。○正義曰。言周故爲京師。但飲有稀數。罪有大小。不可一皆盡殺。故知擇罪重者殺之。○傳又惟至殺之。○正義曰。言諸臣謂尊者。及其下列職衆官。不可用法殺之。明法有張弛。此由殷之諸臣漸染紂之惡俗日久。故不可卽殺。其衞國之民。先非紂之舊臣。乃羣聚飲酒。恐增長昏亂。故擇罪重者殺之。據意不同。故殺否有異。○傳以其至享國。○正義曰。禮成於三。故必三申法令。有此明訓。摠上之辭。故得享國。○傳汝若至之罪。○正義曰。汝不用我教辭。則不足憂念。故惟我一人不憂汝。不潔汝之政事。事惟穢惡。不復教之使潔靜也。

王曰。封。汝典聽朕毖。傳汝當常聽念我所慎而篤行之。

勿辯乃司民

湎于酒。傳 辯。使也。勿使汝主民之吏湎於酒。言當正身以帥民。疏 王曰封至于酒○正義曰。以戒酒事終。故結之。王命言曰。封。汝當常聽命我所使汝慎者篤而行之。勿使汝主民之吏。若宰人者沈湎於酒。當正身以帥民。

梓材第十三

周書

梓材 傳 告康叔以爲政之道。亦如梓人治材○梓。音子。本亦作杍。馬云古作梓字。治木器曰梓。治土器曰陶。治金器曰冶。疏 ○告康至治材○正義曰。此取下言若作梓材。既勤樸斲。故云爲政之道。如梓人治材。此古杍字。今文作梓。梓。木名。木之善者。治之宜精。因以爲木之工匠之名。下有稽田作室。乃言梓材。三種獨用梓材者。雖三者同畛。田在於外。室揔於家。猶非指事之器。故取梓材以爲功也。因戒德刑與酒事。終言治人似治器而結之故也。

王曰。封。以厥庶民暨厥臣達大家。傳 言當用其衆人之賢者。與其小臣之良者。以通達卿大夫及都家之政於國。○暨其器反。

以厥臣達王惟邦君。傳 汝當信用其臣。以通王教於民。言通民事於國。通王教於民。惟乃國君之道。

汝若恆越曰我有師師。傳 汝惟君道使順常。於是曰我有典常之師。可師法。

司徒司馬司空尹旅。曰予罔厲殺人。傳 言國之三卿。正官衆大夫。皆順典常。而曰。我無厲虐殺人之事。如此則善矣。亦厥君先敬勞。肆徂厥敬勞。傳 亦其爲君之道。當先敬勞民。故汝往治民。必敬勞來之。○勞力報反。下同。來力代反。肆往姦宄殺人歷人宥。傳 以民當敬勞之。故汝往之國。又當詳察姦宄之人。及殺人賊。所過歷之人。有所寬宥。亦所以敬勞之。○宄音軌。肆亦見厥君事戕敗人宥。傳 聽訟折獄當務從寬恕。故往治民。亦當見其爲君之事。察民以過誤殘敗人者。當寬宥之。○見如字。徐賢遍反。戕敗。徐在羊反。又七良反。馬云殘也。折之舌反。疏 王曰至人宥○正義曰。王曰封。汝爲政當用其衆人之賢者。與其小臣之良者。以通達卿大夫。及都家等大家之政於國。然後汝當信用其臣。以通達王教於民。惟乃可爲國君之道。汝爲君道。故當使上下順常。於是曰。我有典常之師可師法。是君之順典常也。其下司徒司馬司空國之三卿。及正官衆大夫。亦皆順典常。而曰。我無虐厲殺人之事。是使臣之順常也。如此。君臣皆能順常。則爲善矣。爲君之道。非但順常。亦須敬勞之。故云。亦其爲君之道。當先敬心以愛勞民。故汝往治民。必敬勞之。又以民須敬勞之。故汝往之國。詳察其姦宄及殺人之人。二者所過歷之人。原情不知。有所寛宥。以斷獄務從寛。故汝往治。亦當見其爲君之事。而民有過誤殘敗人者。當寛宥之。此亦爲敬勞之也。○傳言當至於國。○正義曰。以。用也。暨。與也。言用通厥臣可用。明此皆賢與良也。厥臣文在大家之上。故知小臣也。言用之者。既用其言以爲政。又用其人以爲輔。本之得大家所用統之。卽君所遣也。以大夫稱家。對士庶有家而非大。故云大家。卿大夫在朝者。都家。亦卿大夫所得邑也。又公邑而大夫所治亦是也。用此以行政令。上達於國。使人君知之也。卽是庶人升爲士。又用庶人進在官者。小臣亦得進等而用之。周禮有都家之官。鄭云。都。謂王子弟所封。及公卿所食邑。家。謂大夫所食采地。傳以大家言之。摠包大臣。故言卿大夫及都家之政。卿大夫之政。謂在朝所掌者。都家之政。謂采邑所有政事。二者並當通達之於國。故連言之。○傳汝當至之道。○正義曰。言汝當信用臣。卽信用卿大夫及都家自然大家也。傳用小臣與庶人。故得通王教於民也。人君上承於王。下治民事。故交通其政。惟乃國君之道而已。鄭以於邑言達大家。於國言達王與邦君。王爲二王之後。卽亂名實也。○傳汝惟至師法○正義曰。卽上民事王教通於國人。是順常也。故摠上惟邦君。言汝惟君道使順常也。典常可師。卽順常也。○傳言國至善矣○正義曰。此連上蒙若恆之文。故云。國之三卿正官衆大夫。皆順典常也。不言士。從可知也。此曰予罔厲殺人。所謂令康叔之語。但在臣下宜爲此也。以上令下行。行之在臣。故云我無厲虐殺人之事。互明君及臣。皆師法而無虐。○傳亦其至來之。○正義曰：亦其爲君之道者，爲邦君之道，非直順常，亦須敬勞，故往必敬勞，即論語云「先之勞之」是也。○傳「以民」至「勞之」。○正義曰：上文無罪敬勞，此惟就有罪者原情免宥，亦敬勞也。其實姦宄不殺人者，殺人亦是姦宄，但重言而別其文。姦宄及殺人二者並是賊害，自當合罪，不可寛宥。其所過歷之人，情所不知，故詳察寛宥，以爲敬勞之。○傳「聽訟」至「宥之」。○正義曰：以君者立於無過之地，使物不失其所，故宥罪原情，當見其爲君之事，與上「厥君」終始相承。於姦上言「肆往」，此亦以罪事往可知也。言宥，明情亦可原，故知過誤殘敗人也。

王啓監，厥亂爲民。傳言王者開置監官，其治爲民，不可不勉。○監，工暫反，劉工銜反，下同。爲，于僞反，注同。治，直吏反。○

曰：無胥戕，無胥虐，至于敬寡，至于屬婦，合由以容。傳當敎民無得相殘傷，相虐殺，至於敬養寡弱，至於有恤妾婦。和合其教。用大道以容之。無令見寃枉。○屬婦。上音蜀。妾之事妻也。令。力呈反。篇末同。寃。紆元反。一本作以元反。

王其效邦君越御事厥命曷以。傳 王者其效實國君及於御治事者。知其教命所施何用。不可不勤。

引養引恬。自古王若玆監罔攸辟。傳 能長養民。長安民。用古王道如此。監無所復罪。當務之。○恬。田廉反。辟。扶亦反。

疏 王啓至攸辟。○正義曰。周公云所以敬勞者。以王者開置監官。其治主爲於民故也。以此當教民曰。無得相傷殘。無得相虐殺。而爲重害也。何但不可爲重害民之相於。當至於敬養寡弱。至於存恤屬婦。合和其教。用大道以相容。無使至寃枉。所以如此者。以王者其當效實國君及於御治事者。惟須知其教命所施何用。知其善惡。故不可不勤也。所效實。若能長養民。長安民。用古者明王之道而治之。如此爲監。無所復罪。汝當務之。○傳當敎至寃枉○正義曰。以言曰。故知當敎民也。殘謂不死。虐甚則殺。故二文也。經言屬婦傳言妾婦者。以妾屬於人。故名屬婦。此經屬婦與寡弱爲例。則非關嫡婦也。何者。妻子是家中之貴者。不至寃枉故也。○傳王者至不勤○正義曰。以君臣共國事。故幷效御治事。而知其所施。則下不得爲非。卽是王使存省侯伯監治是也。故不可不勤。

惟曰。若稽田。既勤敷菑。惟其陳修。爲厥疆畎。傳言爲君監民。惟若農夫之考田。已勞力布發之。惟其陳列修治。爲其疆畔畎壟。然後功成。以喻敎化。○菑。側其反。畎。工犬反。

若作室家。既勤垣墉。惟其塗墍茨。傳如人爲室家已勤立垣墉。惟其當塗墍茨蓋之。○垣。音袁。墉。音庸。馬云卑曰垣。高曰墉。墍。徐許既反。說文云仰塗也。廣云塗塗也。馬云堊色。一音故愛反。茨徐在私反。若作梓材。既勤樸斲。惟其塗丹雘。傳爲政之術。如梓人治材爲器。已勞力樸治斲削。惟其當塗以漆丹以朱而後成。以言教化。亦須禮義然後治。○樸普角反。馬云未成器也。斲竹角反。雘枉略反。徐烏郭反。馬云善丹也。說文云。讀與霍同也。又一郭反。字林音同。疏惟曰至丹雘。○正義曰。既言王者所以效實國君爲政之事。故此言國君爲政之喻。惟爲監之事曰。若農人之考田也。已勞力徧布菑而耕發其田。又須惟其陳列修治。爲疆畔畎壟。以至收穫。然後功成。又若人爲室家。已勤力立其垣墉。又當惟其塗墍飾茨蓋之。功乃成也。又若梓人治材爲器。已勞力樸治斲削其材。惟其當塗而丹。漆以朱雘然後成。以喻人君爲政之道。亦勞心施政。除民之疾。又當惟其飾以禮義。使之行善。然後治。○傳爲政至後治○正義曰。

此三者。事别而喻同也。先遠而類疎者。乃漸漸以事近而切者次之。皆言既勤於初。乃言修治於末。明爲政孜孜。因前基而修。使善垣墉。故也。皆詳而復言之。室器皆云其事終。而考田止言疆畎。不云刈穫者。田以一種。但陳修終至收成。故開其初。與下二文互也。二文皆言斁。即古塗字。明其終而塗飾之。其室言塗塈。塈亦塗也。不是以物塗之。茨謂蓋覆也。器言塗丹雘。塗丹皆飾物之名。謂塗丹以朱雘。雘是彩色之名。有青色者。有朱色者。故鄭玄引山海經云。青丘之山多有青雘。此經知是朱者。與丹連文故也。

今王惟曰先王既勤用明德懷爲夾。傳 言文武已勤用明德。懷遠爲近。汝治國當法之。○夾音協。近也。**庶邦享作兄弟方來亦既用明德。**傳 衆國朝享於王。又親仁善鄰爲兄弟之國。萬方皆來賓服。亦已奉用先王之明德。○朝直遙反。后式典集庶邦丕享。傳君天下能用常法。則和集衆國。大來朝享。皇天既付中國民。越厥疆土于先王肆。傳大天已付周家治中國民矣。能遠拓其界壤。則於先王之道遂大。○付。如字。馬本作附。拓音託。王惟德用和懌先後迷民。用懌先王受命。傳今王惟用德和悅先後天下迷愚之民。先後謂教訓。所以悅先王受命之義。○懌。音亦。字又作斁。下同。先。悉薦反。注同。已若茲監。惟曰欲至于萬年。惟王。傳爲監所行。已如此所陳法則。我周家惟欲使至於萬年。承奉王室。○監。古陷反。爲。于僞反。子子孫孫永保民。傳又欲令其子孫累世長君國以安民。疏今王至保民○正義曰。此戒康叔已滿三篇。其事將終。須有揔結。因其政術言法於明王。上下相承。資以成治。故稱今者王命惟告汝曰。先王文武。在於前世。已自勤用明德。招懷遠人使來以爲親近也。以明德懷柔之。故衆國朝享於王。又相親善爲兄弟之國。萬方皆來賓服。亦已化上奉用先王之明德矣。是先王行明德。下亦行明德以從之而可法也。先王既然。凡爲君以君天下者。亦如先王用常法。則和集衆國。使之大來朝享。亦須同先王用明德也。君天下者當如此。今大天已付周家治九州之中國民矣。周家之王。若能爲政用明德以懷萬國。遠拓其疆界上壤。則先王之道。遂更光大。以此今王須大先王之政。惟明德之大道而用之。以此和悅而先後其天下迷愚之民。使之政治用此。所以悅先王受命使之遂大之義故也。是明德不可不務。故我周王今亦行之。汝爲人臣。可以不法乎。當法王家勤用明德治國也。汝若能法我王家而用明德。是爲善不可加。因歎云。已乎。如此爲監。則我周家惟曰。欲汝至於萬年。惟以承奉王室。令其子子孫孫累世長居國以安民。○傳言文至法之○正義曰。言先王。知謂文武也。夾者。是人左右而夾之。故言近也。○傳衆國至明德○正義曰。享施於王。而兄弟爲相於之辭。明彼此皆和協親仁善鄰。左傳文。以先王用明德於下之所行。今亦奉用爲亦先王耳。○傳大天至遂大○正義曰。肆。遂也。申遂故爲大。越。遠也。使天下賓服。故遠拓界壤以益先王。故爲遂大也。○傳今王至之義○正義曰。言用德亦是明德也。先後。若詩云予曰有先後。謂於民心先未悟而啓之。已悟於後化成之。故謂教訓也。先王本欲子孫成其事。今化天下使善。是悅先王受命。其和悅先王。卽遠拓疆土。悅其受命。卽遂大也。

尚書註疏卷第十四

尚書注疏彙校卷十四

康誥第十一

一葉一行　尚書註疏卷十四△　○阮元《校記乙》：尚書注疏卷第十四。古本作「尚書卷第八，古文尚書康誥第十一，周書孔氏傳」。宋板「十四」作「十三」。

一葉一行　唐孔穎△**達疏**　「穎」，單作「頴」。

一葉七行注　滅三監<。　○山井鼎《考文》：滅三監。〔古本〕下有「也」字。

一葉七行經　以殷餘民<**封**△**康叔**。　○山井鼎《考文》：封康叔。〔古本〕「封」上有「邦」字。謹按「邦」、「封」古或通用。按註及疏意當作「邦康叔」，「封」字衍文。○浦鏜《正字》：以殷餘民邦康叔。「邦」誤「封」，從疏校。○盧文弨《拾補》：以殷餘民邦康叔。毛本「邦」作「封」，誤。疏内正作「邦」，古本「邦」下有「封」字，由後人反用俗本注「邦」字下，亦如「五是來備」之「者」、「是」竝見耳。○阮元《校記甲》：以殷餘民封康叔。「封」上古本有「邦」字。山井鼎曰：「邦」、「封」古或通用。按注及疏意當作「邦康叔」，「封」字衍文。阮元《校記乙》同。○《定本校記》：以殷餘民邦康叔。内野本如此，清原宣賢手鈔本引家本亦然。神

宮本、足利本「邦」下有「封」字，注疏本「邦」作「封」，俱不與疏合。
一葉八行注　故使賢母弟主之。○山井鼎《考文》：故使賢母弟主之。〔古本〕作「故使其賢母弟主也」。○盧文弨《拾補》：故使其賢母弟主之。「其」字，今本無，古本有。○阮元《校記甲》：故使賢母弟主之。古本作「故使其賢母弟主也」。與疏異。阮元《校記乙》同。○《定本校記》：故使賢母弟主之。「賢」上内野本、神宮本、足利本有「其」字。
一葉九行釋文　數叛。上所角反。下亦作畔。「數」下王、魏無「叛上」二字。「下」，王、魏、平作「叛」。○阮元《校記甲》：叛，亦作畔。「叛」，十行本、毛本俱作「下」。
一葉十行注　命康叔之誥。○山井鼎《考文》：命康叔之誥。〔古本〕下有「也」字。
一葉十行注　康。圻内國名。叔。封字。○山井鼎《考文》：康，圻内國名。叔，封字。〔古本〕下有「也」字。謹按此註當在序「封康叔」下也，諸本皆誤。○阮元《校記甲》：康，圻内國名。叔，封字。纂傳此注在序「封康叔」下，諸本皆誤。阮元《校記乙》同。
一葉十行釋文　梓。音子。○山井鼎《考文》：梓，音子。謹按當在序文下。
一葉十行釋文　圻具依反。「具」，纂作「貝」。
一葉十一行疏　「成王至康誥○正義曰」至「自不知名號耳」。「康誥」，單、八作「梓材」。○

浦鏜《正字》：「康叔」下音義及疏「成王至名號耳」五百二十字當在上序下。○盧文弨《拾補》：成王至康誥。「至康誥」當作「至梓材」。自此至「不知名號耳」止，當在上序之下。○「成王至康誥○王義曰」至「自不知名號耳」，定本在「作康誥酒誥梓材」下，但「康誥」作「梓材」。《定本校記》：康誥。此經傳〔足利〕八行本在「作康誥、酒誥、梓材」下，今從殿本、浦氏。

一葉十二行疏　但因事而分之。　「但」，單作「伹」。

一葉十四行疏　此云既伐管叔蔡叔。　「伐」，八殘作「戈」。

一葉十五行疏　言以殷餘民。　「餘」，單作「餘」。

一葉十五行疏　以三監之民。　「之」下「民」字單爲空白。

一葉十七行疏　以六州之衆悉求歸周。　「求」，單、八、魏、平、永、毛、阮作「來」。

二葉一行疏　周禮上公五白。　「白」，單、八、魏、平、十、永、閩、毛、殿、庫、阮作「百」。「白」下單、八、平、殿、庫有「里」字。○浦鏜《正字》：周禮諸公五百里。「諸公」誤「上公」，「里」字脱。○盧文弨《拾補》：周禮上公五百里。浦云：「上」是「諸」之誤。毛本「百」下脱「里」字。○阮元《校記甲》：周禮上公五百。「百」下宋板有「里」字，是也。阮元《校記乙》同。

二葉一行疏　伯禽率ˇ七百里之△內△附庸諸侯。　○浦鏜《正字》：伯禽率七百里之內附庸諸侯。案：彼注作「伯禽為方伯監七百里內之諸侯」。○盧文弨《拾補》：伯禽率七百里之內附庸諸侯。浦云彼注作「伯禽爲方伯監七百里內之諸侯」。

二葉三行疏　故得揔△言三監。　「揔」，毛、殿、庫作「總」。

二葉五行疏　以曹地約有千△里也。　「千」，十作「十」。

二葉五行疏　至子孫而并⿰比阝△鄘也。　「⿰比阝」，單作「鄁」，魏、平、十、永、閩、庫、阮作「邶」。○《薈要》案語：至子孫而并邶鄘也。刊本「邶」訛「⿰比阝」，今改。後倣此。

二葉五行疏　其地理志⿰比阝△鄘之民。　「⿰比阝」，單、八作「鄁」，魏、平、十、永、閩、庫、阮作「邶」。

二葉六行疏　皆遷分衞民於⿰比阝△鄘。　「⿰比阝」，單、八作「鄁」，魏、平、十、永、閩、庫、阮作「邶」。

二葉六行疏　故△異國而同風。　「異」上「故」字八爲空白。

二葉七行疏　則於其間△更遣人鎮△守。　「間」，單作「閒」。「鎮」，單作「錢」。○《定本校記》：則於其間更遣人鎮守。「鎮」，單疏本誤作「錢」。

二葉七行疏　命康ˇ叔△至封字。　「康」下單無「叔」字，八有一字空白。○《定本校記》：命康至封字。「康」下〔足利〕八行本有「叔」字，今從單疏。

二葉八行疏　以定四年左傳祝佗云。　○《定本校記》：以定四年左傳祝佗云。「佗」，〔足利〕八行本誤作「陀」。

二葉八行疏　故以爲命康叔之誥。　「誥」，八作「詰」。

二葉九行疏　馬王亦然。　「馬」，八作「爲」。○《定本校記》：馬王亦然。「馬」，〔足利〕八行本誤作「焉」。

二葉十行疏　而康叔之康猶爲國。而號謚不見耳。　「猶」，阮作「鄭」。○阮元《校記甲》：而康叔之康猶爲國。「猶」，十行本誤作「鄭」。○阮元《校記乙》：而康叔之康鄭爲國。案：「鄭」當作「猶」，各本皆不誤，轉寫之譌耳。○張鈞衡《校記》：猶爲國而號謚不見耳。阮本「猶」作「鄭」。校勘記云：「鄭」當作「猶」，各本皆不誤，轉寫之譌耳。此本獨不誤，亦見此本之佳。

二葉十一行注　周公攝政七年三月。　○山井鼎《考文》：「七年三月」下、「而集會」下、「服五百里」下、「即事於周」下，〔古本〕共有「也」字。

二葉十二行釋文　馬云鼂。朏也。　「云」，王作「曰」。

二葉十四行注　四方之民。　「方」，王作「万」。

二葉十六行經　百工播民和。見士于周。　○《定本校記》：士于周。内野本、神宫本無「于」字。

三葉一行注　並見即事於周。「於」，纂作「于」。「周」下王、纂、魏、毛、殿、庫有釋文「見，賢遍反」四字，平有釋文「和見，賢遍反」五字。○浦鏜《正字》：見，賢遍切。四字監本脱。

三葉一行經　周公咸勤。「勤」，閩作「勤」。

三葉一行經　乃洪大誥治。○阮元《校記甲》：乃洪大誥治。陸氏曰：一本作「周公迺洪大誥治」。阮元《校記乙》同。

三葉二行注　周公皆勞勉五服之人。○山井鼎《考文》：五服之人。〔古本〕「人」作「民」。○盧文弨《拾補》：周公皆勞勉五服之人。古本「人」作「民」。○阮元《校記甲》：周公皆勞勉五服之人。「人」，古本作「民」。○《定本校記》：周公皆勞勉五服之人。「人」，内野本、神宫本、足利本作「民」。

三葉二行注　遂乃因大封命大誥以治道。○山井鼎《考文》：大誥以治道。〔古本〕「誥」作「告」。○盧文弨《拾補》：大誥以治道。古本「誥」作「告」。○阮元《校記甲》：大誥以治道。「誥」，古本作「告」。阮元《校記乙》同。

三葉三行釋文　陸云乃洪治同。一本作周公乃洪大誥治。「陸云乃洪治同」，王作「治，直吏反。注及下其治、民安治、用安治同」十六字，纂、毛作「陸云乃洪大誥治，直吏反。注及下其治、民安治、用安治同」二十二字，魏、平、殿、庫作「乃洪大誥治，直吏反。注及下其治、民安治、用安治同」二十字。「本」，永作一字空白。「公」下「乃」，王、纂、魏、平、十、永、殿、庫、阮作「迺」。「誥」下「治」，平作「行」。○浦鏜《正字》：陸云乃洪大誥治，直吏切，注及下其治、民安治、用安治同。一本作周公迺洪大誥治。監本脱「大誥」至「用安」一十六字。「迺」仍作「乃」，誤。○阮元《校記甲》：乃洪大誥治，一本作周公迺洪大誥治。「迺」，毛本作「乃」。盧文弨云：據釋文此語豈陸本無「周公咸勤」四字耶。按：陸意葢謂一本無「咸勤」二字耳，與孔傳不合，故不從。又按：「乃」作「迺」者，葢天寶以前尚書本皆作「迺」，天寶時始皆改爲「乃」，於此可證段玉裁説。

三葉三行釋文　勞。力報反。魏無「勞。力報反」四字釋文。平作「皆勞，力報反」五字。

三葉四行疏　始明死而生魄。「魄」，單作「魄」。

三葉四行疏　於時周公初造基址。「址」，單、魏、平、永、阮作「趾」。○盧文弨《拾補》：於時周公始造基趾。毛本「趾」作「址」。「址」當作「趾」。

三葉七行疏　以洛誥即七年反政而言新邑營及獻卜之事。　○浦鏜《正字》：而言新邑營及獻卜之事。「及」，監本誤「反」。○阮元《校記甲》：而言新邑營及獻卜之事。「及」，監本誤作「反」。

三葉八行疏　七年制禮作樂。　「七」，單、八、魏、平作「六」。○山井鼎《考文》：七年制禮作樂。〔宋板〕「七」作「六」。○盧文弨《拾補》：六年制禮作樂。毛本「六」作「七」，宋本作「六」，當從宋本。○阮元《校記甲》：七年制禮作樂。「七」，宋板作「六」。按：當作「六」。阮元《校記乙》同。○孫詒讓改「七」作「六」。其校記云：伏傳及鄭、孔三家異同之說，詳明堂位疏。

三葉九行疏　昔者周公朝諸侯于明堂之位。　「于」，庫作「於」。

三葉九行疏　即云頒度量而天下大順。　「順」，單、八、魏、平作「服」。○山井鼎《考文》：天下大順。〔宋板〕「順」作「服」。○浦鏜《正字》：即云頒度量而天下大服。「服」誤「順」。○盧文弨《拾補》：即云頒度量而天下大服。毛本「服」作「順」。「順」當作「服」。○阮元《校記甲》：即云頒度量而天下大順。「順」，宋板作「服」。按：明堂位作「服」，宋本是也。阮元《校記乙》同。

三葉十一行疏　初造至集會。　「集會」，八作「會集」。○《定本校記》：初造至集會。「集會」二字〔足利〕八行本誤倒。

三葉十二行疏　以天下土中故也。　○浦鏜《正字》：以天下土中故也。「土」，監本誤「上」。

三葉十二行疏　其召誥與大司徒文之所出。　「司」，十作「同」。

三葉十二行疏　以生治民。故民服悦而見太平也。　「生」，單、八、魏、平、十、永、閩、殿、庫、阮作「主」。「太」，十、阮作「大」。○物觀《補遺》：以生治民。宋板「生」作「主」。○浦鏜《正字》：以主治民，故民服悦而見太平也。「主」誤「生」。○盧文弨《拾補》：以主治民。毛本「主」作「生」。「生」當作「主」。○阮元《校記甲》：以生治民。「生」，宋板、十行、閩本俱作「主」。

三葉十三行疏　謂初始營建基址。　「址」，單作「趾」。

三葉十三行疏　此史摠序言之。　「摠」，毛、殿、庫作「總」。

三葉十四行疏　正義曰。男下獨有邦。　○阮元《校記甲》：男下獨有邦。「邦」下纂傳有「字」字。

三葉十六行疏　言與禹貢異制也。　「言」下永無「與」字。

三葉十六行疏　餘非土中者。　「土」，十作「上」。

三葉十七行疏　自由當時之宜。　「由」，十、阮作「出」。○阮元《校記甲》：自由當時之宜。「由」，十行本作「出」。○阮元《校記乙》：目(自)出當時之宜。毛本「出」作「由」。

三葉十七行疏　以遠於役事而恒闕焉。　「恒」，永作「桓」。

三葉十八行疏　見亦主其勞。　「主」，十、阮作「上」。○阮元《校記甲》：見亦主其勞。「主」，十行本作「上」。○阮元《校記乙》：見亦上其勞。毛本「上」作「三(主)」。

三葉十八行疏　百官播率其民和悦即事。　「事」，十作「集」。○盧文弨《拾補》：播率其民和悦即事。元本「事」作「集」。

四葉一行疏　見太平也。　「太」，十作「大」。

四葉一行疏　其民猶至。　「民」，單、八、魏、平、十、永作「且」。○山井鼎《考文》：其民猶至。〔宋板〕「民」作「且」。○盧文弨《拾補》：示之以力役且猶至。毛本「且」作「其」。「其」當作「且」。毛本「其」下有「民」字，衍。○阮元《校記甲》：其民猶至。「民」，宋板、十行俱作「且」。○阮元《校記乙》：其且猶至。宋板同。毛本「且」作「民」。

四葉一行疏　周公至治道。　「至」，魏作「而」。

四葉一行疏　正義曰。太保以戊申至七日庚戌。　「太」，毛作「大」。「日」，阮作「月」。「戊」，八、魏、平、十、永、閩、毛、庫作「戍」。○殿本《考證》：太保以戊申至七日庚戌。臣召南按：召誥曰：「越三日庚戌」，自戊申至庚戌爲三日也。「七」字係「三」字之訛，各本並誤。或疑召誥疏言庚戌是七日，然此文不應爾。○浦鏜《正字》：太保以戊申至三日庚戌云云。「三日」誤「七日」，上當脱「越」字。○盧文弨《拾補》：太保以戊申至七日庚戌云云。文弨案：「七日」乃月之七日也，下「十二日乙卯」亦同。有疑「七日」當作「三日」者，非。

四葉二行疏　周公以十二日乙卯朝至于洛。　「二」，阮作「三」。

四葉五行注　周公稱成王命順康叔之德。　○《定本校記》：周公稱成王命。内野本、神宫本無「成」字，清原宣賢手鈔本引家本亦無。

四葉六行注　命爲孟侯。　○山井鼎《考文》：「命爲孟侯」下、「封康叔名」下、「當受教訓」下、「以爲教首」下、「以示民」下、「皆以修治」下、「天美其治」下、「皆文王教」下，〔古本〕共有「也」字。

四葉七行注　稱小子。明當受教訓。　「訓」，纂作「誨」。○浦鏜《正字》：稱小子，明當受教訓。「受」，監本誤。○《定本校記》：明當受教訓。「訓」，内野本、神宫本作「誨」。

四葉七行釋文 **長。之丈反。下同。** 「長」上平有「孟」字。「之」，王、纂、魏、平、十、永、閩、殿、庫、阮作「丁」。「丈」，十、永作「文」，毛作「其」。「反」下王無「下同」二字。○山井鼎《考文》：長，之其反。下同。[正誤]「其」當作「丈」。物觀《補遺》：經典釋文「其」作「丈」。○浦鏜《正字》：長，之丈切。「丈」，毛本誤「其」。○阮元《校記甲》：孟長，丁丈反。「丁丈」，毛本誤作「之其」。

四葉九行注 **能顯用俊德。慎去刑罰。** ○浦鏜《正字》：能顯用俊德慎去刑罰。「慎」字，監本誤。○阮元《校記甲》：慎去刑罰。「慎」，監本誤作「慎」。

四葉九行釋文 **去。羌呂反。** 「去」上平有「憒」字。

四葉十行經 **不敢侮鰥寡。** 「寡」，閩作「寡」。

四葉十行經 **庸庸。祇祇。威威。顯民。** 「祇祇」，阮作「祇祇」。

四葉十二行經 **用肇造我區夏。** 「肇」，石、八、李作「肈」。

四葉十三行注 **故於一二邦皆以修治。** 「於」下八、李、王、纂、魏、平、岳、十、永、殿、庫、阮有「我」字。○浦鏜《正字》：故於我一二邦皆以修治。監本脱「我」字。○阮元《校記甲》：故於我一二邦。葛本、閩、監俱脱「我」字。阮元《校記乙》同。○《定本校記》：故於我一二邦皆以修治。「邦」，内野本、神宮本作「國」。

四葉十四行經　我西土惟時怙。冒聞于上帝。○岳本《考證》：我西土惟時怙冒聞于上帝。原本于「冒」字絶句。而殿本則以「冒」字屬下。案：趙岐注孟子引此亦作「冒聞于上帝」。宋儒始以「惟時怙冒」爲句。于義頗優。原本從之。

四葉十四行注　我西土岐周。「岐」，李、王、纂作「岐」，魏作「岐」，永作「岐」。

四葉十五行注　故其政教冒被四表。「被」，永作「彼」。

四葉十六行釋文　怙。音户。冒。莫報反。覆也。聞。如字。徐又音問。「聞」，纂作「閅」。魏無「怙。音户。冒。莫報反。覆也。聞。如字。徐又音問」十六字釋文。

四葉十七行經　誕受厥命。○山井鼎《考文》：「誕受厥命」、「越厥邦厥民惟時敘」、「有厥罪小」、「道極厥辜」、「子弗祗服厥父事」、「大傷厥考心」、「惟厥正人越小臣」、「則罔政在厥邦」、「未戾厥心」、「惟厥罪無在大」，〔古本〕「厥」並作「其」。謹按字或作「亣」，參差不齊。

五葉一行注　於其國。於其民。○《定本校記》：於其民。内野本、神宮本無「於」字。

五葉一行注　惟是次序。「序」，八、李、王、纂、岳作「敘」。○阮元《校記甲》：惟是次序，皆文王教。「序」，岳本作「敘」。

五葉三行注　得在此東土爲諸侯。　○山井鼎《考文》：爲諸侯。〔古本〕下有「也矣」。○物觀《補遺》：東土爲諸侯。〔古本〕下有「也矣」。○阮元《校記甲》：得在此東土爲諸侯。古本下有「也矣」二字。

五葉四行疏　正義曰。言周公稱成王命順康叔之德而言曰。　上「曰」，殿作「白」。

五葉六行疏　不侮鰥夫寡婦。　「侮」下，單、八有「慢」字。○物觀《補遺》：不侮鰥夫。〔宋板〕「侮」下有「慢」字。○盧文弨《拾補》：不侮慢鰥夫寡婦。毛本脱「慢」字。○阮元《校記甲》：不侮鰥夫寡婦。「侮」下宋板有「慢」字。阮元《校記乙》同。

五葉六行疏　況貴強乎。　「強」，魏作「彊」。

五葉七行疏　由是於我一二諸國皆以修治也。　「皆」，阮作「漸」。○阮元《校記甲》：皆以修治也。「皆」，十行本作「漸」。○阮元《校記乙》：漸以修治也。毛本「漸」作「皆」。

五葉七行疏　我西土惟是怙恃文王之道。　「土」，單作「上」。

五葉八行疏　天美其治道。　「美」上平無「天」字。

五葉八行疏　用兵除害于殷。　「害」，單、八、魏作「惡」，平作「悪」。「于」，庫作「於」。○山井鼎《考文》：用兵除害于殷。〔宋板〕「害」作「惡」。○盧文弨《拾補》：用兵除惡于殷。毛本「惡」作「害」。「害」當作「惡」。○阮元《校記甲》：用兵除害于殷。「害」，宋板作

「惡」。阮元《校記乙》同。

五葉九行疏　惟是皆有次序以文王之德故也。　「序」，單、八作「敘」。「德」，單、八、魏、平、永、殿、庫作「教」。○山井鼎《考文》：以文王之德故也。〔宋板〕「德」作「教」。○盧文弨《拾補》：以文王之教故也。毛本「教」作「德」。「德」當作「教」。○阮元《校記甲》：以文王之德故也。「德」，宋板作「教」。阮元《校記乙》同。

五葉十行疏　勉行文王之道。故受命克殷。　「殷」，十作「𣪊」。○盧文弨《拾補》：勉行文王之教，故受命有殷。毛本「有」作「克」。「克」當作「有」。

五葉十行疏　今汝小子封。　「今」，平作「令」。

五葉十三行疏　王制有連屬卒伯也。　「卒」，八、魏、十、永、閩、阮作「率」。○阮元《校記甲》：王制有連屬卒伯也。「卒」，十行、閩本俱作「率」。

五葉十四行疏　固非卒及連屬也。　「卒」，八作「率」。

五葉十五行疏　四代皆通也。　「代」，永作「伐」。

五葉十七行疏　而鄭以摠告諸侯。　「摠」，毛、殿、庫作「總」。

六葉二行疏　乃大命之殺兵殷者。　「大」，阮作「天」。

六葉三行疏　用誅殺之道。以兵患殷。　「殺」下毛無「之」字。○浦鏜《正字》：用誅殺之道，以兵患殷。毛本脱「之」字。○盧文弨《拾補》：用誅殺之道，以兵患殷。毛本脱「之」字。○阮元《校記甲》：用誅殺道。「道」上十行、閩、監俱有「之」字。

六葉四行注　念我所以告汝之言。　○山井鼎《考文》：「告汝之言」下、「以爲政教」下、「用安治民」下、「則知訓民」下、「常在王命」下、「瘝病」下、「敬行我言」下、「以其輔誠」下，〔古本〕並有「也」。

六葉四行經　今民將在祗遹乃文考。　「祗」，阮作「祇」。○山井鼎《考文》：今民將在祗遹乃文考。〔古本〕「民」上有「治」字。○盧文弨《拾補》：今民將在祗遹乃文考。古本「今」下有「治」字。○阮元《校記甲》：今民將在祗遹乃文考。「民」上古本有「治」字。阮元《校記乙》同。○《定本校記》：今民將在祗遹乃文考。「民」上，内野本、神宫本、足利本有「治」字，清原宣賢手鈔本引家本亦有。

六葉五行經　紹聞衣德言。　○《定本校記》：紹聞衣德言。「衣」，内野本、神宫本作「服」。

六葉五行注　今治民將在敬循汝文德之父。　「在」，魏作「敬」。

六葉六行釋文　遹。音聿。又音述。馬紹述也。　「聿」，魏作「律」。「紹」，王、纂、魏、平、殿、庫作「云」。○山井鼎《考文》：馬紹述也。經典釋文「紹」作「云」。○浦鏜《正字》：

遹，馬云述也。「云」誤「紹」。○阮元《校記甲》：遹，馬云述也。「云」，十行本、毛本俱作「紹」。

六葉八行注　用安治民。○《定本校記》：用安治民。内野本、神宮本無「用」字，清原宣賢手鈔本引家本亦無。

六葉八行經　汝丕遠惟商耇成人。○山井鼎《考文》：汝丕遠惟商耇成人。〔古本〕「汝」作「女」。篇内皆同。○盧文弨《拾補》：汝丕遠惟商耇成人。古本「汝」作「女」。篇内竝同。○阮元《校記甲》：汝丕遠惟商耇成人。「汝」，古本作「女」，篇内皆同。阮元《校記乙》同。

六葉十行釋文　耇。音徇。「徇」，王、魏、平、十、永、閩、毛、殿、庫、阮作「狥」，纂作「苟」。

六葉十一行注　又當別求所聞父兄用古先智王之道。「又」，岳作「乂」。

六葉十二行經　若德裕乃身不廢。在王命。「裕」，八、李、王、纂、平、十、永、毛、庫作「裕」。○山井鼎《考文》：不廢在王命。〔古本〕「不」作「弗」。篇内除「不孝」、「不友」、「不能」、「不念」、「不于」、「不率」、「不適」、「不于」外，皆同。謹按「不友于弟」、「不能厥家人」，〔古本〕亦作「弗」。

六葉十四行疏　既言文王明德慎罰之訓。「訓」，阮作「調」。○阮元《校記甲》：既言文王明德慎罰之訓。「訓」，十行本誤作「調」。○阮元《校記乙》：既言文王明德慎罰之調。岳（毛）本「調」作「訓」。案：「調」形近之譌。○張鈞衡《校記》：既言文王明德慎罰之訓。阮本「訓」作「調」，誤。

六葉十六行疏　汝又當須大遠求商家耇老成人之道。「又」，平作「人」。「大」，十作「太」。

七葉一行疏　謂文王先有所聞善事。「善」下「事」，毛爲墨丁。○物觀《補遺》：所聞善今。〔宋板〕「善」下有「事」字。○浦鏜《正字》：謂文王先有所聞善事。毛本「事」字缺。○盧文弨《拾補》：謂文王先有所聞善事。毛本「事」字失刻。○阮元《校記甲》：謂文王先有所聞善。「善」下一字未刻，宋板、十行、閩、監俱是「事」字。○阮元《校記乙》：謂文王先有所聞善事。毛本缺「事」字。

七葉三行疏　傳又當至安民○正義曰。以父兄乃所居殷外。「以父」上「傳又當至安民○正義曰」，殿、庫作「別求所聞者」。

七葉五行疏　傳大于至王命○正義曰。以天道人用而光大之。「以天」上「傳大于至王命○正義曰」，殿、庫作「大于天者」。

七葉六行疏　其文王及殷古先哲王與天。「王」，阮作「三」。「及」，平作「乃」。○張鈞衡

《校記》：其文王。阮本「王」作「三」，誤。

七葉六行疏　其道不異。「其」，平作「之」。

七葉七行經　王曰。嗚呼。小子封。恫瘝乃身。○阮元《校記甲》：王曰，嗚呼，小子封，恫瘝乃身。按：後漢書和帝紀永元八年詔曰：朕寤寐恫矜。注：尚書曰「恫矜乃身」。孔安國注曰：恫，痛也。矜，病也。言如痛病在身，欲除之也。「矜」，音古頑反。蓋章懷所見孔氏尚書作「矜」，可證「瘝」爲「矜」之俗字也。阮元《校記乙》同。

七葉八行注　治民務除惡政。「惡」，平作「悪」。

七葉九行釋文　恫。音通。又勑動反。「勑」，毛作一字空白。○山井鼎《考文》：恫，音通，又勑動反。謹按崇禎本闕「勑」字。○浦鏜《正字》：又勑動切。毛本「勑」字缺。

七葉九行經　天畏棐忱。○盧文弨《拾補》：天畏棐忱。「畏」，風俗通十反篇引作「威」，可見二字多通用。

七葉十行注　人情大可見。○山井鼎《考文》：人情大可見。〔古本〕「人」作「民」。○盧文弨《拾補》：人情大可見。古本「人」作「民」。○阮元《校記甲》：人情大可見。「人」，古本、纂傳俱作「民」。阮元《校記乙》同。○《定本校記》：人情大可見。「人」，内野本、神宮本、足利本作「民」。「大可」二字，内野本、神宮本、足利本倒。

七葉十一行釋文　忱。市林反。「忱」，十作「沈」。

七葉十一行經　無康好逸豫。○山井鼎《考文》：無康好逸豫。〔古本〕「無」作「亡」。篇内皆同。○《定本校記》：無康好逸豫。「豫」，内野本作「裕」，清原宣賢手鈔本引家本亦然。

七葉十二行注　其乃治民。○《定本校記》：其乃治民。「治民」二字，内野本、神宮本、足利本倒，清原宣賢手鈔本引家本亦然。

七葉十三行釋文　盡。徐子忍反。「盡」上平有「往」字。

七葉十四行注　不在大。起於小。○山井鼎《考文》：不在大，起於小。〔古本〕作「不在大，大起於小也」。○盧文弨《拾補》：不在大，大起於小。毛本「大」不重，古本重。當從古本。古本「小」下有「也」字，下句同。○阮元《校記甲》：起於小。「起」上古本有「大」字。阮元《校記乙》同。○《定本校記》：起於小。「起」上，内野本、足利本有「大」字。

七葉十四行注　小至於大。○山井鼎《考文》：小至於大。〔古本〕下有「也」字。「不勉者勉」下、「殷之民衆」下、「日新之教」下、下註「欲其重慎」下、「用犯汝」下並同。

七葉十六行經　乃服惟弘王。「惟」下永無「弘」字。

七葉十七行注　下以安我所受殷之民衆。　「殷」下李無「之」字。

七葉十八行釋文　應。應對之應。注同。徐於甑反。　「甑」，永作「甑」。

八葉一行注　亦所以惟助王者居順天命爲民日新之教。　「王」，庫作「主」。「天」，岳作「大」。

八葉二行疏　所明而云行天人之德者。　○殿本《考證》：臣浩按：所明而云行天人之德者。「所明而云」四字理不可解。玩文義，似當云「上文所云行天人之德者」。但各本俱誤，仍之。○盧文弨《拾補》：所明而云行天人之德者，其要在於治民。「所」，疑當作「此」。「而云」二字疑衍。○阮元《校記甲》：所明而云行天人之德者。盧文弨云：「所」，疑當作「此」，「而云」二字疑衍。按：「而云」疑當作「上云」。阮元《校記乙》同。○《定本校記》：所明而云行天人之德者。此句疑有譌，待攷。

八葉二行疏　其要在於治民。　「要」，十作「叓」。

八葉三行疏　當如痛病在汝身欲去之。　「痛病」，閩作「庯病」。

八葉三行疏　以天德可畏者。　「畏」下殿、庫有「所以可畏」四字。○殿本《考證》：以天德可畏所以可畏者。監本脱「所以可畏」四字。今從舊本添補。○浦鏜《正字》：所以去惡政者，以天德可畏。下當脱「所以可畏」四字。○盧文弨《拾補》：以天德可畏所以可畏者。

毛本脱「所以可畏」四字，官本有。○《定本校記》：以天德可畏者。「畏」下殿本、浦氏增「所以可畏」四字。

八葉四行疏　以小人難保也。　「保」，單、八、魏、平、永、毛、殿、庫作「安」。○阮元《校記甲》：以小人難安也。「安」，十行、閩、監俱作「保」。○阮元《校記乙》：以小人難保也。閩本、明監本同。毛本「保」作「安」。○張鈞衡《校記》：以小人難安也。阮本「安」作「保」。

八葉四行疏　當盡汝心爲政。　「當」，魏作「事」。

八葉五行疏　無自安好逸豫而寬縱。　「縱」，魏、平作「從」。

八葉五行疏　我聞古遺言曰。　「古」，十、永、阮作「名」。○阮元《校記甲》：我聞古遺言曰。「古」，十行本誤作「名」。○阮元《校記乙》：我聞名遺言曰。毛本「名」作「古」。案：所改是也。

八葉八行疏　此亦惟助王者居順天命。　「助」，單作「助」。

八葉八行疏　爲民日新之教。　「新」下「之」，八爲空白。

八葉八行疏　瘝。病。釋詁文。　「病」，十作「疠」。○浦鏜《正字》：瘝，病。釋詁文。「瘝」，爾雅作「鰥」。○盧文弨《拾補》：瘝，病。釋詁文。浦云：爾雅「瘝」作「鰥」。

八葉十一行疏　傳不在至者勉○正義曰。以致怨恐謂由大惡。「以致」上「傳不在至者勉○正義曰」，殿、庫作「不在大者」。

八葉十五行經　人有小罪。非眚。○阮元《校記甲》：非眚。陸氏曰：「眚」，本亦作「省」。按：潛夫論作「省」。阮元《校記乙》同。

八葉十六行注　乃惟終自行之。「自」，岳作「身」。○阮元《校記甲》：乃惟終自行之。「自」，岳本作「身」，與疏合。按：纂傳已誤作「自」。阮元《校記乙》同。

九葉二行注　當以罰宥論之。○山井鼎《考文》：當以罰宥論之。〔古本〕「之」作「也」。○阮元《校記甲》：當以罰宥論之。「之」，古本作「也」。

九葉二行疏　王曰嗚呼封敬至可殺。「殺」，十作「殺」。

九葉四行疏　乃惟終身自爲不當之行。「當」，單、八、魏、平、十、閩、毛、殿、庫、阮作「常」。○浦鏜《正字》：乃惟終身自爲不常之行。「常」，監本誤「當」。○阮元《校記甲》：乃惟終身自爲不常之行。「常」，監本誤作「當」。

九葉五行疏　以此故汝當盡斷獄之道以窮極其罪。「故」下單、八無「汝」字。○山井鼎《考文》：以此故汝當盡斷獄之道。〔宋板〕無「汝」字。○盧文弨《拾補》：以此故汝當盡斷獄之道。宋本闕「汝」字。○阮元《校記甲》：汝當盡斷獄之道。宋板無「汝」字。

九葉七行注　則民服。○山井鼎《考文》：「則民服」下、「勉爲和」下，〔古本〕共有「也」字。

九葉八行經　若有疾。惟民其畢棄咎。○山井鼎《考文》：若有疾，惟民其畢棄咎。〔古本〕無「惟」字。○盧文弨《拾補》：惟民其畢棄咎。古本無「惟」字。○阮元《校記甲》：惟民其畢棄咎。古本無「惟」字。阮元《校記乙》同。

九葉十行注　則惟民其盡棄惡修善。「善」下八有「矣」字。○山井鼎《考文》：棄惡修善。〔古本〕下有「矣」字。宋板同。○盧文弨《拾補》：則惟民其盡棄惡修善矣。毛本脱「矣」字，古本、宋本皆有。○阮元《校記甲》：則惟民其盡棄惡修善。「善」下古本、宋板俱有「矣」字。○《定本校記》：則惟民其盡弃惡修善。「善」下〔足利〕八行本有「矣」字，與疏標題不合。

九葉十行釋文　咎。其九反。「九」，纂作「久」。

九葉十行經　惟民其康乂。○《定本校記》：惟民其康乂。内野本、神宮本無「其」字。

九葉十一行注　愛養人如安孩兒赤子。○《定本校記》：愛養人如安孩兒赤子。「人」，内野本、神宮本作「民」。

九葉十一行注　惟民其皆安治。　○山井鼎《考文》：「其皆安治」下、「亦言所得行」下，〔古本〕共有「也」字。

九葉十二行注　言得刑殺罪人。　「殺罪」，永作「罪殺」。○阮元《校記甲》：言得刑殺罪人。「人」字十行本缺。○阮元《校記乙》：言得刑殺罪。岳本「罪」上（下）有「人」字。

九葉十三行注　而有妄刑殺非辜者。　○《定本校記》：而有妄刑殺非辜者。「辜」，内野本、足利本作「罪」。

九葉十三行經　非汝封又曰劓刵人。　「又」，李作「乂」。○浦鏜《正字》：非汝封又曰劓刵人。案：朱子云：「『又曰』二字當在『非汝封』三字之上。」

九葉十五行釋文　劓。魚器反。刵。如志反。　「劓」，毛在「刵」下。○山井鼎《考文》：魚器反。刵，如志反。正誤當作「劓，魚器反。刵，如志反」。物觀《補遺》：據經典釋文。

○浦鏜《正字》：劓，魚器切。刵，如志切。「劓」字，毛本誤在「刵」字下。

九葉十六行注　以戒爲人輕行之。　○山井鼎《考文》：爲人輕行之。〔古本〕「之」作「也」。

○阮元《校記甲》：爲人輕行之。「之」，古本作「也」。

九葉十六行疏　王曰嗚呼封有至刵人　「刵」，平作「刖」。

九葉十六行疏　不得巳即用之。　○浦鏜《正字》：不得已即用之。「即」，疑「而」字誤。○盧文弨《拾補》：不得已即用之。浦疑「即」當作「而」。

九葉十六行疏　故又本於政不可以濫刑。　「又」，毛作「文」。○浦鏜《正字》：故又本於政不可以濫刑。毛本「又」作「文」。○盧文弨《拾補》：故又本於政不可以濫刑。毛本誤「文」。「文」當作「又」。○阮元《校記甲》：故文本於政不可以濫刑。「文」，十行、閩、監俱作「又」。○阮元《校記乙》：故又本於政不可以濫刑。閩本、明監本同。毛本「又」作「文」。

九葉十七行疏　而汝政教有次序。　「序」，單、八作「敘」。

十葉二行疏　而有濫刑人殺人無辜也。　「無」，十、永、阮作「无」。

十葉四行疏　人爲上養。則化所行。　○浦鏜《正字》：人爲上養，則化所行。「所」，疑「斯」字誤。○盧文弨《拾補》：人爲上養，則化所行。「所」，疑當作「斯」。

十葉四行疏　㊀劓截至得行○正義曰。以國君故得專刑殺於國中。　「以國」上「㊀劓截至得行○正義曰」，殿、庫作「云刑之輕者得行者」。

十葉五行疏　而不可濫其刑即墨劓剕宫也。　「剕」，平作「刵」。

十葉六行疏　周官五刑所無。　「無」，十、永、阮作「无」。

十葉六行疏　易噬嗑上九云。　「噬」，十、永作「筮」。

十葉六行疏　何校滅耳。　「校」，毛作「挍」。○浦鏜《正字》：何校滅耳。「校」，毛本誤「挍」。

十葉七行疏　言又曰者。周公述康叔豈非汝封又自言曰得劓刵人。此又曰者。述康叔之又曰。　○阮元《校記甲》：言又曰者，周公述康叔豈非汝封又自言曰得劓人。此又曰者，述康叔之又曰。按：或以爲此經文似本作「又曰非汝封，又曰劓刵人」。有兩「又曰」，無煩朱子疑「又曰」字當在「非汝封」之上也。臣謂正義文理拙澁。「周公述」已下十八字爲一句，而下文又申明之，不當疑經文有兩「又曰」脱其一也。「又曰要囚」正義「又重言曰」。阮元《校記乙》同。

十葉十行釋文　臬。魚列反。　「魚列」，毛作「列魚」。○山井鼎《考文》：臬，列魚反。

正誤「列魚」當作「魚列」〔據經典釋文〕。

十葉十一行注　要囚。　「囚」，纂作「用」。

十葉十一行注　謂察其要辭以斷獄。　「辭」，李作「辤」。○山井鼎《考文》：以斷獄。〔古本〕下有「也」字。

十葉十二行注　至於十日。　○山井鼎《考文》：至於十日。〔古本〕「於」作「于」。○盧文弨《拾補》：至于十日。毛本「于」作「於」。「於」當作「于」。

十葉十二行注　至於三月。　「於」，八、李、王、纂作「于」。○山井鼎《考文》：至於三月。〔古本〕「於」作「于」，宋板同。○盧文弨《拾補》：至于三月。毛本「于」作「於」。「於」當作「于」。

十葉十三行注　重刑之至也。　○阮元《校記甲》：重刑之至也。按：疏標目及舉傳文俱無「也」字。阮元《校記乙》同。○《定本校記》：重刑之至。神宮本如此。「至」下各本有「也」字，與疏標題不合。

十葉十三行釋文　斷。丁亂反。下及篇末同。　「丁」，毛作「下」。「及」上魏無「下」字。○山井鼎《考文》：斷，下亂反。[正誤]「下」，當作「丁」。物觀《補遺》：據經典釋文。○浦鏜《正字》：斷，丁亂切。「丁」，毛本誤「下」。○阮元《校記甲》：斷，丁亂反。「丁」，毛本誤作「下」。

十葉十五行疏　汝當布陳是刑法以司牧其衆。　「刑」下魏無「法」字。

十葉十六行疏　次至於十日。　○浦鏜《正字》：次至於十日。「十」，監本誤「卜」。

十葉十七行疏　爲奉上事。　「上」，單、八、魏、平、閩作「王」，十、永、阮作「土」。○物觀《補遺》：爲奉上事。〔宋板〕「上」作「王」。○盧文弨《拾補》：爲奉王事。毛本「王」作「上」。「上」當作「王」。○阮元《校記甲》：爲奉上事。「上」，宋板作「王」，十行、閩本俱誤作「土」。○阮元《校記乙》：爲奉土事。閩本同。宋板「土」作「王」。毛本作「上」。案：「上」字是也。

十一葉二行疏　要囚至之至。　「之至」，平作「至也」。

十一葉五行注　謂典刑故事。　○山井鼎《考文》：「典刑故事」下、「心所安」下、「自以爲不足」下、「汝心最善」下、「款心」下，〔古本〕共有「也」字。

十一葉五行釋文　彝。以支反。　「支」，纂、十作「攴」。「反」下王、魏、平有「下同」二字。○物觀《補遺》：彝，以支反。〔經典釋文〕「反」下有「下同」二字。

十一葉五行經　用其義刑義殺。　○山井鼎《考文》：用其義刑義殺。〔古本〕「義」作「誼」。○盧文弨《拾補》：用其義刑義殺。古本「義」作「誼」。下同。○阮元《校記甲》：用其義刑義殺。兩「義」字古本俱作「誼」。阮元《校記乙》同。

十一葉五行經　勿庸以次汝封。　「以」下魏無「次」字。○山井鼎《考文》：勿庸以次汝封。〔古本〕「庸」作「用」。○盧文弨《拾補》：勿庸以次汝封。古本「庸」作「用」。○阮元《校記甲》：勿庸以次汝封。「庸」，古本作「用」。阮元《校記乙》同。

十一葉八行注　曰是有次敘。　「敘」，纂作「序」。

十一葉十行經　朕心朕德。　○《定本校記》：朕心朕德。神宮本無下「朕」字，清原宣賢手鈔本引家本亦無。

十一葉十一行注　我心我德。　「德」，魏、十、永、閩、阮作「心」。○阮元《校記甲》：我心我德。「德」，十行、閩、葛俱誤作「心」。按：葛本誤以上二字屬上句，下二字屬下句，故有此誤。○阮元《校記乙》：我心我心。閩本、葛本同。毛本下「心」作「德」，是也。案：葛本誤以上二字屬上句，下二字屬下句，故有此誤。

十一葉十一行注　欲其明成王所以命巳之款心。　○盧文弨《拾補》：欲其明成王所以命己之款心。毛本「己」作「巳」，誤。疏「爲己」同。○阮元《校記甲》：欲其明成王所以命己之款心。毛居正曰：「王」作「三」，誤。

十一葉十二行釋文　款。苦管反。　「款」，魏作「欵」。「苦」，阮作「若」。○張鈞衡《校記》：欵（歀），苦管反。阮本「苦」作「若」，誤。

十一葉十三行疏　其刑法斷獄。　○《定本校記》：其刑法斷獄。「法」，疑當作「罰」。

十一葉十三行疏　用殷家所行常法故事。　「殷」，永作「設」。

十一葉十四行疏　乃使汝所行盡順。　「盡」，毛作「而」。○浦鏜《正字》：乃使汝所行盡順，曰是有次敘。「盡」，毛本誤「而」。○盧文弨《拾補》：乃使汝所行盡順。毛本「盡」作「而」，官本作「盡」。當從官本。○阮元《校記甲》：乃使汝所行而順曰。「而」，十行、閩、監俱作「盡」。○阮元《校記乙》：乃使汝所行盡順曰。閩本、明監本同。毛本「盡」作「而」。

十一葉十五行疏　必期汝於大幸巳乎。　○浦鏜《正字》：必期汝於大幸。六字於文不屬，疑誤衍。

十一葉十六行疏　我心我德。惟汝所悉知也。　「悉」，單、八、魏、平、永、阮作「委」。○山井鼎《考文》：所悉知也。〔宋板〕「悉」作「委」。○盧文弨《拾補》：我心我德，惟汝所委知也。毛本「委」作「悉」，宋本、元本作「委」。「悉」當作「委」。○阮元《校記甲》：惟汝所悉知也。「悉」，宋板、十行俱作「委」。按：作「委」是。○阮元《校記乙》：惟汝所委知也。宋本同。毛本「委」作「悉」。案：作「委」是。

十一葉十七行疏　(傳)巳乎至款心○正義曰。此言我。　「此言我」上「(傳)巳乎至款心○正義曰」，殿、庫作「云我心我德者」。

十一葉十七行疏　㊥已乎至款心。　「款」，魏作「欵」。

十二葉一行疏　則我不順命汝款曲之心。　「款」，魏作「欵」。

十二葉一行疏　汝所徧知。　「徧」，單、八作「偏」。

十二葉一行疏　故我王命汝以款曲之心。　「款」，魏作「欵」。

十二葉一行疏　故云亦欲令康叔明識此意也。　「亦」，單作「已」，八作「巳」。○山井鼎《考文》：故云亦欲。〔宋板〕「亦」作「巳」。○盧文弨《拾補》：述康叔爲言故云已。毛本「已」作「亦」，宋本作「己」。「亦」當作「己」。○阮元《校記甲》：述康叔爲言故云亦。「亦」，宋板作「巳」。按：經文有「巳」字，無「亦」字。今本誤以此「巳」字屬下句。故有此誤。阮元《校記乙》同。

十二葉三行注　於是以取貨利。　○《定本校記》：於是以取貨利。内野本、神宮本、足利本無「是」字。

十二葉四行經　暋不畏死。　「暋」，石作「瞖」。

十二葉五行注　人無不惡之者。　「無」，王作「无」。

十二葉五行注　言當消絕之。　○山井鼎《考文》：當消絕之。〔古本〕「之」作「也」。○阮元《校記甲》：言當消絕之。「之」，古本作「也」。

十二葉五行釋文　暋。音敏。　「暋」，平作「愍」。

十二葉六行釋文　無不惡。烏路反。下所大惡。疾惡。亦惡。並音同。　「不」上王、魏無「無」字。「音」上纂無「並」字。「同」上殿、庫無「音」字。「音同」，王、平作「同音」。○阮元《校記甲》：無不惡。竝音同。按：「音」字疑衍。

十二葉七行疏　寇盜攘竊於外姦内宄。　○《定本校記》：於外姦内宄。「於」字，疑衍。

十二葉七行疏　而殺害及顛越於人以取貨利也。　「害」，庫作「害」。

十二葉十行疏　暋。强也。盤庚巳訓。而此重詳之。以由此得罪。當絕之。　「盤」上單、平有「於」字。「由」，閩作「田」。「當」下單、八、永、毛、殿、庫、阮有「須」字，魏、平有「湏」字。○山井鼎《考文》：盤庚巳訓。〔宋板〕「盤」上有「於」字。○浦鏜《正字》：以由此得罪，當須絕之。「須絕」，案傳文當作「消滅」。今監、閩本無「須」字。○盧文弨《拾補》：暋，强也。於盤庚巳訓，而此重詳之。以由此得罪，當須絕之。毛本脱「於」字，宋本有。「須」，傳文作「消」，此應同。監本、閩本皆無「須」字。文弨疑此段内尚有脱文。○阮元《校記甲》：盤庚巳訓。「盤」上宋板有「於」字，是也。又：當須絕之。閩、監俱無「須」字。浦鏜云：按傳當作「消」字。阮元《校記乙》同。

十二葉十一行經　王曰。封。元惡大憝。「憝」，毛作「⿱敦灬」。○山井鼎《考文》：元惡大⿱敦灬。[正誤]「⿱敦灬」當作「憝」。物觀《補遺》：古本、宋板「⿱敦灬」作「憝」。○浦鏜《正字》：元惡大憝。「憝」，毛本下誤從火。○盧文弨《拾補》：元惡大憝。毛本「憝」從灬誤作「⿱敦灬」。○阮元《校記甲》：王曰：封，元惡大⿱敦灬。「⿱敦灬」，唐宋兩石經、古、岳、葛本、宋板、十行、閩、監俱作「憝」，不誤。○阮元《校記乙》：王曰：封，元惡大憝。諸本同。毛本誤作「⿱敦灬」。

十二葉十二行注　不友兄弟者乎。「友」，魏作「犮」。○物觀《補遺》：不友兄弟。〔古本〕「友」作「善」。○盧文弨《拾補》：況不善父母、不友兄弟者乎。古本「友」作「善」。○阮元《校記甲》：不友兄弟者乎。「友」，古本作「善」。阮元《校記乙》同。○《定本校記》：況不善父母，不友兄弟者乎。「友」，内野本、神宮本、足利本作「善」。

十二葉十三行注　莫大於不孝不友。○山井鼎《考文》：「不孝不友」下、「是不孝」下、「是不慈」下、「是不恭」下，〔古本〕共有「也」字。

十二葉十三行經　子弗祇服厥父事。「祇」，石、八、李、王、纂、魏、平、岳、十、永、閩、毛、庫作「祗」。

十二葉十八行注　爲人兄。　「人」，李作「亾」。○山井鼎《考文》：爲人兄。〔古本〕「爲」上有「於」字。○盧文弨《拾補》：爲人兄。古本上亦有「於」字。○阮元《校記甲》：爲人兄。「爲」上古本有「於」字。阮元《校記乙》同。○《定本校記》：爲人兄，亦不念稚子之可哀。「爲」上内野本、神宮本、足利本有「於」字，清原宣賢手鈔本引家本亦有。

十二葉十八行注　亦不念稚子之可哀。　「不」，魏、十、永作「又」。

十三葉一行注　是不友。　○山井鼎《考文》：是不友。〔古本〕下有「也」字。

十三葉二行注　惟人至此不孝不慈弗友不恭。　「弗」，李、王、纂、岳作「不」。「友」，魏作「友」。○山井鼎《考文》：弗友不恭。〔古本〕「弗」作「不」。○阮元《校記甲》：弗友不恭。「弗」，古、岳、纂傳俱作「不」。阮元《校記乙》同。

十三葉三行注　不於我執政之人得罪乎。　○《定本校記》：不於我執政之人得罪乎。内野本、神宮本、足利本無「之」字。

十三葉三行注　道教不至所致。　○山井鼎《考文》：「不至所致」下、「滅亂天道」下，〔古本〕共有「也」字。

十三葉四行經　天惟與我民彝大泯亂。　「泯」，石作「汦」。

十三葉五行注　**使父義母慈兄友弟恭子孝。**　「友」，纂、魏作「犮」。

十三葉五行注　**是大滅亂天道。**　「大」，纂作「以」。「天」，王作「大」。

十三葉五行釋文　**泯。徐武軫反。**　「武」上王、纂無「徐」字。「軫」，十作「林」。

十三葉六行注　**言當速用文王所作違教之罰。**　「用文王」，十、永作「文王王」。

十三葉七行注　**無得赦。**　「無」，王作「无」。

十三葉九行疏　**況惟不孝父母不友兄弟者乎。**　「友」，魏作「犮」。

十三葉九行疏　**其罪莫大於不孝也。**　○浦鏜《正字》：其罪莫大於不孝也。「不孝」下當脱「不友」二字。○盧文弨《拾補》：其罪莫大於不孝也。浦疑「不孝」下脱「不友」二字。○《定本校記》：其罪莫大於不孝也。浦氏云：「孝」下當脱「不友」二字。

十三葉十行疏　**於爲人父不能自愛其子。**　「自」，單、八、魏、毛作「字」。○浦鏜《正字》：於爲人父不能字愛其子。「字」，監本誤「自」。○阮元《校記甲》：不能字愛其子。「字」，十行、閩、監俱誤作「自」。○阮元《校記乙》：不能自愛其子。閩本、明監本同。毛本「自」作「字」，是也。

十三葉十二行疏　**既人罪由教而致。**　「由」下殿、庫有「不」字。○盧文弨《拾補》：既人罪由不教而致。毛本「由」下脱「不」字。

十三葉十三行疏　是大滅亂天道也。「滅」，魏作「㓕」。

十三葉十四行疏　言將有作姦宄大惡。「宄」，十作「宂」。

十三葉十五行疏　釋親云。○阮元《校記甲》：釋親云。孫志祖云：「親」當作「訓」。阮元《校記乙》同。○《定本校記》：釋親云。「親」，當作「訓」。

十三葉十五行疏　父子尊卑而異等。「卑」，平作「甲」。

十三葉十六行疏　不通於下。「通」，永作「道」。

十三葉十六行疏　㊟爲人至不孝○正義曰。考亦通生死。「考亦」上「㊟爲人至不孝○正義曰」，殿、庫作「云厥考者」。

十三葉十七行疏　人子以述成父事爲孝。「孝」，平作「子」。

十三葉十七行疏　怠忽其業。「怠」，十作「息」。

十三葉十七行疏　即其肯曰我有後不棄基。「肯」，十作「肯」。

十三葉十八行疏　則子不述父事。○浦鏜《正字》：則子不述父事云云。「則」，疑衍字。○盧文弨《拾補》：則子不述父事。「則」字疑衍。

十三葉十八行疏　此聖人緣心立法。「此」上單有一字空白。

十四葉一行疏　自親以及物。　「自」，毛作「目」。○山井鼎《考文》：目親以及物。[正誤]「目」當作「自」。物觀《補遺》：據宋板。○浦鏜《正字》：自親以及物，天然之理。「自」，毛本誤「目」。○盧文弨《拾補》：自親以及物，天然之理。毛本「自」作「目」。「目」當作「自」。○阮元《校記甲》：目親以及物。「目」，宋板、十行、閩、監俱作「自」。按：「自」字是。

十四葉一行疏　故孝經曰。不愛其親而愛他人者。　○浦鏜《正字》：故孝經曰：不愛其親云云。「經」，監本誤「輕」。○阮元《校記甲》：故孝經曰。「經」，監本誤作「輕」。

十四葉二行疏　罪小於骨肉相乖阻。　「於」，永作「於」。

十四葉三行疏　毆罵殺害。　「毆」，單、八作「敺」，魏、平作「歐」。○盧文弨《拾補》：毆罵殺害。元本作「毆」，與「歐」通。

十四葉四行疏　意以不孝爲摠焉。　「摠」，平作「揔」，毛、殿、庫作「總」。○浦鏜《正字》：意以不孝爲總焉。「焉」，疑「爲」字之誤，屬下句。○盧文弨《拾補》：意以不孝爲總。下「焉」字，浦疑當是「爲」，屬下句。

十四葉五行疏　因父有愛敬多少而分之。言父義母慈。　○浦鏜《正字》：因父有愛敬多少而分之，言父義母慈。上「父」字疑衍。○盧文弨《拾補》：以父母於子竝爲慈，因有愛敬多少而分之，言父義母慈。毛本「因」下有「父」字，浦疑衍。○《定本校記》：因父有愛敬多少而分之。「有」，疑當作「母」。

十四葉五行疏　而由慈以義。故雖義言不慈。　○浦鏜《正字》：而由慈以義，故雖義言不慈。疑有脱字。○盧文弨《拾補》：而由慈以義，故雖義言慈。毛本「言」字下衍「不」字。

十四葉九行疏　先言弟於兄者。　「者」，單、八、魏、平、永、阮作「若」。○山井鼎《考文》：先言弟於兄者。〔宋板〕「者」作「若」。謹按似屬下句，然爲未穩。○浦鏜《正字》：故此不友，先言弟於兄者。「者」，當「也」字誤。○盧文弨《拾補》：故此不友，先言弟於兄者。宋、元本「者」作「若」，屬下句，亦恐誤。浦疑是「也」。余疑是「皆」字。○阮元《校記甲》：故此不友，先言弟於兄者。「者」，宋板、十行俱作「若」。山井鼎曰：「若」字似屬下句，然爲未穩。浦鏜云：「者」當「也」字誤。○阮元《校記乙》：故此不友，先言弟於兄若。宋板同。毛本「若」作「者」。案：山井鼎云：「若」字似屬下句，然爲未穩。浦鏜云：「者」當「也」字誤。

十四葉九行疏　左傳云爲父子兄弟姻媾以象天明。　○浦鏜《正字》：左傳云爲父子兄弟昏媾姻婭以象天明。「昏媾姻婭」誤「姻媾」二字。○盧文弨《拾補》：左傳云爲父子兄弟姻媾以象天明。「姻媾」，左傳本作「昏媾姻婭」。

十四葉十行疏　傳爲人至不友○正義曰。言亦者。「言亦者」上「傳爲人至不友○正義曰」，殿、庫作「兄亦不念鞠子哀」。

十四葉十一行疏　不孝罪子。非及於父之輩。○浦鏜《正字》：不孝罪子，非及於父之輩。「輩」字，監本誤。

十四葉十二行疏　鄭答云。「答」，單、八、閩、薈、阮作「荅」，魏、平、十、永作「沓」。

十四葉十二行疏　周禮太平制此。「太」下單有一字空白。

十四葉十四行經　不率大戛。「戛」，毛作「戞」。○盧文弨《拾補》：不率大戛。毛本「戛」作「戞」，誤。

十四葉十五行注　猶刑之無赦。「無」，王作「无」。

十四葉十六行注　主訓民者而親犯乎。○山井鼎《考文》：主訓民者。〔古本〕「民」作「人」。○盧文弨《拾補》：主訓民者而親犯乎。古本「民」作「人」。○阮元《校記甲》：主訓民者。「民」，古本作「人」。○《定本校記》：況在外掌衆子之官，主訓民者而親犯乎。

「民」，内野本、神宫本、足利本作「人」。

十四葉十七行注　於小臣諸有符節之吏。「諸」，十作「猶」。

十四葉十七行注　及外庶子其有不循大常者。○阮元《校記甲》：及外庶子。按：此四字於本節經意無當，疏亦無釋，疑衍文。阮元《校記乙》同。○《定本校記》：其有不循大常者。内野本、神宫本、足利本無「者」字。

十四葉十八行注　則亦在無赦之科。「科」，纂作「利」。○山井鼎《考文》：無赦之科。〔古本〕下有「也」。

十五葉一行經　時乃引惡。○《定本校記》：時乃引惡。内野本、神宫本無「乃」字。

十五葉二行注　若不念我言。「若」，十、永作「老」。

十五葉三行注　不用我法者。「用」，毛作「申」。○山井鼎《考文》：不用我法者。〔古本〕無「者」字。○浦鏜《正字》：若不念我言，不用我法者。「用」，毛本誤「申」。○盧文弨《拾補》：若不念我言，不用我法者。毛本「用」作「申」。「申」當作「用」。古本無「者」字。○阮元《校記甲》：不申我法者。「申」，岳、葛、十行、閩、監、纂傳俱作「用」。古本無「者」字。○《定本校記》：不用我法者。内野本、神宫本、足利本無「者」字。

十五葉三行注　病其君道。　「病」，十作「病」。

十五葉三行注　惟我亦惡汝。　○山井鼎《考文》：「惟我亦惡汝」下、「君長之正道」下，〔古本〕共有「也」字。

十五葉三行釋文　別。彼別反。注同。　「別」上平有「乃」字。「彼別」，纂、魏、平、殿、庫、阮作「彼列」。○浦鏜《正字》：別，彼列切。「列」誤「別」。

十五葉四行釋文　汝長。之丈反。　「長」上王、魏無「汝」字。「之」，王、纂、魏、平、十、永、閩、殿、庫、阮作「丁」。○阮元《校記甲》：汝長，丁丈反。「丁」，毛本作「之」，非也。

十五葉六行經　越厥小臣外正。　○山井鼎《考文》：越厥小臣外正。〔古本〕無「厥」字。○盧文弨《拾補》：越厥小臣外正。古本無「厥」字。○阮元《校記甲》：越厥小臣外正。古本無「厥」字。阮元《校記乙》同。○《定本校記》：越厥小臣外正。内野本、神宮本無「臣」字。

十五葉七行注　而不能治其家人之道。　○物觀《補遺》：治其家人之道。〔古本〕「治」作「理」。○盧文弨《拾補》：爲人君長，而不能治其家人之道。古本「治」作「理」。○阮元《校記甲》：而不能治其家人之道。「治」，古本作「理」。○《定本校記》：爲人君長，而不能治其家人之道。「治」，内野本、神宮本、足利本作「理」。

十五葉八行注　大放棄王命。　「大」上王有「而」字。○山井鼎《考文》：大放棄王命。

〔古本〕下有「矣」字。○盧文弨《拾補》：大放棄王命。古本「命」下有「矣」字。○阮元《校記甲》：大放棄王命。古本下有「矣」字。

十五葉九行注　乃由非德用治之故。○山井鼎《考文》：「用治之故」下、「人之所輕」下，〔古本〕共有「也」。

十五葉十行經　乃由裕民。　「裕」，八、李、王、纂、魏、平、十、永、毛、庫作「裕」。○浦鏜《正字》：乃由裕民。「裕」，誤從示旁作〔裕〕，後並同。

十五葉十行注　故戒以無不能敬常。　「無」，王作「无」。

十五葉十一行注　當惟念文王之所敬忌而法之。　「忌」，魏、十、永、閩、阮作「思」。「之」下王、纂、魏、平、殿、庫有釋文「忌其記反」四字。○山井鼎《考文》：而法之。〔古本〕下有「矣」字。○阮元《校記甲》：當惟念文王之所敬忌而法之。「忌」，十行、閩、葛俱誤作「思」。句末古本有「矣」字。○阮元《校記乙》：當惟念文王之所敬思而法之。閩本、葛、古同。毛本「思」作「忌」。句末古本有「矣」字。案：「思」字誤也。○《定本校記》：當惟念文王之所敬忌而法之。内野本、神宮本、足利本無「敬」字，清原宣賢手鈔本引家本亦無。

十五葉十二行經　乃裕民曰。　「裕」，八、李、王、纂、魏、平、十、永、毛、庫作「裕」。

十五葉十三行注　我惟有及於古。「古」，纂作「民」。

十五葉十三行注　則我一人以此悦懌汝德。○山井鼎《考文》：悦懌汝德。〔古本〕下有「也」。下註「爲求等」下同。

十五葉十四行疏　言滅五常之害當除。「害」，庫作「害」。

十五葉十四行疏　況在外士掌庶子之官。主於訓民。惟其正官之人。及於小臣猶有符節者。「士」，單、八、十、永、閩、毛、殿、庫、阮作「土」，魏作「上」。「猶」，單、八、魏、平、毛作「諸」。○浦鏜《正字》：況在外土掌庶子之官云云。及於小臣諸有符節者。監本「土」誤「上」，「諸」誤「猶」。○阮元《校記甲》：及於小臣諸有符節者。「諸」，十行、閩、監俱作「猶」。○阮元《校記乙》：及於小臣猶有符節者。閩本、明監本同。毛本「猶」作「諸」。

十五葉十八行疏　則於其卑小臣外土正官之吏。「土」，平作「士」。○《定本校記》：則於其小臣外正官之吏。内野本、神宫本無「臣」字，清原宣賢手鈔本引家本亦無。

十六葉一行疏　則爲酷虐。「則」，單、八、魏、平、毛、殿、庫作「惟」。○阮元《校記甲》：惟爲酷虐。「惟」，十行、閩、監俱作「則」。○阮元《校記乙》：則爲酷虐。閩本、明監本同。毛本「則」作「惟」。

十六葉二行疏　當思惟念用文王之所敬畏而法之。　「畏」，平作「㥜」。

十六葉三行疏　猶楷也。　「楷」，單作「揩」。

十六葉三行疏　言爲楷模之常。故戛爲常也。　「楷」，單、平作「揩」。平無「故戛爲常」四字。「戛」，八作「夏」。○《定本校記》：故戛爲常也。「戛」，〔足利〕八行本誤作「夏」。

十六葉四行疏　述上凡民自得罪。　「凡」下魏有一字空白。

十六葉四行疏　即上云刑茲無赦故也。　○《定本校記》：即上云刑茲無赦故也。「故」字疑衍。

十六葉八行疏　下至符吏。諸有符節。　○《定本校記》：下至符吏，諸有符節。「符吏」，疑當作「府史」。

十六葉九行疏　今之印者也。　○浦鏜《正字》：今之印章也。「章」誤「者」。○盧文弨《拾補》：今之印章也。毛本「章」作「者」，浦改，當作「章」。○《定本校記》：若爲官行文書而有符，今之印者也。「今」，疑當作「節」。

十六葉十行疏　言分別播布德教。　「分」上殿、庫無「言」字。

十六葉十行疏　謂分遣卿大夫爲之教民使善。　「大」，單作「太」。

十六葉十一行疏　**而已有善譽。**　「譽」，八作「譽」。

十六葉十二行疏　**君而居之。**　○《定本校記》：君而居之。「居」疑當作「長」。

十六葉十二行疏　**傳爲人至之故○正義曰。以五常父母兄弟子。**　「以五常」上「傳爲人至之故○正義曰」，殿、庫作「不能治其家人之道者」。

十六葉十三行疏　**爲不能治家人之道。**　「治」，魏作「以」。

十六葉十五行疏　**是不明爲臣德也。**　「臣」，單、八、魏、平、毛作「非」。○浦鏜《正字》：是不明爲非德也。「非」，監本誤「臣」。○阮元《校記甲》：是不明爲非德也。「非」，十行、閩、監俱作「臣」。○阮元《校記乙》：是不明爲臣德也。閩本、明監本同。毛本「臣」作「非」。案：所改是也。

十六葉十六行疏　**即敬德忌刑。**　「即」下八有三字空白。○物觀《補遺》：所敬忌即敬德忌刑。「即」、「敬」間空三字。○阮元《校記甲》：即敬德忌刑。宋板「即」、「敬」間空三字。阮元《校記乙》同。

十六葉十六行疏　**鄭云祗祗威威是也。**　「祗祗威威」，十作「祗威威」，阮作「祗祗威威」。

十六葉十七行疏　**上既言乃由裕民。**　「裕」，單、八、魏、平、十、永、毛、庫作「裕」。

十六葉十八行經　王曰。封。　「封」，十作「時」。

十七葉一行經　我時其惟殷先哲王德。　「殷」，永作「殷」。○山井鼎《考文》：我時其惟殷先哲王德。〔古本〕「時」作「是」。○盧文弨《拾補》：我時其惟殷先哲王德。古本「時」作「是」。○阮元《校記甲》：我時其惟殷先哲王德。「時」，古本作「是」。阮元《校記乙》同。○《定本校記》：我時其惟殷先哲王德。「時」，内野本、神宫本、足利本作「是」。

十七葉二行注　我是其惟殷先智王之德。　「德」上岳無「之」字。○阮元《校記甲》：我是其惟殷先智王之德。岳本無「之」字。○《定本校記》：我是其惟殷先智王之德。岳本、内野本、神宫本、足利本、清原宣賢手鈔本無「之」字。

十七葉二行注　爲求等。　「等」下王、纂、魏、毛、殿、庫有釋文「爲于僞反」四字，平有釋文「爲求，于于僞反」六字。○浦鏜《正字》：爲，于僞切。四字監本脱。

十七葉五行注　則無善政在其國。　○山井鼎《考文》：則無善政在其國。〔古本〕下有「矣」。○阮元《校記甲》：則無善政在其國。古本下有「矣」字。

十七葉五行疏　既言德刑事終而摠言之。　「摠」，毛、殿、庫作「總」。

十七葉六行疏　我所以令汝明德慎罰以施政者。　「令」，永作「令」。

十七葉九行疏　傳治民至其國○正義曰。以巳喻康叔。　「傳治民至其國○正義曰」，殿、庫作「我時其惟殷先哲王德者」十字。

十七葉十行疏　正義曰。以巳喻康叔。　「義」，十、永作「國」。

十七葉十一行疏　民不知道。　「民」下單、八、魏、平有「則」字。○山井鼎《考文》：民不知道。〔宋板〕「民」下有「則」字。○盧文弨《拾補》：民則不知道。毛本脱「則」字。○阮元《校記甲》：民不知道。「民」下宋板有「則」字。

十七葉十三行注　欲其勤德慎刑。　「刑」，魏作「罰」。

十七葉十三行釋文　説。如字。徐始鋭反。　「説」上平有「之」字。魏無「説。如字。徐始鋭反」七字。

十七葉十五行注　屢數而未和同。　「屢」下魏無「數」字。

十七葉十六行注　設事之言。　○山井鼎《考文》：設事之言。〔古本〕下有「也」字。

十七葉十六行釋文　令。力呈反。　「令」上平有「假」字。

十七葉十六行經　爽惟天其罰殛我。　○山井鼎《考文》：爽惟天其罰殛我。〔古本〕「我」上有「於」字。○盧文弨《拾補》：爽惟天其罰殛我。古本「殛」下有「於」字。○阮元《校記甲》：爽惟天其罰殛我。「我」上古本有「於」字。阮元《校記乙》同。○《定本校記》：爽惟天其罰殛我。「殛」下内野本、神宫本、足利本有「於」字。

十七葉十七行注　汝不治。我罰汝。　○山井鼎《考文》：汝不治，我罰汝。〔古本〕「罰」下有「誅」字。○盧文弨《拾補》：汝不治，我罰汝。古本「罰」下有「誅」字。○阮元《校記甲》：我罰汝。「罰」下古本有「誅」字。阮元《校記乙》同。○《定本校記》：我罰汝，汝亦不可怨我。上「汝」字，内野本、神宫本作「誅」，清原宣賢手鈔本引家本亦然。

十七葉十八行釋文　殛。紀力反。　魏無「殛，紀力反」四字釋文。

十七葉十八行經　惟厥罪。無在大。　○《定本校記》：惟厥罪，無在大。内野本、神宫本無「罪」字。

十八葉一行經　矧曰其尚顯聞于天。　「聞」，十作「間」。

十八葉一行注　雖小邑少民。　「小」，王作「少」。「少」，王、纂作「小」。

十八葉一行注　猶有罰誅。　「罰誅」，王、纂、岳作「誅罰」。○阮元《校記甲》：猶有罰誅。「罰誅」二字岳本倒。

十八葉二行注　況曰不慎罰。明聞於天者乎。　「於」，纂、岳作「于」。○山井鼎《考文》：況曰不慎罰。〔古本〕無「曰」字。○盧文弨《拾補》：況曰不慎罰，明聞於天者乎。古本「況」

下無「曰」字。○阮元《校記甲》：況曰。古本無「曰」字。

十八葉二行注　言罪大。　○山井鼎《考文》：言罪大。〔古本〕下有「也」字。下註「敏則有功」下、「不絶亡汝」下並同。

十八葉三行疏　故王又命之曰。　「王」，薈作「玉」。

十八葉四行疏　於罰之所行。　「行」，阮作「有」。○張鈞衡《校記》：罰之所行。阮本「行」作「有」，誤。

十八葉四行疏　未定其心。　「其」，十作「具」。

十八葉五行疏　我其不怨於天。　「於」，殿、庫作「于」。

十八葉六行疏　有上明聞於天。　「有」，單、八、魏、平、十、永、阮作「其」。○山井鼎《考文》：爲君不慎德刑，有上明聞於天。〔宋板〕「有」作「其」。○盧文弨《拾補》：其上明聞於天。毛本「其」作「有」。「有」當作「其」。○阮元《校記甲》：有上明聞於天。「有」，宋板、十行俱作「其」。○阮元《校記乙》：其上明聞於天。宋板同。毛本「其」作「有」。

十八葉八行疏　故德之言説而罰言行也。　○盧文弨《拾補》：故德言説而罰言行也。毛本「德」下衍「之」字。○阮元《校記甲》：故德之言説而罰言行也。盧文弨云：「之」字疑衍。阮元《校記乙》同。○《定本校記》：故德之言説而罰言行也。盧氏云：「之」字衍。

十八葉八行疏　**故云德ˇ也。**　「德」下單、八、魏、平、毛、殿、庫有「刑」字。○浦鏜《正字》：故云德刑也。監本脱「刑」字。○阮元《校記甲》：故曰(云)德刑也。十行、閩、監俱脱「刑」字。○阮元《校記乙》：故曰(云)德也。閩本、明監本同。毛本「德」下有「刑」字。

十八葉八行疏　**天下不安爲揔△説。**　「揔」，毛、殿、庫作「總」。

十八葉九行疏　**猶未△定其心。於周ˇ道屢數而未△和同也。**　「猶未」，八作「猶末」。「而未」，魏作「而不」。○盧文弨《拾補》：猶未定其心。於周故教道屢數而未和同也。猶、由同。毛本「周」下脱「故教」二字。○《定本校記》：道屢數而未和同也。「道」上疑脱「教」字。

十八葉九行疏　**時以△大△和會。**　「以」，單、八、魏、毛作「巳」。「大」，閩作「太」。

十八葉十一行疏　**此揔△德刑。**　「揔」，毛、殿、庫作「總」。

十八葉十五行注　**信則人任△焉。**　「任」，纂作「仟」。

十八葉十六行注　**無令有非△。**　○物觀《補遺》：無令有非。〔古本〕「非」作「罪」。○盧文弨《拾補》：無令有非。古本「非」作「罪」。○阮元《校記甲》：無令有非。「非」，古本作「罪」。阮元《校記乙》同。

十八葉十六行經　**裕△乃以民寧。**　「裕」，八、李、王、纂、魏、十、永、毛、庫作「裕」。

十八葉十八行疏　王曰嗚呼至瑕殄。　「呼」下單、八有「封」字。「瑕」，八作「暇」。「殄」，八作「殄」。

十八葉十八行疏　常修巳以敬哉。　「常」，單、八、魏、平、十、永、閩、毛、殿、庫、阮作「當」。○浦鏜《正字》：封。當修巳以敬哉。「當」，監本誤「常」。○阮元《校記甲》：常修巳以敬哉。「常」，閩本誤作「當」。

十九葉一行疏　用是信敏安汝心。　「是」，永作「是」。「敏」，平作「敬」。

十九葉三行疏　爲見事有善而須德法。　「事」下單、八、魏、平、毛、殿、庫有「之速事」三字。○浦鏜《正字》：爲見事有善而須德法。毛本「見事」下誤衍「之速事」三字。○盧文弨《拾補》：爲見事有善而須德法。毛本「事」下衍「之速事」三字，各本無。○阮元《校記甲》：敏爲見事之速。下三字十行、閩、監俱脱。許宗彦曰：浦鏜以毛本爲衍，殊非。○阮元《校記乙》：敏爲見。閩本、明監本同。毛本「見」下有「事之速」三字，是也。許宗彦曰：浦鏜以毛本爲衍，殊非。

十九葉三行疏　故云。大法敏德也。　「云」，永作「亡」。

十九葉四行疏　以信則人任焉。　「任」，永作「在」。

十九葉四行疏　上文有忱有敏。「忱」，閩作「忼」。

十九葉六行注　以民安則不絶亡汝。○山井鼎《考文》：則不絶亡汝。〔古本〕作「則不汝絶亡」。○盧文弨《拾補》：以民安則不絶亾。古本「不」下有「汝」字。○阮元《校記甲》：則不絶亾汝。古本作「則不汝絶亾」。阮元《校記乙》同。○《定本校記》：以民安則不絶亡汝故。内野本、神宫本、足利本「汝」字在「不」字下，清原宣賢手鈔本引家本亦然。

十九葉六行注　故當念天命之不於常。「於」，纂作「于」。○山井鼎《考文》：天命之不於常。〔古本〕下有「也」字。

十九葉七行注　汝行善則得之。○阮元《校記甲》：汝行善則得之。「得」，葛本誤作「德」。

十九葉八行注　無絶棄我言而不念。○山井鼎《考文》：而不念。〔古本〕作「而不思念也」。○盧文弨《拾補》：無絶棄我言而不念。古本「不」下有「思」字，「念」下有「也」字。○阮元《校記甲》：而不念。古本作「而不思念也」。阮元《校記乙》同。○《定本校記》：無絶棄我言而不念。「念」上内野本、神宫本、足利本有「思」字。

十九葉九行經　用康乂民。「乂」，十作「又」。○《定本校記》：用康乂民。内野本、神宫本無「用」字，清原宣賢手鈔本引家本亦無。

十九葉九行注　聽先王道德之言。○山井鼎《考文》：聽先王道德之言。〔古本〕「聽」上有「汝」字。○阮元《校記甲》：聽先王道德之言。「聽」上古本有「汝」字。

十九葉十一行疏　當念天命之不於常也。「念」，單作「念」。

十九葉十一行疏　惟行善則得之。「惟」，單、八、魏、平、永作「汝」。○山井鼎《考文》：惟行善則得之。〔宋板〕「惟」作「汝」。○盧文弨《拾補》：汝行善則得之。毛本「汝」作「惟」。「惟」當作「汝」。○阮元《校記甲》：惟行善則得之。「惟」，宋板作「汝」。

十九葉十一行疏　汝念此無常哉。○浦鏜《正字》：汝念此無常哉。「常」，監本誤「當」。○阮元《校記甲》：汝念此無常哉。「常」，監本誤作「當」。

十九葉十二行疏　若享有國土。「土」，庫作「上」。

十九葉十二行疏　以安治民也。「治」，十作「治」。

十九葉十四行注　勿廢所宜敬之常法。○山井鼎《考文》：常法。〔古本〕下有「也」。

十九葉十五行經　聽朕告汝。「告」，石作「誥」。○山井鼎《考文》：聽朕告汝。〔古本〕「告」作「誥」。○盧文弨《拾補》：聽朕告汝。古本「告」作「誥」。○阮元《校記甲》：聽朕告汝。「告」，古本、唐石經俱作「誥」。阮元《校記乙》同。

十九葉十五行注　順從我所告之言。○《定本校記》：順從我所告之言。「從」下內野本、神宮本、足利本有「於」字。

十九葉十五行注　即汝乃以殷民世世享國。　○山井鼎《考文》：即汝乃以殷民。〔古本〕「即」作「則」。○盧文弨《拾補》：即汝乃以殷民世世享國。古本「即」作「則」。○阮元《校記甲》：即汝乃以殷民世世享國。「即」，古本作「則」，是也。阮元《校記乙》同。○《定本校記》：即汝乃以殷民世世享國。「即」，九條本、内野本、神宫本、足利本作「則」。

十九葉十六行注　福流後世。　○山井鼎《考文》：福流後世。〔古本〕下有「也」。

十九葉十七行疏　則汝乃得以殷民世享殷國。　單、八、魏、平、毛「世」下重「世」字，「享」下無「殷」字。永、阮「享」作「世」。○浦鏜《正字》：則汝乃得以殷民世世享國。「世世享國」當從監、閩本作「世享殷國」。○盧文弨《拾補》：則汝乃得以殷民世世享殷國。毛本脱下「殷」字，元本、監本、閩本皆有。○阮元《校記甲》：則汝乃得以殷民世世享國。「世世享國」，十行本作「世世殷國」。閩、監俱作「世享殷國」。○阮元《校記乙》：則汝乃得以殷民世世殷國。閩本、明監本「世世」作「世享」。毛本「世世」同。「殷國」作「享國」，與纂傳合。

十九葉十八行疏　而言不絶國祚。短長由德也。　「祚」，單作「柞」。○浦鏜《正字》：而言不絶國祚，短長由德也。「言」字當在「不絶」字下。○盧文弨《拾補》：而不絶言國祚短長由德也。「言」字舊誤在「不絶」上，浦移此。○阮元《校記甲》：而言不絶國祚，短長由德也。浦鏜云：「言」字當在「不絶」下。阮元《校記乙》同。○《定本校記》：則汝乃得以殷民世世享國，而言不絕國祚，短長由德也。浦氏云：「言」字當在「不絕」下。

酒誥第十二

二十葉三行經　酒誥　○殿本《考證》：酒誥。王應麟曰：大傳引酒誥曰「封若圭璧」。今無此句，豈脱簡歟。

二十葉三行注　故以戒酒誥。　○山井鼎《考文》：故以戒酒誥。〔古本〕下有「也」字。「朝歌以北是」下同。

二十葉六行疏　若大宰之建牧立監也。　「大」，殿、庫作「太」。「立」，魏、十、永作「丘」。

二十葉九行注　紂所都。朝歌以北是。　○《定本校記》：紂所都，朝歌以北是。九條本、内野本、神宮本無「是」字，清原宣賢手鈔本引家本亦無。

二十葉九行釋文　王若。馬本作成王若曰。　上「若」下王有「曰」字。

二十葉十行釋文　成就人之道也。　「成」，平作「或」。

二十葉十一行釋文　此三者吾無取焉。　「無」，王作「元」。

二十葉十一行釋文　未敢專從。　「未」，毛作「禾」。

二十葉十一行釋文　故曰未聞也。妹邦。　「也」下王無「妹邦」二字。

二十葉十一行釋文　馬云妹邦即牧養之地。　「牧」，纂作「收」。

二十葉十二行釋文　欲令。力呈反。　「令」上王、魏無「欲」字。

二十葉十二行經　乃穆考文王。　「穆」，八作「穆」。

二十葉十二行經　肇國在西土。　「肇」，石、八、李作「肈」。

二十葉十三行注　文王弟稱穆。　「弟」，八、李、平、岳、殿、庫作「第」。「稱」，八作「稱」。○山井鼎《考文》：文王弟稱穆。〔古本〕「弟」作「第」，宋板同。○浦鏜《正字》：父昭子穆，文王弟稱穆。「弟」，古同「第」。釋文作「第」。下同。○盧文弨《拾補》：文王弟稱穆，將言始國於西土。「弟」，古「第」字，但古本、宋本俱作「第」。○阮元《校記甲》：文王弟稱穆。「弟」，古、岳、宋板、纂傳俱作「第」。按説文有「弟」無「第」，後世次弟之「弟」既別從竹，則此當作「第」。阮元《校記乙》同。

二十葉十三行注　將言始國在西土。　「在」，八作「於」。○山井鼎《考文》：始國在西土。宋板「在」作「於」。○盧文弨《拾補》：文王弟稱穆，將言始國於西土。毛本「於」作「在」。「在」當作「於」。○阮元《校記甲》：將言始國在西土。「在」，宋板作「於」。阮元《校記乙》同。○《定本校記》：將言始國在西土。「在」，〔足利〕八行本作「於」，非。

二十葉十三行注　西土岐周之政。　「岐」，王、庫作「岐」，平、十、永作「歧」。

二十葉十四行釋文　文王弟稱穆。周自后稷而封爲始祖。后稷生不窋爲昭。鞠陶爲穆。公劉爲昭。慶節爲穆。皇僕爲昭。差弗爲穆。　「弟」，平、殿、庫作「第」。「不窋」上魏無「生」字。「皇」，王、纂、魏、平作「黄」。「差」，王作「羗」，纂、平、閩、阮作「羌」，十作「羌」，永作「羗」。○浦鏜《正字》：后稷生不窋爲昭。「窋」，監本誤「窟」，下同。○阮元《校記甲》：文王第稱穆，皇僕爲昭，差弗爲穆。「皇」，葉本作「黄」。「差」，葉本、十行本俱作「羌」，並非。

二十葉十五行釋文　毁揄爲昭。　「揄」，平作「榆」。

二十葉十五行釋文　諸盩爲昭。　「盩」，王作「盭」。

二十葉十五行釋文　大王爲穆。　「大」，閩作「太」。

二十葉十六行釋文　大伯虞仲。　「伯」，十作「宿」。

二十葉十六行釋文　窟。音竹律反。　「窟」下王、魏無「音」字。「竹」，魏作「仲」。

二十葉十七行釋文　揄。音投。　「揄」，平作「榆」。「投」，纂作「以」。

二十葉十七行釋文　盩。音張流反。　「盩」下王無「音」字。

二十葉十七行釋文　並音太。「太」，纂作「泰」，永作「大」。

二十葉十七行經　厥誥毖庶邦庶士。「士」，永作「事」。

二十葉十八行注　於少正官御治事吏。○《定本校記》：於少正官御治事吏。「少」，九條本、内野本、神宫本、足利本作「小」。

二十一葉一行注　不常飲。○山井鼎《考文》：「不常飲」下、「惟爲祭祀」下，〔古本〕共有「也」。

二十一葉二行釋文　少詩照反。「少」下平有「正上」二字。「詩」，纂作「時」。

二十一葉二行經　惟天降命肇我民。「肇」，石、八、李作「肈」。

二十一葉二行注　始令我民知作酒者。「令」，永作「今」。

二十一葉三行釋文　爲于僞反。下同。「爲。于僞反」，平作「爲祭，上于僞反」，永作「爲，于爲反」，殿、庫作「爲祭，于僞反」。「下同」上，纂有「又」字。

二十一葉四行注　使民亂德。○《定本校記》：使民亂德。「德」，九條本、内野本、神宫本作「惡」，清原宣賢手鈔本引家本亦然。

二十一葉五行注　言酒本爲祭祀。亦爲亂行。○山井鼎《考文》：亦爲亂行。〔古本〕作「而亦爲亂行也」。○盧文弨《拾補》：言酒本爲祭祀，而亦爲亂行。毛本脱「而」字。古本有，是。古本「行」下有「也」字。○阮元《校記甲》：亦爲亂行。古本作「而亦爲亂行也」。正義曰：俗本云「不爲亂行」，定本云「亦爲亂行」，俗本誤也。阮元《校記乙》同。○《定本校記》：亦爲亂行。「亦」上内野本、神宮本、足利本有「而」字。

二十一葉五行釋文　**惟行。下孟反。注及下注之行同。**　「行」上王、魏無「惟」字。「同」上王無「之行」二字。

二十一葉六行注　**於小大之國所用喪亡。**　「小大」，魏、平作「大小」。

二十一葉七行注　**亦無不以酒爲罪也。**　○《定本校記》：亦無不以酒爲罪。「罪」下各本有「也」字，與疏標題不合，今删。

二十一葉七行疏　**王若至惟辜。**　「王」，平作「玉」。

二十一葉八行疏　**以汝父於廟次穆考文王。**　「次」，阮作「以」。「穆」，八作「穆」。○張鈞衡《校記》：次穆考。阮本「次」作「以」。

二十一葉九行疏　**始國在西土岐周爲政也。**　「土」，十作「士」。「岐」，魏、平、十、永作「歧」。

二十一葉九行疏　**惟祭祀而用此酒。**　「祀」，單作「杞」。

二十一葉十二行疏　**亦無非以酒爲罪。**　「無」下平有一字空白。

二十一葉十二行疏　以此衆事少正。皆須戒酒也。　○浦鏜《正字》：以此衆士少正，皆須戒酒也。「士」誤「事」。○盧文弨《拾補》：以此衆士少正，皆須戒酒也。毛本「士」作「事」。「事」當作「士」。○阮元《校記甲》：以此衆事少正。盧文弨云：「事」當作「士」。阮元《校記乙》同。○《定本校記》：以此衆事少正，皆須戒酒也。浦氏云：「士」誤「事」。

二十一葉十三行疏　此妹與沬。一也。「沬」，十作「洙」。○殿本《考證》：臣召南按：疏此段脱誤不一。即上文「此妹與沬一也」，「沬」字上脱「鄘風桑中之」五字，「沬」字下脱「鄉」字。○阮元《校記甲》：此妹與沬，一也。齊召南云：疏此段脱誤不一。「此妹與沬一也」，「沬」字上脱「鄘風桑中之」五字。「沬」字下脱「鄉」字。「但妹爲朝歌之所居也」應作「爲殷紂之所都也」。「詩又云沬之東矣，沬之鄉矣」，「鄉」字應是「北」字之訛。阮元《校記乙》同。

二十一葉十三行疏　故沬爲地名。　○《定本校記》：故沬爲地名。「沬」，疑當作「妹」。

二十一葉十四行疏　紂所都。朝歌以北。但妹爲朝歌之所居也。　○殿本《考證》：〔臣召南按〕：「但妹爲朝歌之所居也」應作「爲殷紂之所都也」，「朝歌」及「居」字並誤。○浦鏜《正字》：紂所都，朝歌以北，但妹爲朝歌之所居也。「所居」疑。○盧文弨《拾補》：紂所都，朝歌以北，但妹爲朝歌之所居也。疑「居」當作「屬」字。

二十一葉十四行疏　詩又云沬之東矣。沬之鄉矣。　「沬之鄉矣」，永作「沬之鄉」。○殿本《考證》：〔臣召南按〕：下文「是詩又云沬之東矣，沬之鄉矣」，「鄉」字應是「北」字之譌。又按：詩疏引酒誥注「沬邦，紂之都所處也」，孔傳無此文，必鄭注也。○浦鏜《正字》：詩又云沬之東矣。下當脱「沬之北矣」四字。○盧文弨《拾補》：詩又云沬之東矣。浦云：「矣」下脱「沬之北矣」一句。

二十一葉十四行疏　即東與北爲鄉也。　「鄉」，永作「郷」。

二十一葉十五行疏　紂所都在妹。　「妹」，庫作「沬」。

二十一葉十五行疏　成王所言成道之王。　○盧文弨《拾補》：成王言成道之王。毛本衍「所」字。

二十一葉十六行疏　㊀傳父昭至之政○正義曰。以穆連考。　「以穆」上「㊀傳父昭至之政○正義曰」，殿、庫作「父昭子穆者」。

二十一葉十八行疏　皇僕生差弗爲穆。　「差」，單、八、十、永、閩作「羌」，魏、平、阮作「羌」。○物觀《補遺》：僕生差弗。宋板「差」作「羌」，下同。○盧文弨《拾補》：皇僕生羌弗爲穆。毛本「羌」作「差」，宋、元本作「羌」。「差」當作「羌」。○阮元《校記甲》：皇僕生差弗爲穆。

「差」，宋板、十行、閩本俱作「羌」，下同。○阮元《校記乙》：皇僕生羌弗爲穆。宋板、閩本同。毛本「羌」作「差」，下同。

二十一葉十八行疏　差弗生毁揄爲昭。「差」，單、八、平、十、永、閩、阮作「羌」，魏作「羗」。「揄」，單、八、魏、平、永、阮作「揄」。○阮元《校記甲》：差弗生毁揄爲昭。○盧文弨《拾補》：羌弗生毁榆爲昭。毛本「榆」誤作「揄」。○阮元《校記乙》：羌弗生毁榆爲昭。閩本同。毛本「榆」從扌，下同。「揄」，十行、閩本俱从木，下同。○阮元《校記

二十一葉十八行疏　毁揄生公飛爲穆。公飛生高圉爲昭。「揄」，單、八、魏、平、永、阮作「榆」。二「飛」字，毛、殿、庫皆作「非」。○浦鏜《正字》：毁揄生公非爲穆。「非」，監本誤「飛」，下同。○盧文弨《拾補》：毁榆生公非爲穆。元本「非」作「飛」。案：古人名不畫一者多矣，不必定依釋文以易宋、元本之舊。○阮元《校記甲》：毁揄生公非爲穆。「非」，十行、閩、監俱作「飛」，下同。○阮元《校記乙》：毁榆生公飛爲穆。閩本、明監本同。毛本「飛」作「非」，下同。

二十二葉一行疏　亞圉生組紺爲昭。○殿本《考證》：組紺爲昭。「組」應作「祖」，各本俱誤。○阮元《校記甲》：亞圉生組紺爲昭。陳浩云：「組」應作「祖」，各本俱誤。阮元《校記乙》同。○汪文臺《識語》：亞圉生組紺爲昭。陳浩云：「組」應作「祖」，各本俱誤。案：禮

記釋文「組紺。組音祖」。各本俱不誤。

二十二葉三行疏　**又管蔡郕霍等十六國。亦曰文王之昭。**　○盧文弨《拾補》：又管蔡郕霍等十六國，亦曰文王之昭。傳無「王」字。以「太伯、虞仲，太王之昭也」例之，此增「王」字亦可。

二十二葉四行疏　**邗晉應韓。**　「邗」，單、八、魏、閩、毛作「邘」，十、永作「邦」。○張鈞衡《校記》：邗晉應韓。阮本「邗」作「邘」，誤。

二十二葉四行疏　**西土岐周之政者。**　「岐」，單、八、閩作「岐」，平、十、永作「歧」。

二十二葉四行疏　**爲初始爲政。**　上「爲」字，單、八作「謂」。○山井鼎《考文》：爲初始爲政。宋板上「爲」作「謂」。○盧文弨《拾補》：謂初始爲政。毛本「謂」作「爲」。「爲」當作「謂」。○阮元《校記甲》：爲初始爲政。上「爲」字宋板作「謂」。阮元《校記乙》同。

二十二葉五行疏　**然則居豐前。**　「豐」，平作「豊」，十作「豐」。

二十二葉五行疏　**故先本之云肇國在西土。**　「肇」，單、八作「肈」。

二十二葉六行疏　**故曰告慎其衆國。**　「其」，魏作「甚」。

二十二葉六行疏　**既揔呼爲士。**　「揔」，毛、殿、庫作「總」。

二十二葉六行疏　則卿大夫俱在内。「大」，八作「夫」。

二十二葉八行疏　言天下教命者。○阮元《校記甲》：言天下教命者。纂傳作「今言天降命者」。阮元《校記乙》同。

二十二葉十一行疏　天討有罪。「討」，魏作「紂」。

二十二葉十二行疏　於小至爲罪也。「罪」下單、八無「也」字。

二十二葉十三行疏　上文摠謂貴賤之人。「摠」，毛、殿、庫作「總」。

二十二葉十四行經　無彝酒。○山井鼎《考文》：無彝酒。〔古本〕「無」作「亡」。篇内皆同。

二十二葉十五行注　正官治事。○物觀《補遺》：正官治事。〔古本〕「治」作「理」。○盧文弨《拾補》：正官治事。古本「治」作「理」。○阮元《校記甲》：正官治事。「治」，古本作「理」。○《定本校記》：正官治事。「治」，九條本、内野本、神宫本、足利本作「理」。

二十二葉十五行注　謂下羣吏。○山井鼎《考文》：謂下羣吏。〔古本〕下有「也」字。「無令至醉」下、「則其心善」下同。○物觀《補遺》：謂下羣吏。〔古本〕「吏」作「事」。○阮元《校記甲》：謂下羣吏。「吏」，古本作「事」。阮元《校記乙》同。

二十二葉十七行注　飲酒惟當因祭祀。○阮元《校記甲》：惟當因祭祀。「因」，纂傳誤作「知」。

二十二葉十七行注　無令至醉。　○《定本校記》：無令至醉。内野本、神宮本無「令」字，清原宣賢手鈔本引家本亦無。

二十二葉十七行經　惟曰我民迪小子。　○山井鼎《考文》：惟曰我民迪小子。〔古本〕「我」上有「化」字。○盧文弨《拾補》：惟曰我民迪小子。「我」上古本有「化」字。阮元《校記乙》同。○《定本校記》：我民迪小子。「我」上内野本、神宮本、足利本有「化」字，清原宣賢手鈔本引家本亦有。

二十三葉一行經　聰聽祖考之彝訓。　○《定本校記》：聰聽祖考之彝訓。九條本、神宮本無「之」字。「訓」，九條本、内野本作「言」。

二十三葉三行注　則子孫惟專一。　○山井鼎《考文》：惟專一。〔古本〕下有「焉」字。○阮元《校記甲》：則子孫惟專一。古本下有「焉」字。

二十三葉四行疏　則有滅亡之害。　「害」，庫作「害」。

二十三葉六行疏　不但身自教之。　「但」，八作「伹」。

二十三葉七行疏　則不爲酒而損耗故也。　「耗」，單、八作「秏」。

二十三葉七行疏　既父祖稟文王之教。　「祖」，殿、庫作「祖」。

二十三葉十一行疏　以下文云我民迪小子。　「云」，十、阮作「二」。

二十三葉十二行疏　而云正官治事謂下羣吏者。　「吏」，永作「史」。

二十三葉十二行疏　㊎於所至至醉○正義曰。以述上文内外雙舉。　「以述」上「㊎於所至至醉○正義曰」」，殿、庫作「云所治衆國者」六字。

二十三葉十三行疏　故揔言衆國。　「揔」，殿、庫作「總」。

二十三葉十六行疏　愛惜土物而不損耗。　「耗」，單作「秏」，八作「秏」。

二十三葉十八行注　今往使妹土之人。　「今往」下八、李、王、纂、魏、平、岳、十、永、阮有「當」字。○山井鼎《考文》：今往使妹土之人。〔古本〕「往」下有「當」字，宋板同。○盧文弨《拾補》：今往當使妹土之人。毛本脱「當」字，舊本皆有。○阮元《校記甲》：今往使妹土之人。「往」下古、岳、宋板、十行、纂傳俱有「當」字。

二十四葉一行注　奔走事其父兄。　○山井鼎《考文》：「事其父兄」下、「孝養其父母」下、「統庶士有正者」下、「勿違犯」下，〔古本〕共有「也」字。

二十四葉一行釋文　長。之丈反。　「長」上平、殿、庫有「厥」字。「之」上纂有「音」字。「之」，王、纂、魏、平、閩、殿、庫、阮作「丁」，十作「下」，永作「下」。「丈」，永作「文」。○阮元

《校記甲》：厥長，丁丈反。「丁」，毛本作「之」，非也。

二十四葉一行經　肇牽車牛。「肇」，石、八作「肁」。

二十四葉三行注　遠行賈賣。○物觀《補遺》：賈賣。〔古本〕作「賣賈」。○阮元《校記甲》：遠行賈賣。「賈賣」二字古本倒。

二十四葉四行釋文　養。牛亮反。「牛」上王有「音」字。「牛」，王、纂、魏、平、殿、庫作「羊」。○山井鼎《考文》：養牛亮反。經典釋文「牛」作「羊」。○浦鏜《正字》：養，羊亮切。「羊」誤「牛」。○阮元《校記甲》：養，羊亮反。「羊」，十行本、毛本俱誤作「牛」。

二十四葉五行注　子乃自潔厚致用酒養也。「潔」，八、纂、魏、平、十、永、阮作「絜」，李作「挈」。王、纂、魏、平、殿、庫「養也」下有釋文「洗，先典反。馬云盡也。腆，他典反。」十二字。○山井鼎《考文》：[補脱]洗，先典反。馬云盡也。腆，他典反。〔據經典釋文〕[謹按]當在經文「自洗腆」下。○《定本校記》：子乃自絜厚致用酒養。「養」下各本有「也」字，與疏標題不合，今刪。

二十四葉七行注　統庶士有正者。「庶」，八、李、王、纂、魏、平、岳作「衆」。○物觀《補遺》：庶士有正者。〔古本〕「庶」作「衆」，宋板同。○盧文弨《拾補》：統衆士有正者。毛本

「衆」作「庶」。「庶」當作「衆」。○阮元《校記甲》：統庶士有正者。「庶」，古、岳、宋板俱作「衆」。

二十四葉八行注　汝大能進老成人之道。　「大」，纂作「人」。

二十四葉八行注　則爲君矣。　○山井鼎《考文》：則爲君矣。〔古本〕「爲」作「惟」。○盧文弨《拾補》：則爲君矣。古本「爲」作「惟」。○阮元《校記甲》：則爲君矣。「爲」，古本作「惟」。按：古字「爲」、「惟」通用。孟子「有攸不爲臣」，一本作「有攸不惟臣」。○《定本校記》：則爲君矣。「爲」，九條本、内野本、神宮本、足利本作「惟」，清原宣賢手鈔本引家本亦然。

二十四葉九行注　如此汝乃飲食醉飽之道。　「飽」，永作「飿」。○山井鼎《考文》：醉飽之道。〔古本〕下有「也」。○《定本校記》：如此汝乃飲食醉飽之道。「汝乃」二字，九條本、内野本、神宮本倒。

二十四葉九行注　先戒羣吏以聽教。　○山井鼎《考文》：先戒羣吏以聽教。〔古本〕「聽」作「斯」。○阮元《校記甲》：先戒羣吏以聽教。「聽」，古本作「斯」。

二十四葉十行注　次戒康叔以君義。　○山井鼎《考文》：以君義。〔古本〕下有「也」字。「用逸之道」下同。

二十四葉十一行注　汝能長觀省古道。　○《定本校記》：汝能長觀省古道。内野本、神宮本無「汝」字。

二十四葉十二行釋文　省。悉井反。　「悉」，纂作「息」。

二十四葉十四行注　則汝乃能自大用逸之道。　「道」下王、纂、魏、平、毛、殿、庫有釋文「饋，其位反」四字。○浦鏜《正字》：饋其位切。四字監本脱。

二十四葉十五行注　考中德爲用逸。　○山井鼎《考文》：考中德爲用逸。〔古本〕「考」上有「以」字。○盧文弨《拾補》：以考中德爲用逸。毛本無「以」字，古本有。當補。○阮元《校記甲》：考中德爲用逸。「考」上古本有「以」字。○《定本校記》：考中德爲用逸。「考」上内野本、神宮本、足利本有「以」字，清原宣賢手鈔本引家本亦有。

二十四葉十五行注　則此乃信任王者正事之大臣。　「則」下魏無「此」字。○山井鼎《考文》：正事之大臣。〔古本〕下有「矣」字。○阮元《校記甲》：則此乃信任王者正事之大臣。古本下有「矣」字。○《定本校記》：則此乃信任王者正事之大臣。九條本、内野本、神宮本無「之」字。

二十四葉十六行釋文　任。音壬。　「任」上平有「信」字。

二十四葉十六行經　永不忘在王家。　○山井鼎《考文》：永不忘在王家。〔古本〕「不」作「弗」。「亦不暇」、「越怨不易」、「罔不盡傷」、「不惟自息」、「可不大監」並同。

二十四葉十八行注　長不見忘在王家。　○山井鼎《考文》：「在王家」下，〔古本〕有「也」字。下註「言不常飲」下、「殷王之命」下同。

二十五葉一行疏　實如汝當法文王斷酒之法。　「之法」，平作「之泆」。○浦鏜《正字》：實如汝當法文王斷酒之法。「實如汝當」疑「言汝當實」之誤。○盧文弨《拾補》：實如汝當法文王斷酒之法。「實如汝當」四字，浦疑當作「言汝當實」。

二十五葉二行疏　始牽車牛遠行賈賣。　「賈」下十無「賣」字。

二十五葉二行疏　孝養其父母。父母以子如此。　「孝」上十有「以」字。「以」上十、永、阮不重「父母」二字。○阮元《校記甲》：孝養其父母。父母以子如此。「父母」二字十行本不重出。○阮元《校記乙》：孝養其父母。以子如此。毛本「父母」二字重，是也。

二十五葉二行疏　善子之行。　「善」，永作「着」。

二十五葉三行疏　子乃自洗潔謹敬厚致用酒以養。　「潔」，單、八、十作「絜」。十「敬」上無「謹」字，「用」下有「夫」字。

二十五葉四行疏　汝康叔大能進行老成人之道。　「道」，八作「道」。

二十五葉五行疏　所爲考行中正之德。　「考」，毛作「進」。○浦鏜《正字》：所爲考行中正之德。「考」，毛本誤「進」。○盧文弨《拾補》：所爲考行中正之德。毛本「考」作「進」。「進」當作「考」。○阮元《校記甲》：所爲進行中正之德。「進」，十行、閩、監俱作「考」。○阮元《校記乙》：所爲考行中正之德。閩本、明監本同。毛本「考」作「進」。

二十五葉六行疏　則汝庶幾能進饋祀於祖考矣。　「則」，阮作「用」。○張鈞衡《校記》：則汝庶幾進饋祀於祖考矣。阮本「則」作「用」。

二十五葉七行疏　不但正事大臣。　「但」，八作「但」。

二十五葉八行疏　長不見遺忘在王家矣。　「忘」，平作「志」。

二十五葉八行疏　以妹土爲所封之都。　「土」，殿作「士」。

二十五葉十行疏　若當農功。　「當」上殿、庫無「若」字。

二十五葉十行疏　即牽將大車。　「將」，殿、庫作「府」。

二十五葉十一行疏　傳其父至酒養○正義曰。　以人父母欲家生之富者。　「以人父母」上「傳其父至酒養○正義曰」，殿、庫作「其父母善子之行者」。

二十五葉十一行疏　正義曰。「義」，十、阮作「養」。

二十五葉十二行疏　則父母所不善。「母」，永作「每」。

二十五葉十四行疏　乃及庶士。衆百君子。「百」，單、八作「伯」。○山井鼎《考文》：乃及庶士，衆百君子。〔宋板〕「百」作「伯」。○盧文弨《拾補》：乃及庶士，衆伯君子。毛本「伯」作「百」。「百」當作「伯」。○阮元《校記甲》：乃及庶士，衆百君子。「百」，宋板作「伯」。阮元《校記乙》同。

二十五葉十五行疏　以人君若治不得。有所民事可憂。「所」上單、八、魏、平無「有」字。○山井鼎《考文》：以人君若治不得有所。〔宋板〕無「有」字。○盧文弨《拾補》：以人君若治不得，有所民事可憂。宋本無「有」字。疑「有」字當在「所」字下。○阮元《校記甲》：若治不得，有所民事可憂。宋板無「有」字。盧文弨云疑「有」字當在「民」字上。按：「有」疑當作「其」。阮元《校記乙》同。

二十五葉十五行疏　民事可平。「平」，阮作「乎」。○張鈞衡《校記》：民事可平。阮本「平」作「乎」，誤。

二十五葉十六行疏　明爲互矣。「互」，平、殿、庫作「君」。○盧文弨《拾補》：明爲互矣。監本改「互」爲「君」字，非。

二十五葉十七行疏　傳我大至成矣○正義曰。以言曰。「以」上「傳我大至成矣○正義曰」，殿、庫作「我大惟教汝曰者」。

二十五葉十七行疏　即教以大克羞耇。「耇」，十、永、阮作「者」。

二十六葉一行疏　已成民事。「已」，閩作「巳」。

二十六葉二行疏　即上云飲食醉飽之道也。「飽」，永作「餉」。

二十六葉二行疏　亦非其義勢也。以下然茲亦惟天據人事。「茲」，單、八、魏、平、十、永、阮作「並」。○山井鼎《考文》：茲亦惟天據人事。〔宋板〕「茲」作「並」。○殿本《考證》：亦非其義勢也，以下然茲亦惟天攄人事。數句理不可解，必有脱誤，今仍之。○浦鏜《正字》：以下然茲亦惟天據人事。「然」，疑「云」字誤。○盧文弨《拾補》：以下然茲亦惟天據人事。浦疑「然」當作「云」。○阮元《校記甲》：以下然茲亦惟天據人事。「茲」，宋板、十行俱作「並」。浦鏜云：「然」，疑「云」字誤。按：浦説是。宋板、十行以「茲」爲「並」，恐誤。○阮元《校記乙》：以下然竝亦惟天據人事。宋本同。毛本「竝」作「茲」。浦鏜云：「然」，疑「云」字誤。案：浦説是。宋板、十行本以「茲」爲「竝」，恐誤。○《定本校記》：以下然並亦惟天據人事。此句疑有譌。閩本改「並」作「茲」。浦氏云：「然」，疑「云」字誤。

二十六葉四行經　我西土棐徂邦君御事小子。　○山井鼎《考文》：棐徂邦君御事小子。〔古本〕「徂」作「往」。○盧文弨《拾補》：我西土棐徂邦君御事小子。古本「徂」作「往」。○阮元《校記甲》：王曰封我西土棐徂邦君。「徂」，古本作「往」。阮元《校記乙》同。

二十六葉五行注　我文王在西土。　「土」，岳作「上」。

二十六葉七行注　以不厚於酒。　○《定本校記》：以不厚於酒。九條本、内野本、神宫本無「於」字。

二十六葉八行注　能受殷王之命。　○山井鼎《考文》：殷王之命。〔古本〕作「殷之王命」。○盧文弨《拾補》：能受殷王之命。古本「王之」二字倒。○阮元《校記甲》：能受殷王之命。「王之」二字古本倒，與疏合。阮元《校記乙》同。○《定本校記》：能受殷之王命。九條本、内野本、神宫本、足利本如此，清原宣賢手鈔本引家本亦然。注疏本「之王」二字倒。

二十六葉八行疏　王曰封，至之命。　「封」下單、八、魏、平、十、永、閩、阮有「我西」二字。○阮元《校記甲》：王曰封至之命。「至」上十行、閩本俱有「我西」二字。

二十六葉八行疏　於此乃摠言不可不用文王慎酒之教。　「摠」，殿、庫作「總」。

二十六葉九行疏　其此等皆庶幾能用文王教。　「皆」字十爲空白。

二十六葉十行疏　故我周家至于今。「我」上十無「故」字。

二十六葉十一行疏　不厚於酒。「不」，永作「厚」。

二十六葉十二行疏　摠述上也。「摠」，殿、庫作「總」。「上」，平作「士」。

二十六葉十三行注　聞之於古殷先智王。謂湯蹈道畏天。○山井鼎《考文》：聞之於古。〔古本〕下有「也」字。「謂湯」下、「明著小民」下、「自逸豫」下、「畏相之德」下、「亦不自逸」下、「居田里者」下、「明其德」下、「不令而行」下並同。○物觀《補遺》：先智王謂湯。〔古本〕下有「也」字。

二十六葉十五行注　能常德持智。「持」，永作「特」。

二十六葉十五行注　中間之王。「間」，岳作「閒」。

二十六葉十五行注　猶保成其王道。「猶」，閩作「循」。

二十六葉十六行釋文　相。息亮反。下同。「相」上平有「畏」字。「下」，纂作「注」。

二十六葉十七行經　不敢自暇自逸。「暇」，李作「睱」。○《定本校記》：不敢自暇自逸。九條本無下「自」字。

二十六葉十八行注　不敢自寬暇自逸豫。「暇」，李作「睱」，殿作「暇」。「豫」，毛作「豫」。

二十六葉十八行釋文　暇。遐嫁反。「嫁」，纂、殿、庫作「稼」。「反」，毛作「取」。○山井鼎《考文》：暇，遐嫁取。［正誤］「取」當作「反」。物觀《補遺》：據經典釋文。○浦鏜《正字》：暇，遐嫁切。「切」，毛本誤「取」。

二十七葉一行注　自暇自逸猶不敢。「暇」，李作「暇」，阮作「假」。○《定本校記》：自暇自逸猶不敢。九條本無下「自」字。

二十七葉二行注　明無也。○阮元《校記甲》：明無也。按：疏標目無「也」字。○《定本校記》：明無。各本「無」下有「也」字，今從内野本、神宫本。

二十七葉三行注　侯服甸服男服衛服國伯諸侯之長。○阮元《校記甲》：國伯諸侯之長。「諸」，纂傳作「庶」。○《定本校記》：侯服甸服男服衛服國伯諸侯之長。九條本、内野本、神宫本無「之」字。

二十七葉三行注　言皆化湯畏相之德。○《定本校記》：言皆化湯畏相之德。九條本、足利本無「皆」字。

二十七葉八行注　皆無敢沈湎於酒。「於」，王、纂、岳作「于」。

二十七葉九行注　亦不暇飲酒。「暇」，李作「暇」。○《定本校記》：亦不暇飲酒。九條本、内野本、神宫本無「酒」字，清原宣賢手鈔本引家本亦無。

二十七葉九行經　越尹人祇辟。　「祇」，殿、庫、阮作「祗」。

二十七葉十行注　所以不暇飲酒。　「暇」，李作「暇」。

二十七葉十一行釋文　辟。扶亦反。　「辟」上平有「祇」字。

二十七葉十一行疏　王曰封我聞至祇辟。　「祇」，單、八、魏、平、十、永、閩、毛作「祗」。

二十七葉十三行疏　即能常德持智以爲政教。　「德」，永作「得」。

二十七葉十六行疏　惟服事尊官。　「惟」，毛作「雖」。○浦鏜《正字》：惟服事尊官。「惟」，毛本誤「雖」。○盧文弨《拾補》：惟服事尊官。毛本「惟」作「雖」，浦改，當作「惟」。○阮元《校記甲》：雖服事尊官。「雖」，十行、閩、監俱作「惟」。○阮元《校記乙》：惟服事尊官。閩本、明監本同。毛本「惟」作「雖」。

二十七葉十六行疏　及致仕在田里而居者。　「居」，阮作「稚」。

二十七葉十七行疏　所以不暇者。　「暇」，十、阮作「服」。

二十七葉十七行疏　惟以助其君成其王道。　「王」，閩作「三」。

二十七葉十八行疏　正身以化下。　「正」，十作「王」。

二十八葉一行疏　皆由蹈行於道。　「道」，阮作「爲」。○張鈞衡《校記》：皆由蹈行於道。阮本「道」作「爲」，誤。

二十八葉三行疏　傳惟殷至逸豫○正義曰。此事當公卿。　「此」上「傳惟殷至逸豫○正義曰」，殿、庫作「惟殷御治事之臣者」八字。

二十八葉四行疏　崇聚至明無。　平「無」上無「明」字，下有「也」字。

二十八葉四行疏　充實則集聚。　「集」，平作「其」。

二十八葉六行疏　舉四者以揔六服。　「舉」，平作「舉」。「揔」，殿、庫作「總」。

二十八葉七行疏　伯言長。連屬卒牧皆是。　○阮元《校記甲》：伯言長，連屬卒牧皆是。「屬」，纂傳作「率」。

二十八葉八行疏　爲揔之文。　「揔」，殿、庫作「總」。

二十八葉十行疏　必知惟亞兼士者。　「惟」，阮作「爲」。

二十八葉十行疏　揔上百僚庶尹及惟亞。　「揔」，殿、庫作「總」。

二十八葉十一行疏　惟亞雖不爲官首。　「亞」下單、八、魏、平、毛有「等」字。○浦鏜《正字》：惟亞等雖不爲官首。監本脱「等」字。○阮元《校記甲》：惟亞等雖不爲官首。十行、閩、監俱無「等」字。○阮元《校記乙》：惟亞雖不爲官首。毛本「亞」下有「等」字。

二十八葉十三行疏　而與里居爲摠。「摠」，殿、庫作「總」。

二十八葉十三行疏　自外至飲酒。「自」，閩作「目」。

二十八葉十六行注　不憂政事。○山井鼎《考文》：不憂政事。〔古本〕「憂」下有「其」字。○阮元《校記甲》：不憂政事。「憂」下古本有「其」字。○《定本校記》：不憂政事。九條本作「不憂政」，内野本、神宮本作「不憂其政」，清原宣賢手鈔本引家本亦然。足利本作「不憂其政事」。

二十八葉十六行經　祇保越怨不易。「祇」，殿、庫、阮作「祗」。

二十八葉十七行注　所敬所安。「安」，平作「先」。

二十八葉十八行注　不可變易。○山井鼎《考文》：不可變易。〔古本〕下有「也」字。

二十八葉十八行釋文　易。如字。馬以豉反。「易」上平有「不」字。「豉」，纂、平、十、永、毛、殿、阮作「豉」。

二十八葉十八行經　誕惟厥縱淫泆于非彝。「泆」，石作「佚」。○阮元《校記甲》：誕惟厥縱淫泆于非彝。陸氏曰：「泆」，又作「逸」，亦作「佚」。按：「泆」、「逸」、「佚」古並通用。阮元《校記乙》同。

二十九葉一行經　**民罔不衋傷心。**　「衋」，李作「畫」。

二十九葉一行注　**紂大惟其縱淫泆于非常。**　「泆」，魏作「佚」。

二十九葉二行注　**民無不衋然痛傷其心。**　「衋」，李作「畫」。○山井鼎《考文》：痛傷其心。〔古本〕下有「者也」二字。○阮元《校記甲》：民無不衋然痛傷其心。古本下有「者也」二字。

二十九葉二行釋文　**縱。子用反。注同。泆。音溢。又作逸。亦作佚。衋。許力反。**　魏「子用反」下無「注同」二字，「衋，許力反」在「縱，子用反」上。「佚」，平作「秩」。

二十九葉四行注　**晝夜不念自息乃過差。**　○山井鼎《考文》：乃過差。〔古本〕下有「也」字。「無懼」下、「民所怨咎」下、「紂奢逸故」下，共同。

二十九葉四行釋文　**差。初佳反。又初賣反。**　○阮元《校記甲》：差，初佳反。「佳」，十行本、毛本俱作「佳」字。按：作「佳」是也。

二十九葉五行經　**厥心疾狠。**　「狠」，石、八、李、王、纂、魏、平、岳、永、阮作「很」。○浦鏜《正字》：厥心疾很。「很」誤「狠」。

二十九葉五行注　**紂疾很其心。**　「很」，八、李、王、纂、魏、平、岳、十、永、阮作「很」。

二十九葉六行釋文　很。胡懇反。　「很」，王、纂、魏、平、岳、永、殿、庫、阮作「很」。

二十九葉七行注　於殷國滅亡無憂懼。　○《定本校記》：於殷國滅亡無憂懼。九條本、内野本、神宮本無「亡」字，清原宣賢手鈔本引家本亦無。

二十九葉九行注　升聞於天。　「於」，殿、庫作「于」。

二十九葉九行注　大行淫虐。　「大」，李作「天」。

二十九葉九行注　惟爲民所怨咎。　「民」上王無「爲」字。「咎」，纂作「咨」。

二十九葉九行經　庶羣自酒。　○阮元《校記甲》：庶羣自酒。正義曰：「自酒」，定本作「自」，俗本多誤爲「嗜」。阮元《校記乙》同。

二十九葉十行注　紂衆羣臣。　○《定本校記》：紂衆羣臣。「羣臣」二字，九條本、内野本、神宮本、足利本倒，清原宣賢手鈔本引家本亦然。

二十九葉十一行注　腥穢聞在上天。　○《定本校記》：腥穢聞在上天。九條本、内野本、神宮本、足利本無「上」字，清原宣賢手鈔本引家本亦無。

二十九葉十二行釋文　聞。音問。　「聞」上平有「腥」字。

二十九葉十二行經　惟民自速辜。　○《定本校記》：惟人自速辜。九條本如此。各本「人」作「民」。

二十九葉十二行注　**言凡爲天所亡。**　「凡」，李作「几」。

二十九葉十三行注　**天非虐民。惟民行惡自召罪。**　「惡」，李作「悪」。○山井鼎《考文》：天非虐民，惟民行惡自召罪。〔古本〕二「民」作「人」，「行」上有「所」字，「罪」下有「也」。○盧文弨《拾補》：天非虐民，惟民行惡自召罪。古本「民」作「人」，下同。古本「行」上有「所」字。○阮元《校記甲》：天非虐民，惟民行惡自召罪。古本兩「民」字俱作「人」，「行」上有「所」字。阮元《校記乙》同。○《定本校記》：天非虐人，惟人行惡自召罪。二「人」字，注疏本皆作「民」，今從九條本、内野本、神宮本、足利本。下「人」字下，九條本、内野本、神宮本、足利本有「所」字，清原宣賢手鈔本引家本亦有「所」字。

二十九葉十六行疏　**晝夜不念自止息乃過逸。**　「晝」，永作「晝」。

二十九葉十六行疏　**其内心疾害很戾。**　「很」，單、八、魏、平、殿、庫、阮作「很」，毛作「狠」。「戾」，平作「疾」。○浦鏜《正字》：其内心疾害很戾。疏誤作「狼」。○盧文弨《拾補》：其内心疾害很戾。毛本「很」誤作「狼」。

二十九葉十七行疏　**不念發聞其德令之馨香。**　「德令」，殿、庫作「令德」。

二十九葉十七行疏　**升聞于天。**　「于」，單、八、魏、平作「於」。

三十葉一行疏　施其政令於民。　「其」，魏作「之」。

三十葉三行疏　言紂大惟其縱淫泆於非常之事。　「泆」，平作「法」。

三十葉五行疏　此言惟人。謂紂也。今變言人者。　「言惟」上殿、庫無「此」字。二「人」字殿、庫皆作「民」。○盧文弨《拾補》：此言惟民，謂紂也。今變言人者，見雖非紂亦然。毛本「民」作「人」，官本改作「民」，然作衍文亦可。「言」下「人」字不當改「民」。案：古本經作「民」，傳作「人」，此正與傳合。

三十葉七行經　人無於水監。　○山井鼎《考文》：人無於水監。〔古本〕「監」作「鑒」。下文「民監」、「大監」同。○盧文弨《拾補》：人無於水監。古本「監」作「鑒」，下同。○阮元《校記甲》：人無於水監。「監」，古本作「鑒」。下文「民監」、「大監」同。阮元《校記乙》同。

三十葉七行注　古賢聖有言。　「賢聖」，纂、岳作「聖賢」。

三十葉八行注　當於民監。　○山井鼎《考文》：「當於民監」下、「見吉凶」下，〔古本〕共有「也」字。

三十葉九行經　我其可不大監撫于時。　「大」下八有「一」字。

三十葉十行注　我其可不大視此爲戒。　○山井鼎《考文》：視此爲戒。〔古本〕「此」作「之」。○阮元《校記甲》：我其可不大視此爲戒。「此」，古本作「之」。阮元《校記乙》同。

○《定本校記》：我其可不大視此爲戒。九條本、内野本、神宮本無「此」字，清原宣賢手鈔本引家本亦無。

三十葉十三行疏　但見巳形。「但」，八作「徂」。

三十葉十四行經　予惟曰。汝劼毖殷獻臣。○山井鼎《考文》：予惟曰汝劼。〔古本〕「汝」作「女」，下皆同。○盧文弨《拾補》：汝劼毖殷獻臣。古本「汝」作「女」，下皆同。

三十葉十五行注　汝當固慎殷之善臣信用之。○山井鼎《考文》：信用之。〔古本〕下有「也」字。

三十葉十五行釋文　劼。苦八反。「苦」，阮作「若」。○張鈞衡《校記》：劼，苦八反。阮本「苦」作「若」，誤。

三十葉十六行經　矧太史友。内史友。二「友」，纂皆作「犮」。

三十葉十七行注　所賔友乎。「友」，纂作「犮」，魏作「犮」。○山井鼎《考文》：所賓友乎。〔古本〕「乎」上有「者」字。○盧文弨《拾補》：況太史内史掌國典法，所賓友乎。古本「友」下有「者」字。○阮元《校記甲》：掌國典法。所賓友乎。「乎」上古本有「者」字。

三十葉十八行注　於善臣百尊官。「官」，魏作「宮」。

三十一葉一行注　不可不慎。「慎」，毛作「填」。○山井鼎《考文》：不可不填。正誤「填」當作「慎」。物觀《補遺》：古本、宋板「填」作「慎」。○浦鏜《正字》：於善臣百尊官不可不慎。「慎」，毛本誤「填」。○盧文弨《拾補》：於善臣百尊官不可不慎。毛本「慎」作「填」。「填」當作「慎」。○阮元《校記甲》：不可不填。「填」，古、岳、葛本、宋板、十行、閩、監、纂傳俱作「慎」，是也。

三十一葉二行經　薄違農父。○阮元《校記甲》：薄違農父。按：羣經音辨韋部云：韋，違行也，音回。書：薄韋𦵔父。阮元《校記乙》同。

三十一葉二行注　圻父。司馬。○山井鼎《考文》：「圻父司馬」下、「農父司徒」下、「言任大」下、「當順安之」下、「諸侯三卿」下、「斷於酒乎」下，〔古本〕共有「也」字。

三十一葉三行注　況所順疇咨之司馬乎。○《定本校記》：況所順疇咨之司馬乎。「疇」上九條本、内野本、神宫本有「所」字，清原宣賢手鈔本引家本亦有。

三十一葉三行注　況能迫迴萬民之司徒乎。「民」，平作「氏」。

三十一葉四行釋文　違。如字。徐音回。「回」，王作「迴」。

三十一葉七行注　況汝剛斷於酒乎。○《定本校記》：況汝剛斷於酒乎。九條本無「汝」字。

三十一葉七行釋文　辟。必亦反。　「辟」上魏、平、殿、庫有「宏大也」三字。

三十一葉七行疏　予惟至於酒。　「予」，魏作「子」。「於」，單、八、魏、平作「于」。○山井鼎《考文》：予惟至於酒。〔宋板〕「於」作「于」。○盧文弨《拾補》：予惟至于酒。毛本「于」作「於」。「於」當作「于」。

三十一葉九行疏　此之卑官猶尚固慎。　「猶」，閩作「循」。

三十一葉十行疏　況惟汝之身事。所服行美道。服行美事治民。而可不固慎乎。　八「所服行美」下無「道」字，「美事」作「羙事」，「美事」下有「道」字。魏「而」下有「不」字。○山井鼎《考文》：況惟汝之身事，所服行美道，服行美事治民，而可不固慎乎。〔宋板〕無「道」字，「美事」下有「道」字。謹按 似不可解。○盧文弨《拾補》：所服行美道，服行美事治民。下「行美」二字浦疑衍。○阮元《校記甲》：所服行美道，服行美事治民。「道」字宋板在「事」字下。山井鼎曰：不可解。盧文弨云：服行美事，依注「行美」二字衍。阮元《校記乙》同。○《定本校記》：所服行美道，服行美事治民。〔足利〕八行本「道」字誤在「事」字下。

三十一葉十行疏　況惟所敬順疇咨之圻父。　「咨」，毛作「盜」。○浦鏜《正字》：況惟所敬順疇咨之圻父。「咨」，毛本誤「盜」。○盧文弨《拾補》：況惟所敬順疇咨之圻父。毛本「咨」作「盜」。「盜」當作「咨」。○阮元《校記甲》：況惟所敬順疇盜之圻父。「盜」，十行、閩、監俱作「咨」，是也。

三十一葉十行疏　**所順所安之宏父。**「所安」上平無「所順」二字。

三十一葉十三行疏　**皆敬而擇任之。**「擇」，阮作「釋」。

三十一葉十三行疏　**正義曰。太史掌國六典。**「太」，八作「大」。

三十一葉十六行疏　**服行美道。**「美」，八作「羙」。

三十一葉十八行疏　**以司徒教民五土之藝。**「徒」，單作「徒」。「教」，毛作「致」。○阮元《校記甲》：以司徒致民五土之藝。「致」，十行、閩、監俱作「教」，是也。

三十二葉一行疏　**故言農夫也。**「夫」，單、八、魏、平、十、永、閩、殿、庫、阮作「父」。○浦鏜《正字》：以司徒致民五土之藝故言農父也。毛本「父」誤「夫」。○盧文弨《拾補》：以司徒致民五土之藝，故言農父也。毛本「父」作「夫」。「夫」當作「父」。○阮元《校記甲》：故言農夫也。「夫」，十行、閩本俱作「父」。按：「夫」字誤。

三十二葉二行疏　**正義曰。宏。大。釋詁文。**○《定本校記》：宏，大，釋詁文。「詁」，〔足利〕八行本誤作「話」。

三十二葉三行疏　諸侯之三卿。　「三」，八作「二」。

三十二葉三行疏　言大父者。　「大」，十作「宏」。

三十二葉四行疏　乃揔之言司馬司徒司空。　「揔」，殿、庫作「總」。

三十二葉四行疏　況剛斷於酒乎。　「剛」，十作「爾」。

三十二葉五行疏　其定辟揔上。自劼毖殷獻巳下。　「揔」，殿、庫作「總」。「自」，永作「目」。「獻」下單、八有「臣」字。○山井鼎《考文》：劼毖殷獻。〔宋板〕「獻」下有「臣」字。○盧文弨《拾補》：其定辟揔上，自劼毖殷獻臣巳下。毛本「獻」下脱「臣」字。○阮元《校記甲》：揔上自劼毖殷獻巳下。「獻」下宋板有「臣」字。阮元《校記乙》同。

三十二葉五行疏　其實揔上也。　「揔」，毛、殿、庫作「總」。

三十二葉七行經　厥或誥曰。羣飲。　○《定本校記》：厥或誥曰，羣飲。「羣飲」二字，九條本、内野本、神宫本倒，清原宣賢手鈔本引家本亦然。

三十二葉八行注　勿令失也。　「勿令失也」下王、纂、魏、平、毛、殿、庫有釋文「佚，音逸」三字。○浦鏜《正字》：「佚，音逸」三字監本脱。○阮元《校記甲》：勿令失也。「勿」，十行本作「無」。

三十二葉十行注　盡執拘羣飲酒者以歸於京師。　○山井鼎《考文》：以歸於京師。〔古本〕「於」作「于」。下「乃沈湎於酒」同。○盧文弨《拾補》：盡執拘羣飲酒者以歸於京師。古本「於」作「于」，下「於酒」同。

三十二葉十行釋文　盡。子忍反。　「子」，閩作「予」。

三十二葉十一行經　惟工乃湎于酒。　○阮元《校記甲》：惟工乃湎於酒。盧文弨云：「惟工」，俗本誤作「百工」。阮元《校記乙》同。

三十二葉十二行注　乃沈湎於酒。　「於」，王作「于」。

三十二葉十三行釋文　惡，烏各反。　四字平作「惡俗，上烏各反」。「各」，魏、毛作「洛」。○物觀《補遺》：惡，烏洛反。〔經典釋文〕「洛」作「各」。○阮元《校記甲》：惡俗，上烏各反。「各」，毛本誤作「洛」。

三十二葉十三行注　以其漸染惡俗。　○阮元《校記甲》：以其漸染惡俗。毛氏曰：漏「漸」字。

三十二葉十四行注　則汝有此明訓以享國。　○山井鼎《考文》：「以享國」下、「見殺之罪」下，〔古本〕有「也」字。

三十二葉十四行釋文　三息暫反。　「三」，殿、庫作「申」。「三，息暫反」，平作「三申，上息暫反」。

三十二葉十五行經　時同于殺。　「于」，平作「干」。

三十二葉十七行注　乃不潔汝政事。　「潔」，八、魏、十、永作「絜」。

三十三葉一行疏　乃沈湎於酒。　閩「沈」字處爲空白，「湎」作「面」。

三十三葉二行疏　不潔汝政事。　「潔」，單、八、十、永作「絜」。

三十三葉五行疏　明法有張弛。　「弛」，毛作「施」。○浦鏜《正字》：明法有張弛。「弛」，毛本誤「施」。○盧文弨《拾補》：明法有張施。浦疑「施」當作「弛」。○阮元《校記甲》：明法有張施。「施」，十行、閩、監俱作「弛」，是也。

三十三葉七行疏　故必三申法令。　「令」，八作「人」。

三十三葉七行疏　揔上之辭。　「揔」，毛、殿、庫作「總」。

三十三葉八行疏　不潔汝之政事。　「潔」，單、八、十、永、阮作「絜」。

三十三葉八行疏　事惟穢惡。　「惟」，平作「推」。

三十三葉八行疏　不復教之使潔静也。　「潔」，單、阮作「絜」。

三十三葉九行注　汝當常聽念我所慎而篤行之。　○山井鼎《考文》：而篤行之。〔古本〕「之」作「也」。○阮元《校記甲》：而篤行之。「之」，古本作「也」。

三十三葉十行注　辯。使也。　「辯」，王作「辨」，十、永、閩、阮作「乃」。○阮元《校記甲》：辯，使也。「辯」，十行、閩、葛俱誤作「乃」。○阮元《校記乙》：乃使也。閩本、葛本同。毛本「乃」作「辯」，是也。

三十三葉十行注　勿使汝主民之吏湎於酒。　「於」，纂作「于」。

三十三葉十一行注　言當正身以帥民。　○山井鼎《考文》：以帥民。〔古本〕下有「也」字。○《定本校記》：言當正身以帥民。「民」，九條本、内野本、神宮本作「人」。

三十三葉十一行疏　王曰封至于酒。　「封」下單、八、魏、平有「汝」字。

三十三葉十一行疏　汝當常聽命我所使汝慎者篤而行之。　「命」，單、八、魏、平作「念」。○物觀《補遺》：當常聽命。〔宋板〕「命」作「念」。○盧文弨《拾補》：汝當常聽念我所使汝慎者。毛本「念」作「命」。「命」當作「念」。○阮元《校記甲》：汝當常聽命我所使汝慎者。「命」，宋板作「念」，是也。阮元《校記乙》同。

梓材第十三

三十三葉十五行經　梓材　○阮元《校記甲》：梓材。按：傳云：亦如梓人治材。疏云：此古「杍」字，今文作「梓」。謂傳中「杍」字乃古文，若今字尚書本則作「梓」也。孔疏本之劉炫。其所据者，古文也。傳既作「杍」，則經亦作「杍」可知。今本經傳俱作「梓」，與疏不合。陸氏亦据古文，而今本釋文大書「梓」字，注云：本亦作「杍」。蓋爲後人竄改，亦非陸氏元文也。阮元《校記乙》同。○《定本校記》：杍材。「杍」，各本作「梓」，今從内野本、足利本。疏云：此古「杍」字，今文作「梓」。

三十三葉十五行注　亦如梓人治材。　○山井鼎《考文》：梓人治材。〔古本〕下有「也」字。「都家之政於國」下、「國君之道」下、「可師法」下並同。

三十三葉十五行釋文　梓。音子。「梓」，平作「杍」。

三十三葉十六行釋文　本亦作杍。「杍」，纂、平、殿、庫作「杼」。○山井鼎《考文》：梓，音子，本亦作杍。謹按「杍」當作「杍」。今按：古本作「杍」。「杍」，直吕反，義自别矣。物觀《補遺》：經典釋文「杍」作「杍」。○浦鏜《正字》：本亦作杍。「杍」誤「杼」，疏同。○阮元

《校記甲》：梓，本亦作杍。「杍」，十行本、毛本俱誤作「杼」。

三十三葉十六行釋文　治木器曰梓。「梓」，平作「杍」。

三十三葉十六行釋文　治土器曰陶。「土」，平作「士」。

三十三葉十六行疏　告康至治材。「治」，八作「洽」。

三十三葉十七行疏　既勤樸斲。「樸」，閩作「撲」。

三十三葉十七行疏　此古杼字。「杼」，單、八、殿、庫作「杍」。○物觀《補遺》：此古杼字。宋板「杼」作「杍」。○阮元《校記甲》：此古杼字。「杼」，宋板作「杍」。按：「杍」乃古文「李」字，借爲梓匠之「梓」，取音同也。阮元《校記乙》同。

三十四葉一行疏　室摠於家。「摠」，殿、庫作「總」。

三十四葉三行經　封。以厥庶民。○物觀《補遺》：封以厥庶民。〔古本〕「民」作「人」。○盧文弨《拾補》：以厥庶民。古本「民」作「人」。○阮元《校記甲》：王曰：封，以厥庶民，暨厥臣。「民」，古本作「人」。阮元《校記乙》同。○《定本校記》：王曰，封，以厥庶民，暨厥臣。「民」，九條本、内野本、神宮本、足利本作「人」。

三十四葉七行經　汝若恒越曰。○山井鼎《考文》：汝若恒越曰。〔古本〕「汝」作「女」。○盧文弨《拾補》：汝若恒越曰。古本「汝」作「女」。○阮元《校記甲》：汝若恒越曰。「汝」，古本作「女」。

三十四葉七行注　汝惟君道使順常。　「惟」，岳作「爲」。○阮元《校記甲》：汝惟君道使順常。「惟」，岳本作「爲」。

三十四葉八行注　於是曰。　○阮元《校記甲》：於是曰。毛氏曰：「曰」作「日」，誤。

三十四葉十行注　如此則善矣。　○山井鼎《考文》：如此則善矣。〔古本〕「矣」作「也」。○阮元《校記甲》：如此則善矣。「矣」，古本作「也」。

三十四葉十一行經　肆徂厥敬勞。　「徂」，王作「但」。

三十四葉十二行釋文　勞。力報反。下同。　「勞，力報反」，平作「敬勞，下音力報反」。「同」上魏有「注」字。

三十四葉十二行經　姦宄殺人歷人宥。　「宄」，八作「宂」。

三十四葉十三行注　以民當敬勞之。故汝往之國。　○山井鼎《考文》：故汝往之國。〔古本〕「故」下復有「故」字。○盧文弨《拾補》：以民當敬勞之故。古本「故」下重一「故」字，屬下句。○阮元《校記甲》：以民當敬勞之，故汝往之國。古本重「故」字。阮元《校記乙》同。○《定本校記》：汝往之國。「汝」上九條本、内野本、神宮本、足利本有「故」字。

三十四葉十五行注　聽訟折獄。　○物觀《補遺》：聽訟折獄。〔古本〕「折」作「斷」。○盧文弨《拾補》：聽訟折獄。古本「折」作「斷」。○阮元《校記甲》：聽訟折獄。「折」，古本作「斷」。阮元《校記乙》同。○《定本校記》：聽訟折獄。「折」，九條本、内野本、神宮本、足利本作「斷」。

三十四葉十六行注　故往治民。　○《定本校記》：故往治民。「往」上内野本、神宮本有「汝」字。

三十四葉十七行釋文　見。如字。徐賢遍反。戕敗。徐在羊反。又七良反。馬云殘也。折之舌反。　「戕敗」上魏無「見，如字，徐賢遍反」七字。「見」上平有「亦」字。「戕」下王、纂、魏、平、殿、庫無「敗」字。「馬云殘也」下魏無「折，之舌反」四字。「折，之舌反」，平作「折獄，上之舌反，注同」八字。○阮元《校記甲》：戕，徐在羊反。「戕」下十行本、毛本俱有「敗」字。

三十五葉二行疏　故當使上下順常。　「故」，魏作「汝」。

三十五葉二行疏　其下司徒司馬司空國之三卿。　「徒」，十作「徙」。

三十五葉八行疏　對士庶有家而非大。　「對」，阮作「封」。

三十五葉十一行疏　**都。謂王子弟所封。及公卿所食邑。家。謂大夫所食采地。**「采」，永作「来」。○浦鏜《正字》：都，謂王子弟所封，及公卿所食邑。「公卿所食邑」，鄭注作「三公采地」。又：家，謂大夫所食采地。「大夫」上鄭注有「卿」字。○盧文弨《拾補》：都，謂王子弟所封及公卿所食邑。家，謂大夫所食采地。浦案：「公卿所食邑」，鄭注作「三公采地」。鄭注「謂」下有「卿」字。

三十五葉十一行疏　**傳以大家言之。**○《定本校記》：傳以大家言之。「言之」二字疑譌。

三十五葉十一行疏　**摠包大臣。**「摠」，殿、庫作「總」。

三十五葉十三行疏　**正義曰。言汝當信用臣。即信用卿大夫及都家自然大家也。傳用小臣與庶人。**○殿本《考證》：自然大家也。「自然」二字疑衍。○浦鏜《正字》：言汝當信用臣，即信用卿大夫及都家自然大家也。傳用小臣與庶人。「也」字屬下句。○阮元《校記甲》：傳用小臣與庶人。浦鏜云：疑有脱誤。按：「傳用」二字未誤，與下「鄭以」爲對。阮元《校記乙》同。○《定本校記》：自然大家也。傳用小臣與庶人。「也傳」疑當作「亦信」。

三十五葉十五行疏　**王爲二王之後。**「二」，平作「三」。

三十五葉十五行疏　**(傳)汝惟至師法○正義曰。即上民事王教通於國人。**「即」上「(傳)汝惟至師法○正義曰」，殿、庫作「君道使順常者」六字。

三十五葉十五行疏　故揔上惟邦君。　「揔」，殿、庫作「總」。

三十六葉二行疏　正義曰。上文無罪敬勞。　「文」，十作「丈」。

三十六葉三行疏　但重言而別其文。　「但」，八作「伹」。

三十六葉三行疏　其所過歷之人。　「其」，永作「有」。

三十六葉四行疏　正義曰。以君者立於無過之地。　「君」上殿、庫無「以」字。

三十六葉五行疏　與上厥君終始相承。　「終始」，單、八、魏、平、十、永、阮作「始終」。「承」，阮作「臣」。○阮元《校記甲》：與上厥君終始相承。「終始」二字十行倒。○阮元《校記乙》：與上厥君始終相承。毛本「始終」二字倒。○張鈞衡《校記》：始終相承。阮本「承」作「臣」，誤。

三十六葉六行經　王啓監。厥亂爲民。　○山井鼎《考文》：王啓監厥亂爲民。〔古本〕「監」作「鑒」，下皆同。○盧文弨《拾補》：王啓監。古本「監」作「鑒」，下竝同。○阮元《校記甲》：王啓監。「監」，古本作「鑒」，下皆同。阮元《校記乙》同。

三十六葉七行注　不可不勉。　○山井鼎《考文》：「不可不勉」下、「令見寃枉」下，〔古本〕共有「也」字。

三十六葉七行釋文　監。工暫反。　「工」，永作「士」，阮作「王」。

三十六葉七行釋文　爲于僞反。注同。治。直吏反。　「爲，于僞反」，平作「爲民，上于僞反」。「注」，殿、庫作「下」。「注同」下王無「治，直吏反」四字。「治」上平有「其」字。

三十六葉七行經　無胥戕。無胥虐。　〇山井鼎《考文》：無胥戕，無胥虐。〔古本〕「無」作「亡」。

三十六葉八行經　至于屬婦。　〇阮元《校記甲》：至于屬婦。孫志祖云：玉篇女部：嫋婦人姙身也。引書「至于嫋婦」。阮元《校記乙》同。〇汪文臺《識語》：至于屬婦。孫志祖云：玉篇女部：嫋，婦人妊身也。引書「至于嫋婦」。案：玉篇本出説文，引後失前，孫君少疏。

三十六葉九行注　至於敬養寡弱。　「於」，王、殿、庫作「于」。〇《定本校記》：至於敬養寡弱。九條本、内野本、神宫本、足利本無「於」字。

三十六葉九行注　至於存恤妾婦。　「於」，王作「于」。

三十六葉十行注　無令見寃枉。　「寃」，閩作「冤」。〇阮元《校記甲》：無令見寃枉。陸氏曰：「寃」，一本作「以寃」。按：陸氏此語未詳，俟考。阮元《校記乙》同。

三十六葉十行釋文　屬婦。上音蜀。妾之事妻也。　「上音蜀」三字殿、庫作「音扶」。王「婦」下無「上音蜀」三字，「也」下有「屬音蜀」三字。

三十六葉十一行釋文　令。力呈反。　「令」上平、殿、庫有「無」字。

三十六葉十一行釋文　宛。紆元反。一本作以元反。　下「元反」，王、纂、魏、平、十、永、閩、阮作「宛」。○山井鼎《考文》：宛，紆元反，一本作以元反。[正誤]當作「一本作以宛」。物觀《補遺》：經典釋文作「以宛」。○浦鏜《正字》：一本作以宛。「宛」誤「元反」二字。○阮元《校記甲》：宛，一本作以宛。「以宛」，毛本作「以元反」，誤。

三十六葉十二行注　王者其效實國君及於御治事者。　「於」，毛作「以」。○山井鼎《考文》：及以御治事者。[正誤]「以」當作「於」。物觀《補遺》：古本、宋板「以」作「於」。○浦鏜《正字》：王者其效實國君及於御治事者。「於」，毛本誤「以」。○盧文弨《拾補》：王者其效實國君及於御治事者。毛本「於」作「以」。「以」當作「於」。○阮元《校記甲》：及以御治事者。「以」，古、岳、葛本、宋板、十行、閩、監、纂傳俱作「於」。

三十六葉十三行注　不可不勤。　○山井鼎《考文》：不可不勤。〔古本〕下有「也」。下註「農夫之考田」下、「以喻教化」下並同。

三十六葉十五行注　當務之。「務」，纂作「矜」。

三十六葉十五行釋文　恬。田廉反。「廉」，魏作「簾」，平作「兼」。○阮元《校記甲》：恬，田廉反。「廉」，葉本作「兼」。

三十六葉十六行疏　無得相傷殘。「傷殘」，單、八、魏、平、十、永、阮作「殘傷」。○物觀《補遺》：無得相傷殘。〔宋板〕「傷殘」作「殘傷」。○盧文弨《拾補》：無得相傷殘。宋本「傷殘」二字倒。○阮元《校記甲》：無得相傷殘。「傷殘」二字宋板、十行俱倒，與傳合。

三十六葉十七行疏　民之相於。「相於」，平作「事亦」。

三十六葉十七行疏　至於存恤鰥寡。「至」，魏、平、十、永作「不」。

三十六葉十八行疏　國君及於御治事者。「君」，魏、永作「若」。

三十七葉一行疏　用古者明王之道而治之。「者」，單、八、魏、平、十、永、阮作「昔」。○物觀《補遺》：古者明王。〔宋板〕「者」作「昔」。○盧文弨《拾補》：用古昔明王之道而治之。毛本「昔」作「者」。「者」當作「昔」。○阮元《校記甲》：用古者明王之道而治之。「者」，宋板、十行、閩本俱作「昔」。

三十七葉一行疏　無所復罪。「無」，十、永、阮作「无」。

三十七葉二行疏　虐甚則殺。「甚」，十、永作「其」。

三十七葉三行疏　則非闕嫡婦也。「闕」，平作「開」。

三十七葉六行注　惟若農夫之考田。○《定本校記》：惟若農夫之考田。九條本無「夫」字。

三十七葉六行注　巳勞力布發之。「力」，平作「刀」。

三十七葉六行注　惟其陳列修治。○《定本校記》：惟其陳列修治。九條本、内野本、神宮本、足利本無「治」字，清原宣賢手鈔本引家本亦無。

三十七葉七行注　以喻教化。○《定本校記》：以喻教化。九條本、内野本、神宮本無「以」字，清原宣賢手鈔本引家本亦無。

三十七葉八行經　若作室家。○《定本校記》：若作室家。「室家」二字，内野本、神宮本倒。

三十七葉八行經　惟其塗塈茨。○盧文弨《拾補》：惟其塗。「塗」，本作「斁」。下同。此「塗」字乃衛包所改也。正義尚是「斁」字。故云二文皆言「斁」，即古「塗」字。説文「雘」字下引書「惟其斁丹雘」。釋文亦當有音，宋人遂去之矣。○阮元《校記甲》：惟其塗塈茨。按：「塗」，疏作「斁」，下同。此亦古文之見於疏者，又見羣經音辨攴部。按：衛包改「斁」爲「塗」，幸正義猶存「斁」字。阮元《校記乙》同。○《定本校記》：惟其斁塈茨。各本「斁」作「塗」，與疏不合。今從九條本。下「惟其斁丹雘」同。

三十七葉八行注　**巳勤立垣墻。**　「立」，纂作「正」。○物觀《補遺》：巳勤立垣牆。〔古本〕「牆」作「墉」。○盧文弨《拾補》：巳勤立垣牆。古本「牆」作「墉」。○阮元《校記甲》：巳勤立垣牆。「牆」，古本作「墉」。○《定本校記》：巳勤立垣牆。「牆」，九條本、内野本、神宮本、足利本作「墉」。

三十七葉九行注　**惟其當塗塈茨蓋之。**　「惟」，十作「推」。「塈」，阮作「既」。○張鈞衡《校記》：塈茨蓋之。阮本「塈」作「既」，誤。

三十七葉九行釋文　**塈。徐許既反。説文云仰塗也。**　「塈」，殿、庫作「暨」。「既」，王、魏、平、殿、庫作「氣」。「塗」下纂無「也」字。○山井鼎《考文》：塈，徐許既反。經典釋文「既」作「氣」。○浦鏜《正字》：塈，説文云仰塗也。説文「塈」作「墍」，「塗」作「涂」。○阮元《校記甲》：塈，徐許氣反。「氣」，十行本、毛本俱作「既」。

三十七葉十行釋文　**廣云塗也。**　「廣」下王、纂、魏、平、毛、殿、庫有「雅」字。

三十七葉十行釋文　**馬云堊色。**　「堊」，十作「惡」。

三十七葉十行經　**若作梓材。**　○《定本校記》：若作梓材。九條本、内野本、神宮本無「作」字，清原宣賢手鈔本引家本亦無。

三十七葉十二行注　巳勞力樸治斲削。　「斲」，纂作「劉」。

三十七葉十二行注　惟其當塗以漆丹以朱而後成。　○《定本校記》：惟其當塗漆丹以朱而後成。九條本、内野本、神宫本如此，清原宣賢手鈔本引家本亦然。注疏本「塗」下有「以」字，恐非。

三十七葉十三行注　亦須禮義然後治。　「治」，八、岳作「洽」。○山井鼎《考文》：須禮義然後治。〔古本〕「治」作「洽」。宋板同。〔古本〕「洽」下有「也」字。○岳本《考證》：教化亦須禮義然後洽。「洽」，諸刻本並作「治」。字之訛也。義亦可通。○盧文弨《拾補》：以言教化，亦須禮義然後洽。毛本「洽」作「治」。「治」當作「洽」。疏同。○阮元《校記甲》：亦須禮義然後治。「治」，古、岳、宋板俱作「洽」。與宋本疏同。阮元《校記乙》同。

三十七葉十三行釋文　斲。竹角反。　「竹」，王、纂、魏、平、十、永、閩、殿、庫、阮作「丁」。

三十七葉十三行釋文　雘。枉略反。徐烏郭反。馬云善丹也。説文云。讀與霍同也。　「枉」，平作「於」，殿、庫作「在」。「霍」，平、殿、庫作「靃」。「同」下王無「也」字。○山井鼎《考文》：雘，説文云：讀與霍同。〔經典釋文〕「霍」作「靃」。○浦鏜《正字》：雘，説文云讀與霍同也。「霍」，通志堂本作「靃」，同。今説文作「隺」，誤也。○阮元《校記甲》：雘，在略反。讀與靃同也。「在」，葉本、十行本、毛本俱作「枉」。「靃」，十行本、毛本俱作「霍」。盧文弨云：説文讀若「雈」，與此不同。

三十七葉十四行釋文　又一郭反。　「一」，平作「二」。

三十七葉十四行釋文　字林音同。　「音」，魏作「皆」。

三十七葉十六行疏　又須惟其陳列修治。　「惟」，阮作「爲」。「治」上永無「修」字。

三十七葉十六行疏　爲彊畔畎壟。　「彊」上永無「爲」字。

三十七葉十六行疏　已勤力立其垣墉。　「立」，魏、平作「及」。

三十七葉十七行疏　漆以朱雘然後成。　「然」，單、八作「而」，魏、平、十、永作「又」，阮作「乃」。○阮元《校記甲》：然後成。「然」，十行本作「乃」。○阮元《校記乙》：乃後成。毛本「乃」作「然」。

三十七葉十八行疏　使之行善然後治。　「治」，單、八、魏、平作「洽」。○山井鼎《考文》：然後治。宋板「治」作「洽」。下「後治」同。○阮元《校記甲》：然後治。「治」，宋板作「洽」。下「後治」同。阮元《校記乙》同。

三十七葉十八行疏　爲政至後治。　「治」，單、八、魏、平作「洽」。

三十八葉一行疏　先遠而類疎者。　「疎」，單作「踈」。

三十八葉一行疏　乃漸漸以事近而切者次之。「切」，單、八、魏、平、十、永作「功」。○《定本校記》：乃漸漸以事近而功者次之。「功」，〔足利〕八行本作「切」。

三十八葉一行疏　乃言修治於末。「末」，十、永、毛、阮作「未」。○盧文弨《拾補》：乃言修治於末。毛本「末」作「未」。「未」當作「末」。○阮元《校記甲》：乃言修治於未。「未」，閩、監俱作「末」。按：「末」字是。阮元《校記乙》同。

三十八葉二行疏　使善垣墉故也。「故」，單、八作「一」。○山井鼎《考文》：垣墉故也。〔宋板〕「故」作「一」。○盧文弨《拾補》：垣墉一也。毛本「一」作「故」。「故」當作「一」。○阮元《校記甲》：使善垣墉故也。「故」，宋板作「一」。

三十八葉二行疏　而考田止言疆畎。「疆」，魏、十作「彊」。

三十八葉三行疏　二文皆言斁。「二」，平作「三」。○盧文弨《拾補》：二文皆言敷。毛本「敷」譌作「斁」。趙廷尉啓人校改。○阮元《校記甲》：二文皆言斁，即古塗字。盧文弨云：「斁」乃「敷」之訛。趙佑云：説文「雘」字下引周書曰：惟其敷丹雘。孔疏蓋本此。「即古塗字」四字當爲疏中之注。按：「斁」當作「敷」，固爲有據。但孔疏自据梅氏所上之本，非本説文也。阮元《校記乙》同。

三十八葉四行疏　其室言塗塈。塈亦塗也。　二「塈」字，阮皆作「暨」。

三十八葉四行疏　不是以物塗之。　「不」，單、八、魏、平作「揔」，毛作「總」。○浦鏜《正字》：總是以物塗之。「總」，監本誤「不」。○阮元《校記甲》：揔是以物塗之。「總」，十行、閩、監俱作「不」。（彙校者案：「揔」字，阮元《校記甲》所據毛本作「總」。）○阮元《校記乙》：不是以物塗之。閩本、明監本同。毛本「不」作「揔」。

三十八葉四行疏　謂塗丹以朱臒。　「臒」，永作「臒」，阮作「䨼」。

三十八葉四行疏　臒是彩色之名。　「臒」，永作「臒」。

三十八葉五行疏　故鄭玄引山海經云。青丘之山。多有青臒。　「多」，十作「名」。「臒」，永作「臒」。○浦鏜《正字》：故鄭玄引山海經云：青丘之山，多有青臒。「臒」，山海經作「䨼」。

三十八葉五行疏　與丹連文故也。　「丹」，魏作「用」。

三十八葉六行注　言文武已勤用明德。　○阮元《校記甲》：言文武已勤用明德。傳首纂傳有「夾，近也」三字。按傳例不重訓。或訓于前，或訓于後，初無義例。「夾，近也」，乃多方傳。王氏移置於此，不足据。阮元《校記乙》同。

三十八葉七行釋文　夾。音協。近也。　「近」下平無「也」字。

三十八葉八行經　亦既用明德。　○《定本校記》：亦既用明德。九條本、内野本、神宮本無「德」字。

三十八葉九行注　萬方皆來賔服。　「萬」，八、李、王、魏、平、岳作「方」。「方」，纂作「万」。○山井鼎《考文》：萬方皆來賓服。〔古本〕「萬方」作「方方」。宋板同。○盧文弨《拾補》：方方皆來賓服。毛本上「方」譌作「萬」，疏同。○阮元《校記甲》：萬方皆來賓服。「萬」，古、岳、宋板俱作「方」。按：「方方」，孔傳屢見。後人誤以上「方」字爲「万」字之誤，遂改作「萬」。纂傳已誤。夏氏曰：如兄弟之窑，方方而來。即用孔傳語也。阮元《校記乙》同。

三十八葉九行注　亦巳奉用先王之明德。　○山井鼎《考文》：「明德」下〔古本〕有「也」字。「朝享」下、「遂大」下、「謂教訓」下、「受命之義」下，並同。

三十八葉九行釋文　朝直遥反。　「朝」下平有「享上」二字。

三十八葉十二行注　大天巳付周家治中國民矣。　「治」，永作「洽」。

三十八葉十三行釋文　付。如字。馬本作附。　「本」，魏作「云」。

三十八葉十六行釋文　先。悉薦反。注同。　「注」，庫作「法」。

三十八葉十七行注　我周家惟欲使至於萬年。○山井鼎《考文》：欲使至於萬年。〔古本〕「欲」上有「敬」字，無「於」字，但後人補入「於」字。○阮元《校記甲》：惟欲使至於萬年。「欲」上古本有「敬」字，無「於」字。阮元《校記乙》同。○《定本校記》：則我周家惟欲使至於萬年。九條本、内野本、神宫本、足利本無「於」字。

三十八葉十八行注　承奉王室。○山井鼎《考文》：承奉王室。〔古本〕下有「也」字。

三十八葉十八行釋文　爲。于威反。「威」，魏作「僞」。

三十九葉一行注　又欲令其子孫累世長君國以安民。「君」，八、李、王、魏、平、岳、十、永、閩、阮作「居」。○山井鼎《考文》：累世長居國以安民。〔古本〕「居」作「君」。萬曆本同。〔古本〕「民」下有「也」字。○浦鏜《正字》：又欲令其子孫累世長居國以安民。「居」，監本誤「君」。○盧文弨《拾補》：又欲令其子孫累世長君國以安民。毛本「君」作「居」。「居」當作「君」。疏同。○阮元《校記甲》：累世長居國以安民。「居」，古本作「君」，監本亦作「君」，與疏不合。阮元《校記乙》同。○《定本校記》：又欲令其子孫累世長居國以安民。「居」字，九條本、内野本、神宫本、足利本作「君」，清原宣賢手鈔本引家本亦然。「以」字，九條本、内野本、神宫本無。

三十九葉二行疏　**此戒康叔巳滿三篇。**　「滿」，魏作「蒲」，十作「滿」。

三十九葉二行疏　**須有揔結。**　「揔」，殿、庫作「總」。

三十九葉三行疏　**巳自勤用明德。**　「巳」，阮作「以」。

三十九葉三行疏　**招懷遠人使來以爲親近也。**　「招」，毛作「拓」。○物觀《補遺》：拓懷遠人。〔宋板〕「拓」作「招」。○浦鏜《正字》：招懷遠人。「招」誤「拓」。○盧文弨《拾補》：招懷遠人。毛本「招」作「拓」。「拓」當作「招」。○阮元《校記甲》：拓懷遠人。「拓」，宋板、十行、閩、監俱作「招」。

三十九葉四行疏　**萬方皆來賔服。**　「萬」，單、八、魏、平作「方」。○山井鼎《考文》：萬方皆來賓服。〔宋板〕「萬」作「方」。○阮元《校記甲》：萬方皆來賓服。「萬」，宋板作「方」，是也。阮元《校記乙》同。

三十九葉四行疏　**是先王行明德。**　「行」，阮作「有」。○張鈞衡《校記》：是先王行明德。阮本「行」作「有」。

三十九葉五行疏　**使之大來朝享。**　「大」，魏作「天」。

三十九葉十一行疏　**言文至法之。**　「至」，十、閩作「王」。

三十九葉十二行疏　以先王用明德於下之所行。「先」，平作「无」。「於」，單、八、魏、平作「欲」。○山井鼎《考文》：以先王用明德於下之所行。〔宋板〕「於」作「欲」。謹按 似不可解，但作「行下之所欲」，則稍可通。○盧文弨《拾補》：欲下之所行。毛本「欲」作「行」。宋本作「欲」，是。考文云：疑當作「行下之所欲」。○阮元《校記甲》：以先王用明德於下之所行。「於」，宋板作「欲」。山井鼎曰：似不可解，但作「行下之所欲」，則稍可通。按：鼎説亦不可通。据疏意，先王行明德，下亦行明德以從之。是謂先王用明德於下之所行也。先王既然，凡爲君者亦如先王。用常法，是謂今亦奉用，爲亦先王也。似當從今本作「於」。阮元《校記乙》同。

三十九葉十六行疏　即遠拓疆土。「疆」，十作「彊」。